#연산반복학습
#생활속계산
#문장읽고계산식세우기
#학원에서검증된문제집

# 수학리더
# 연산

**Chunjae Makes Chunjae**

▼

| | |
|---|---|
| **기획총괄** | 박금옥 |
| **편집개발** | 지유경, 정소현, 조선영, 최윤석 |
| **디자인총괄** | 김희정 |
| **표지디자인** | 윤순미, 박민정 |
| **내지디자인** | 박희춘 |
| **제작** | 황성진, 조규영 |

| | |
|---|---|
| **발행일** | 2021년 10월 15일 개정초판 2025년 8월 15일 5쇄 |
| **발행인** | (주)천재교육 |
| **주소** | 서울시 금천구 가산로9길 54 |
| **신고번호** | 제2001-000018호 |
| **고객센터** | 1577-0902 |
| **교재 구입 문의** | 1522-5566 |

# 차례

# 이 책의 구성과 특징

## | 이번에 배울 내용을 알아볼까요?

공부할 내용을 만화로 재미있게 확인할 수 있습니다.

## 기초 계산 연습

계산 원리와 방법을 한눈에
익힐 수 있고 계산 반복 훈련으로
확실하게 익힐 수 있습니다.

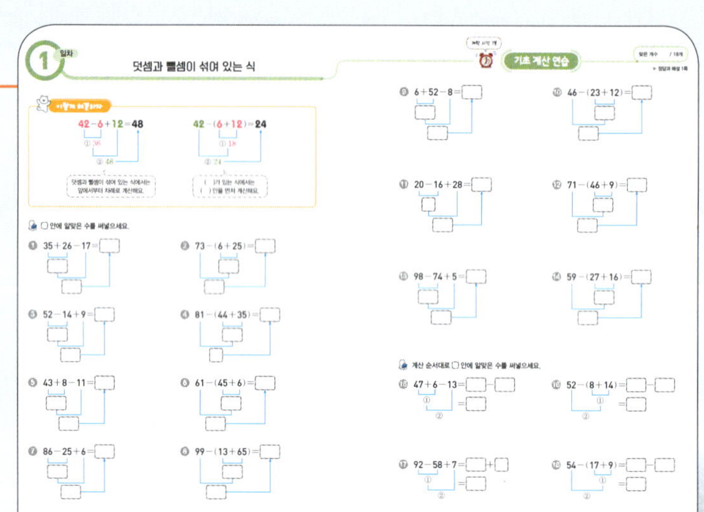

## 플러스 계산 연습

다양한 형태의 계산 문제를 반복하여
완벽하게 익힐 수 있습니다.

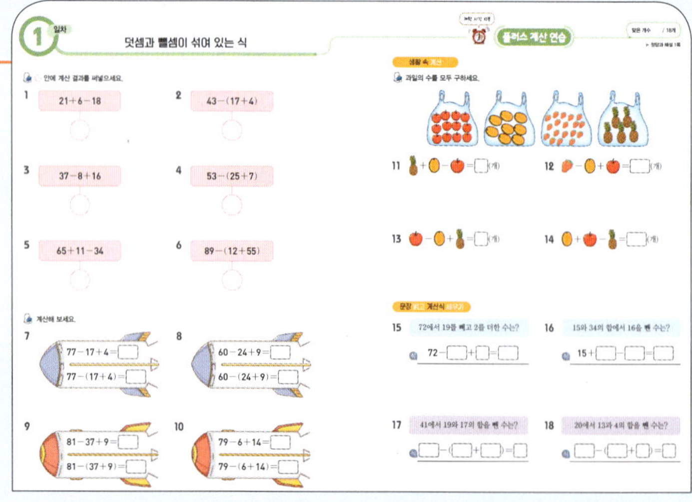

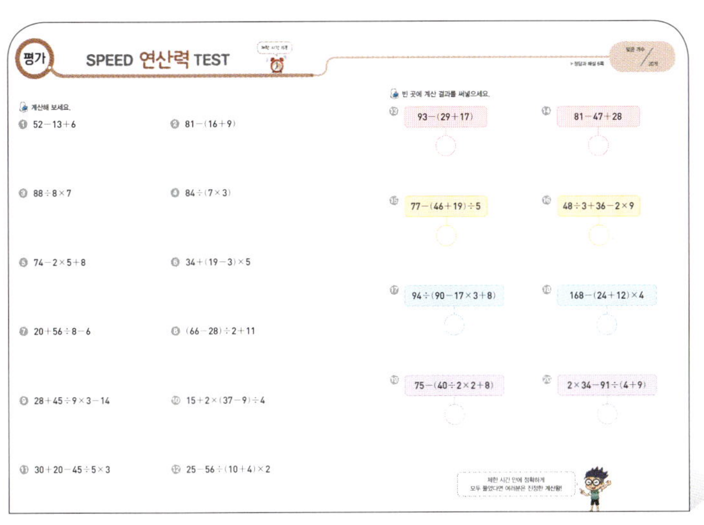

## 평가 · SPEED 연산력 TEST

배운 내용을 테스트로 마무리 할 수 있습니다.

## 특강 · 문장제 문제 도전하기

단순 연산 문제와 함께
문장제 문제도 연습할 수
있습니다.

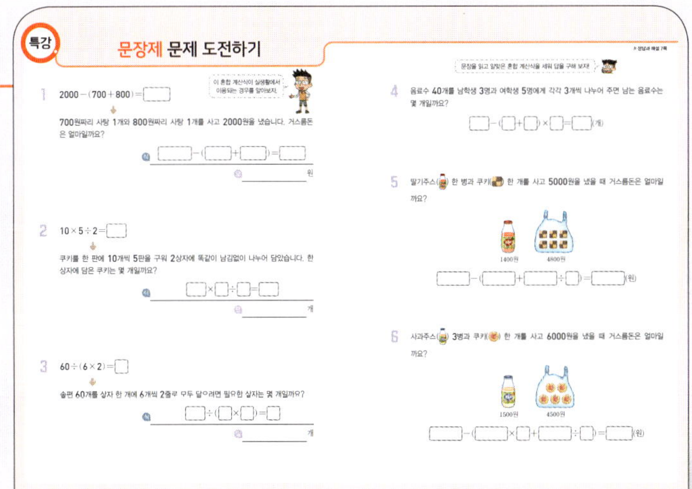

## 특강 · 창의·융합·코딩·도전하기

요즘 수학 문제인 창의·융합·코딩
문제를 수록하였습니다.

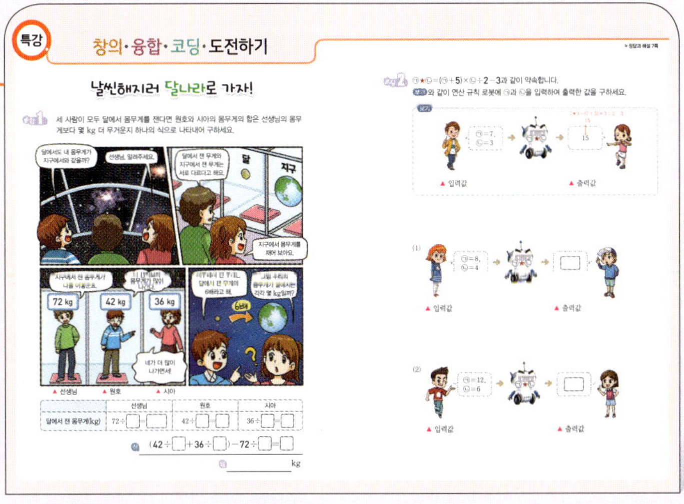

# 1 자연수의 혼합 계산

실생활에서 알아보는 재미있는 수학 이야기

승혜야~. 어디 가니?
선생님 초대로 피자 먹으러 가는 길이야.

혹시 너희도?
당연하지! 자, 봐!
피자파티에 초대합니다.

그럼 초대장 밑에 문제도 풀었겠구나?
문제? 그런 게 있었어?

덧셈과 뺄셈이 섞여 있는 문제군.
이 문제는 말이지…….
30 − 8 + 20

승혜야~ 도와줘…….
안다며!

덧셈과 뺄셈이 섞여 있는 식에서는 앞에서부터 차례로 계산하면 돼.
30 − 8 + 20 = 42
① 22
② 42

이제 맛있는 피자를 먹을 일만 남은 거야?
난 어제부터 밥을 안 먹고 기다렸잖아~.

선생님 집에 다 왔다.

오, 다들 왔군요.
딩동~.

#  이번에 배울 내용을 알아볼까요?

# 덧셈과 뺄셈이 섞여 있는 식

**이렇게 해결하자**

$$42-6+12=48$$
① 36
② 48

$$42-(6+12)=24$$
① 18
② 24

덧셈과 뺄셈이 섞여 있는 식에서는
앞에서부터 차례로 계산해요.

(　)가 있는 식에서는
(　) 안을 먼저 계산해요.



□ 안에 알맞은 수를 써넣으세요.

① $35+26-17=\boxed{\phantom{00}}$

② $73-(6+25)=\boxed{\phantom{00}}$
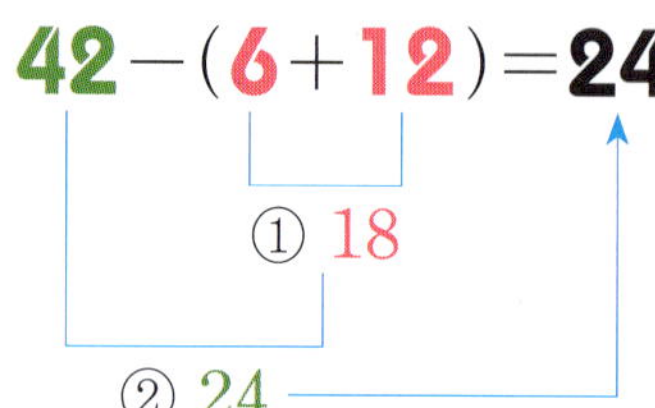

③ $52-14+9=\boxed{\phantom{00}}$

④ $81-(44+35)=\boxed{\phantom{00}}$
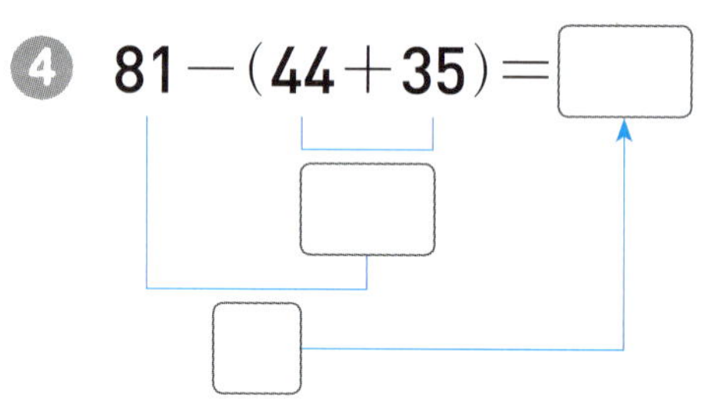

⑤ $43+8-11=\boxed{\phantom{00}}$
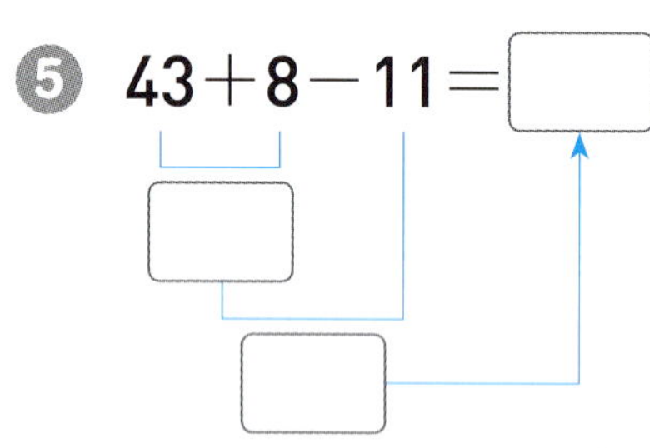

⑥ $61-(45+6)=\boxed{\phantom{00}}$
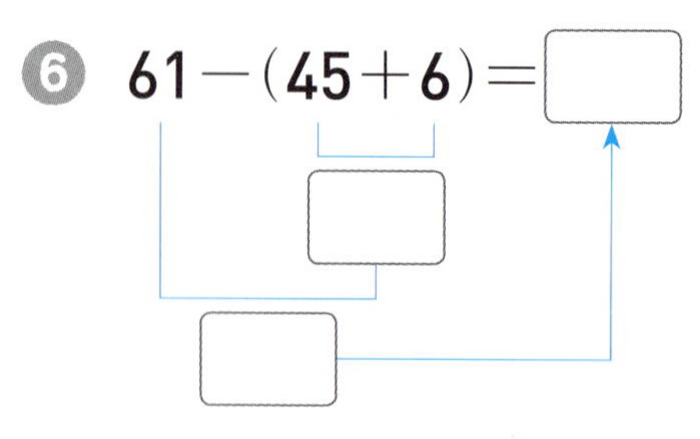

⑦ $86-25+6=\boxed{\phantom{00}}$
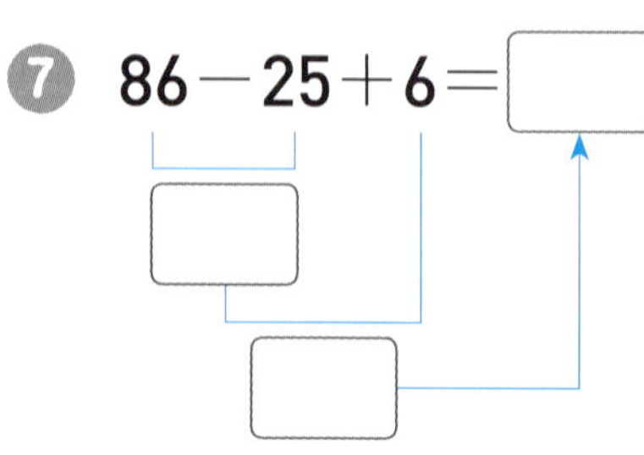

⑧ $99-(13+65)=\boxed{\phantom{00}}$
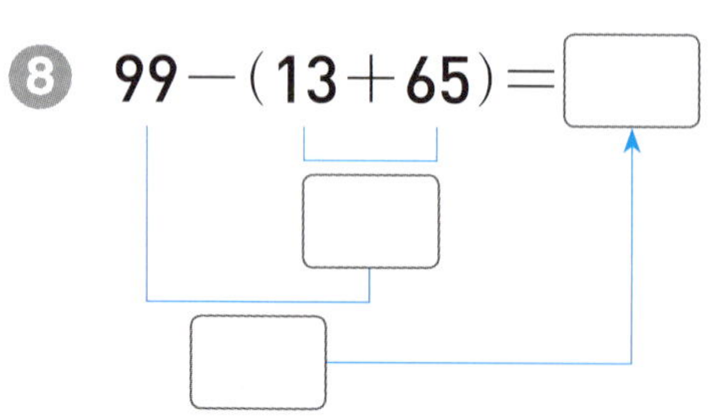

⑨ $6+52-8=\boxed{\phantom{00}}$
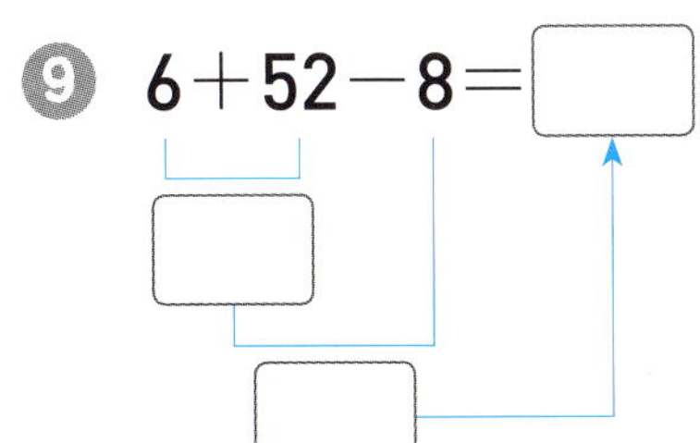

⑩ $46-(23+12)=\boxed{\phantom{00}}$
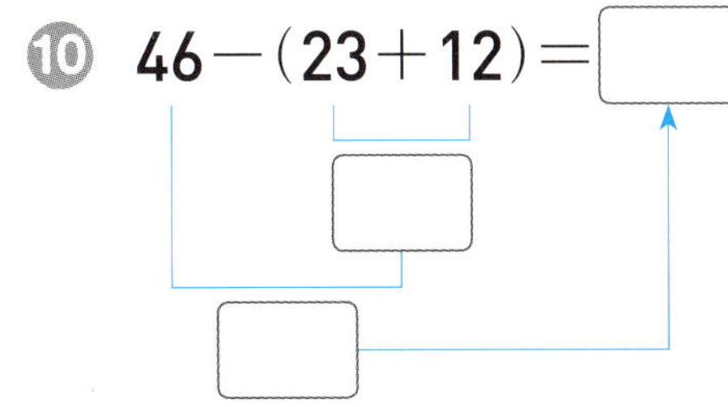

⑪ $20-16+28=\boxed{\phantom{00}}$

⑫ $71-(46+9)=\boxed{\phantom{00}}$
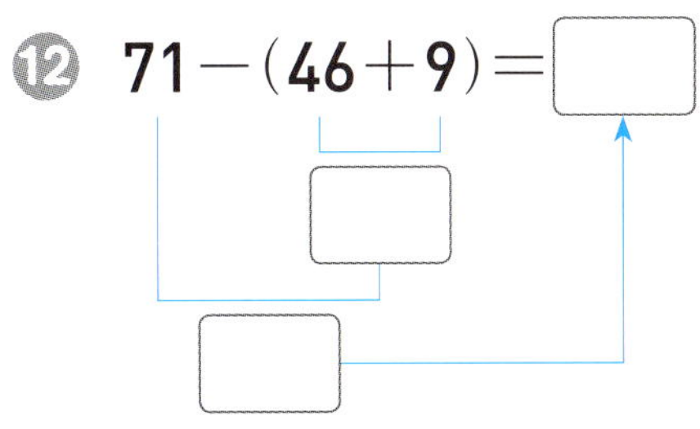

⑬ $98-74+5=\boxed{\phantom{00}}$

⑭ $59-(27+16)=\boxed{\phantom{00}}$
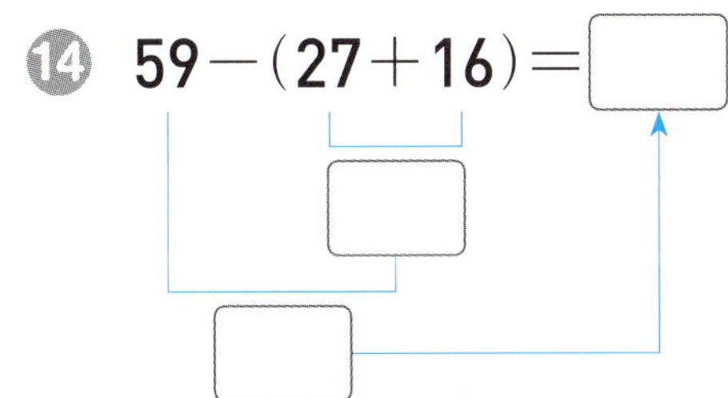

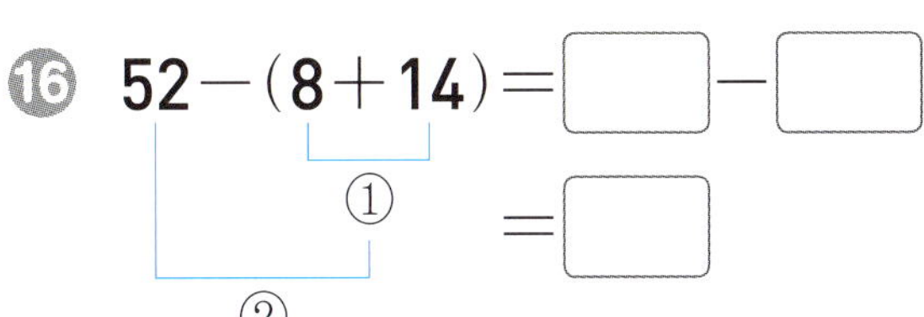 계산 순서대로 ▢ 안에 알맞은 수를 써넣으세요.

⑮ $47+6-13=\boxed{\phantom{00}}-\boxed{\phantom{00}}$
　　①
　　②　$=\boxed{\phantom{00}}$

⑯ $52-(8+14)=\boxed{\phantom{00}}-\boxed{\phantom{00}}$
　　①
　　②　$=\boxed{\phantom{00}}$

⑰ $92-58+7=\boxed{\phantom{00}}+\boxed{\phantom{00}}$
　　①
　　②　$=\boxed{\phantom{00}}$

⑱ $54-(17+9)=\boxed{\phantom{00}}-\boxed{\phantom{00}}$
　　①
　　②　$=\boxed{\phantom{00}}$

1

자연수의 혼합 계산

7

# 덧셈과 뺄셈이 섞여 있는 식

 ◯ 안에 계산 결과를 써넣으세요.

**1** $21+6-18$

**2** $43-(17+4)$

**3** $37-8+16$

**4** $53-(25+7)$

**5** $65+11-34$

**6** $89-(12+55)$



계산해 보세요.

**7** 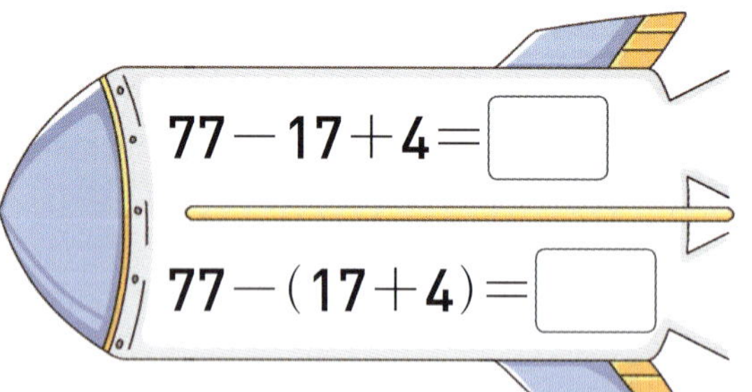


**8** 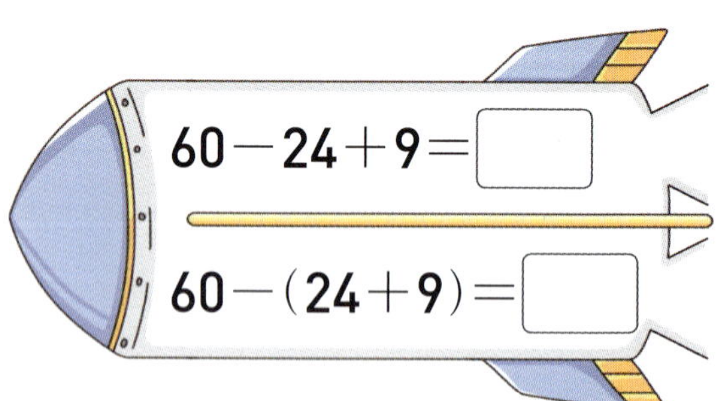


**9** 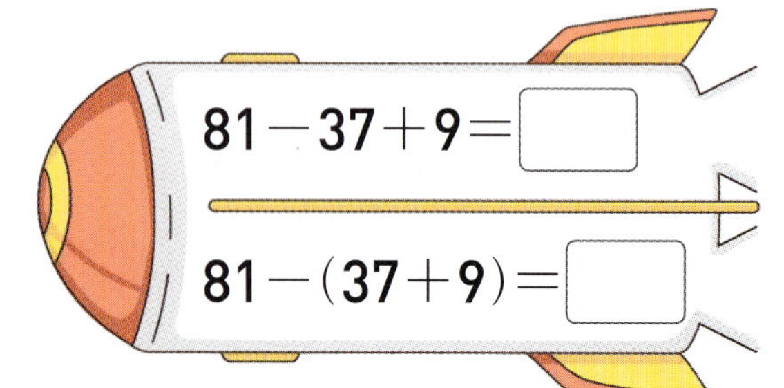


**10** 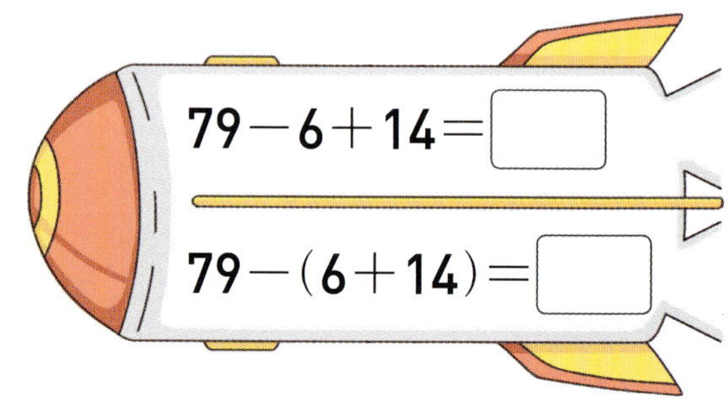

제한 시간 10분

## 생활 속 계산

 과일의 수를 모두 구하세요.

**11** 🍍 + 🟠 − 🍎 = ☐ (개)

**12** 🍓 − 🟠 + 🍎 = ☐ (개)

**13** 🍎 − 🟠 + 🍍 = ☐ (개)

**14** 🟠 + 🍎 − 🍍 = ☐ (개)

## 문장 읽고 계산식 세우기

**15** 72에서 19를 빼고 2를 더한 수는?

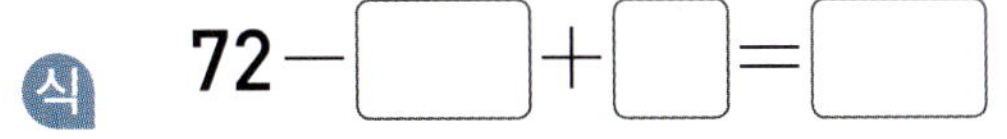

식 $72 - ☐ + ☐ = ☐$

**16** 15와 34의 합에서 16을 뺀 수는?

식 $15 + ☐ - ☐ = ☐$

**17** 41에서 19와 17의 합을 뺀 수는?

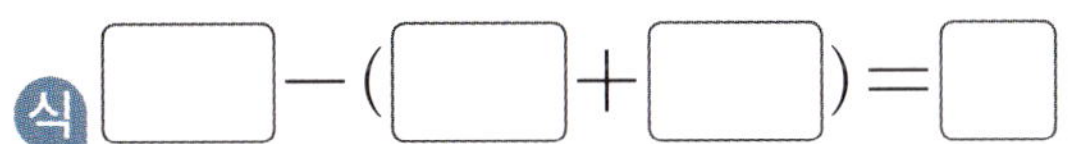

식 $☐ - (☐ + ☐) = ☐$

**18** 20에서 13과 4의 합을 뺀 수는?

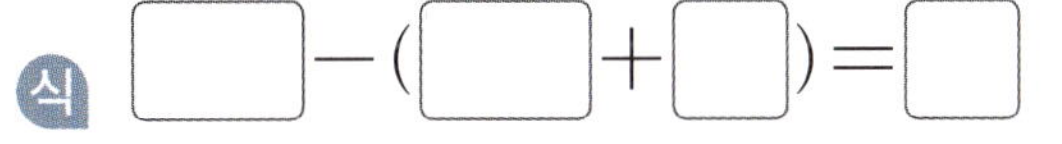

식 $☐ - (☐ + ☐) = ☐$

# 곱셈과 나눗셈이 섞여 있는 식

이렇게 해결하자

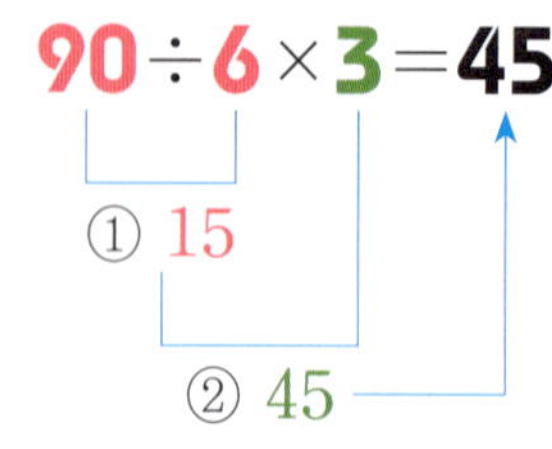

$$90 \div 6 \times 3 = 45$$

① 15
② 45

곱셈과 나눗셈이 섞여 있는 식에서는
앞에서부터 차례로 계산해요.

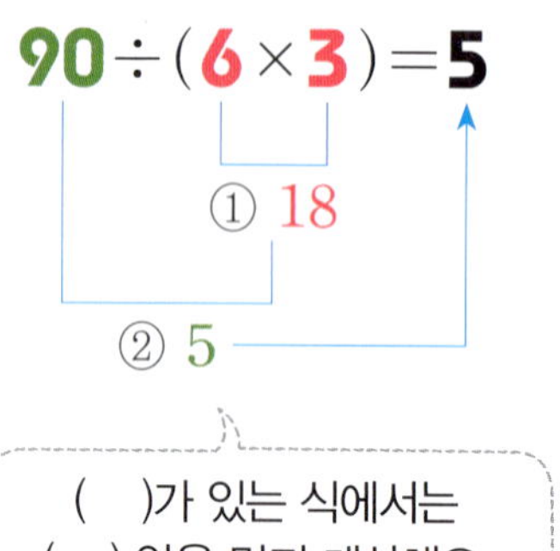

$$90 \div (6 \times 3) = 5$$

① 18
② 5

( )가 있는 식에서는
( ) 안을 먼저 계산해요.

☐ 안에 알맞은 수를 써넣으세요.

**1** 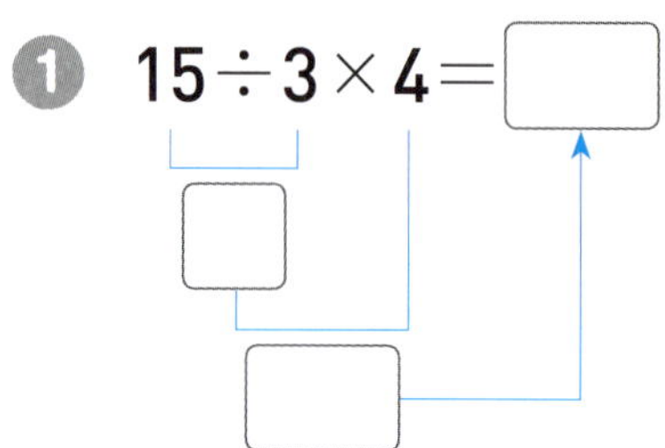 $15 \div 3 \times 4 = \boxed{\phantom{00}}$

**2** 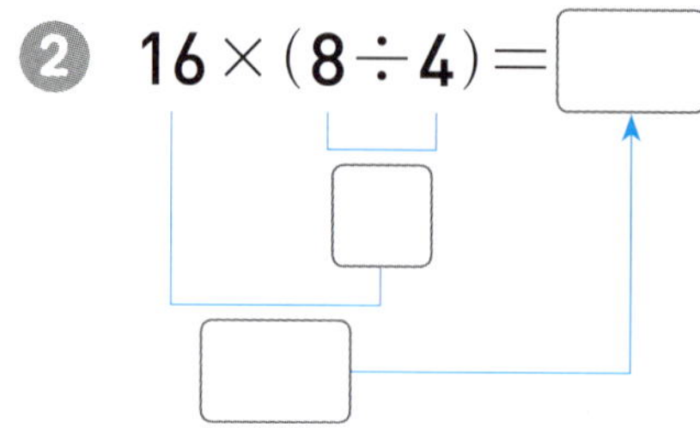 $16 \times (8 \div 4) = \boxed{\phantom{00}}$

**3** 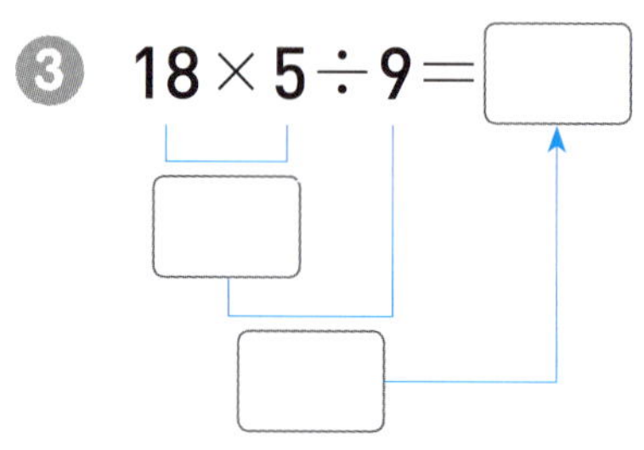 $18 \times 5 \div 9 = \boxed{\phantom{00}}$

**4** 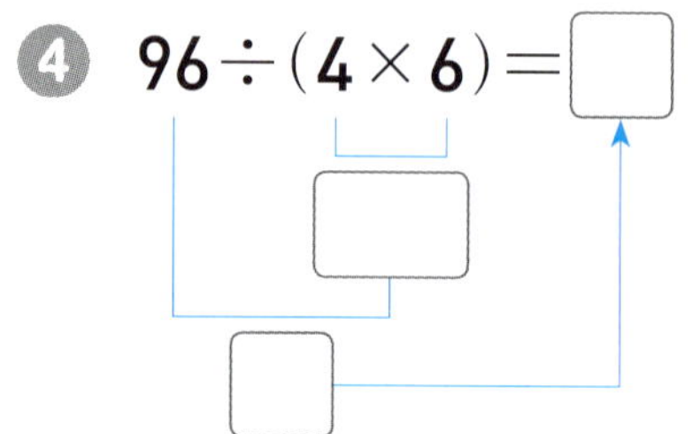 $96 \div (4 \times 6) = \boxed{\phantom{00}}$

**5** 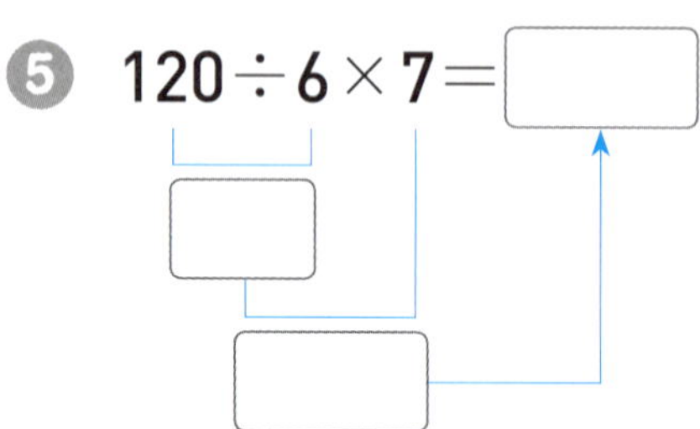 $120 \div 6 \times 7 = \boxed{\phantom{00}}$

**6** 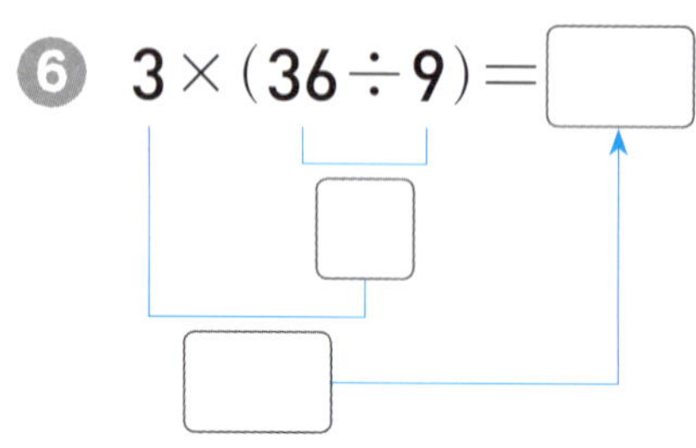 $3 \times (36 \div 9) = \boxed{\phantom{00}}$

**7** 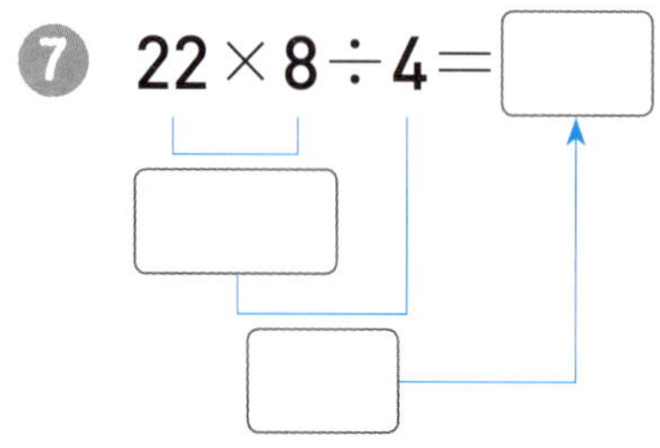 $22 \times 8 \div 4 = \boxed{\phantom{00}}$

**8** 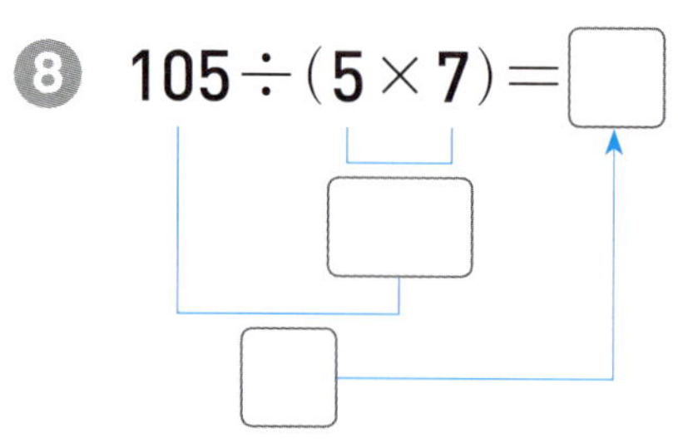 $105 \div (5 \times 7) = \boxed{\phantom{00}}$

## 기초 계산 연습



⑨ $36 \times 2 \div 9 =$ ☐

⑩ $72 \div (12 \times 2) =$ ☐

⑪ $48 \div 8 \times 12 =$ ☐

⑫ $26 \times (36 \div 18) =$ ☐

⑬ $14 \times 6 \div 3 =$ ☐

⑭ $78 \div (2 \times 3) =$ ☐

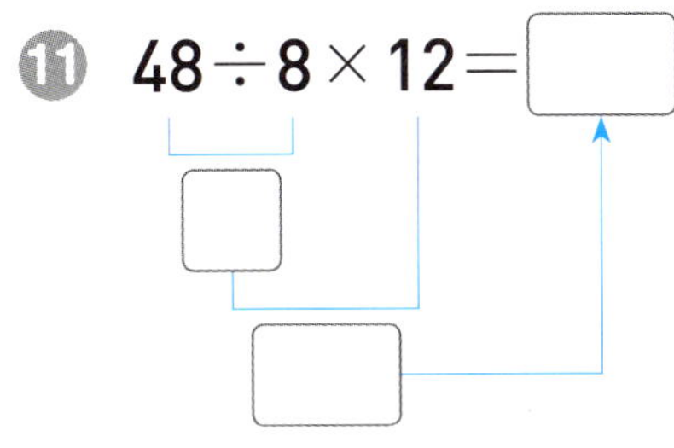

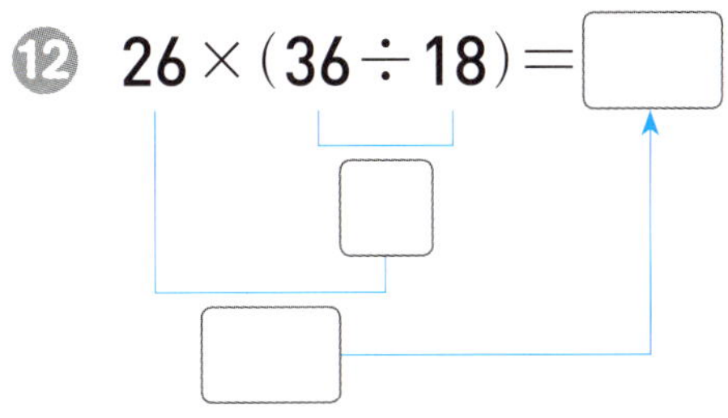

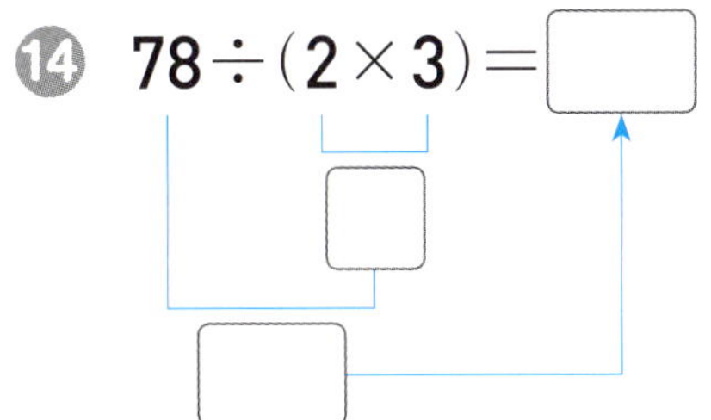

🐻 계산 순서대로 ☐ 안에 알맞은 수를 써넣으세요.

⑮ $45 \div 9 \times 13 =$ ☐ $\times$ ☐
　① 
　　② $=$ ☐

⑯ $64 \div (8 \times 4) =$ ☐ $\div$ ☐
　① 
　　② $=$ ☐

⑰ $15 \times 8 \div 4 =$ ☐ $\div$ ☐
　① 
　　② $=$ ☐

⑱ $17 \times (36 \div 18) =$ ☐ $\times$ ☐
　① 
　　② $=$ ☐

# 곱셈과 나눗셈이 섞여 있는 식

 **보기**와 같이 계산 순서를 나타내고 계산해 보세요.

**보기**

$$72 \div (6 \times 3) = 4$$

① 18
② 4

**1**　$8 \times 40 \div 5$

**2**　$75 \div (5 \times 3)$

**3**　$126 \div (14 \times 3)$



○ 안에 계산 결과를 써넣으세요.

**4**　$198 \div 9 \times 4$

**5**　$105 \div (3 \times 7)$

**6**　$4 \times 96 \div 8$

**7**　$164 \div 4 \times 5$

**8**　$3 \times 18 \div 6$

**9**　$84 \div (14 \times 2)$

## 플러스 계산 연습

▶ 정답과 해설 2쪽

### 생활 속 계산

주어진 가격을 보고 얼마인지 계산해 보세요.

**10**

의 가격은?

$1200 \div 4 \times 2 = \boxed{\phantom{00}}$ (원)

**11**

의 가격은?

$6000 \div 5 \times 3 = \boxed{\phantom{00}}$ (원)

**12**

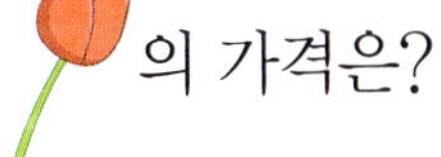의 가격은?

$7800 \div (2 \times 3) = \boxed{\phantom{00}}$ (원)

**13**

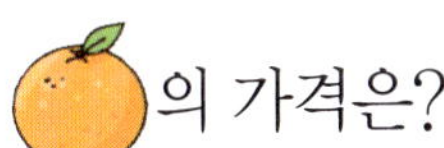의 가격은?

$9600 \div (3 \times 4) = \boxed{\phantom{00}}$ (원)

### 문장 읽고 계산식 세우기

**14** 

식 $\boxed{\phantom{0}} \div \boxed{\phantom{0}} \times \boxed{\phantom{0}} = \boxed{\phantom{0}}$

**15** 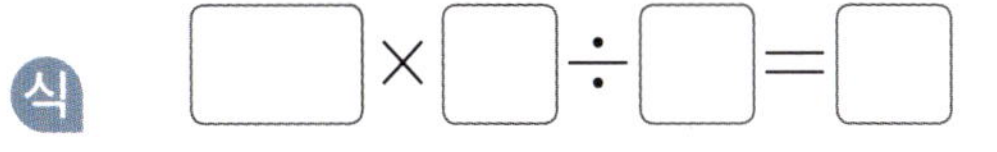


식 $\boxed{\phantom{0}} \times \boxed{\phantom{0}} \div \boxed{\phantom{0}} = \boxed{\phantom{0}}$

**16** 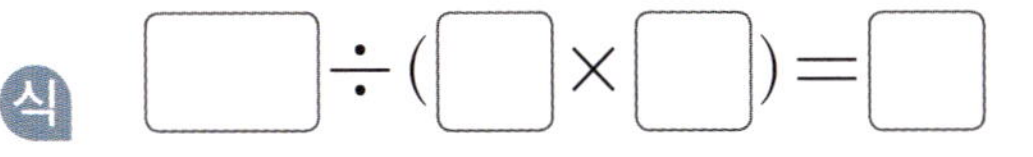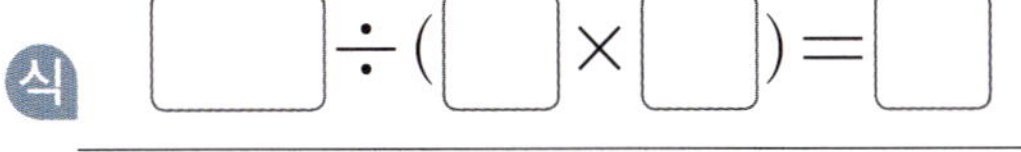


식 $\boxed{\phantom{0}} \div (\boxed{\phantom{0}} \times \boxed{\phantom{0}}) = \boxed{\phantom{0}}$

**17** 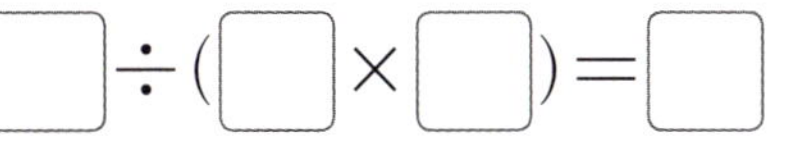


식 $\boxed{\phantom{0}} \div (\boxed{\phantom{0}} \times \boxed{\phantom{0}}) = \boxed{\phantom{0}}$

# 덧셈, 뺄셈, 곱셈이 섞여 있는 식

□ 안에 알맞은 수를 써넣으세요.

❶ 3×6+19−12=□

❷ 17+(36−24)×2=□

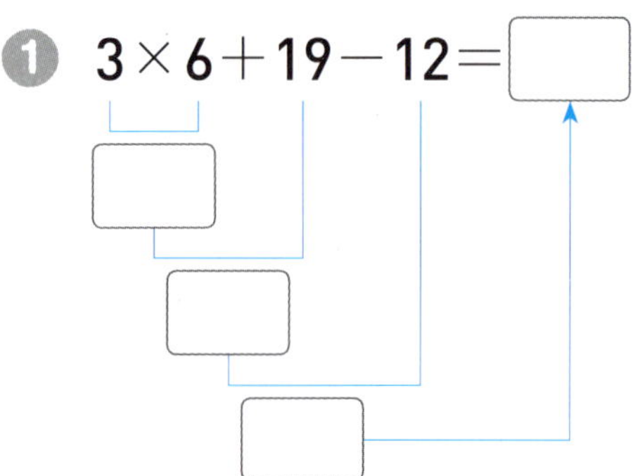

❸ 81−4×8+3=□

❹ (2+16)×5−42=□

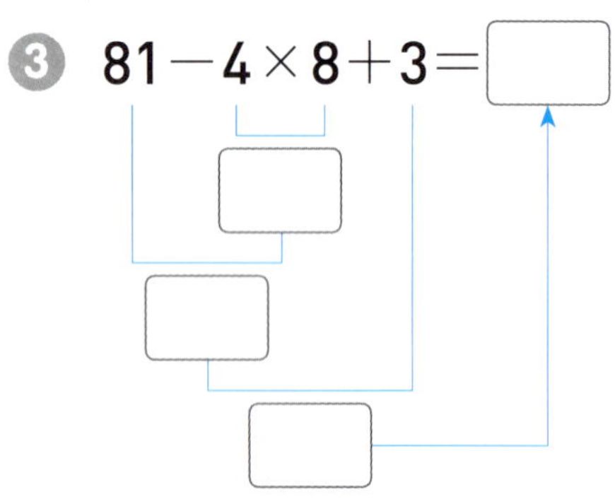

❺ 16+7×8−53=□

❻ 57−(8+5)×3=□

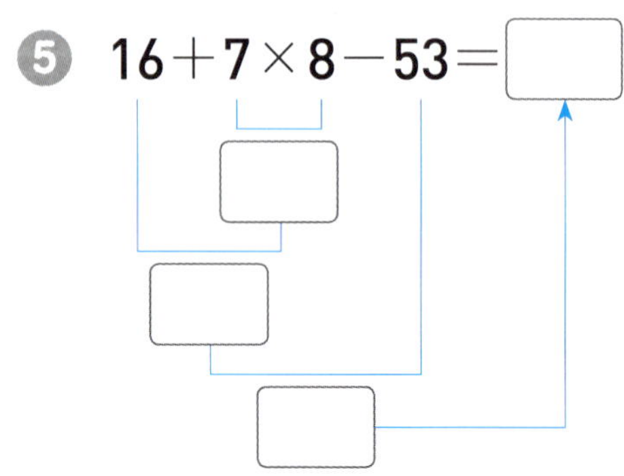

## 기초 계산 연습



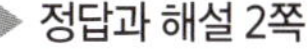

**7** $32 + 63 \times 4 - 75 = \boxed{\phantom{00}}$

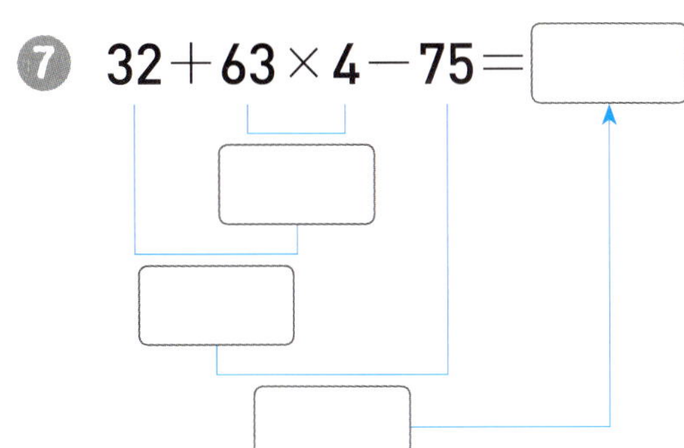

**8** $88 - (3 + 15) \times 2 = \boxed{\phantom{00}}$

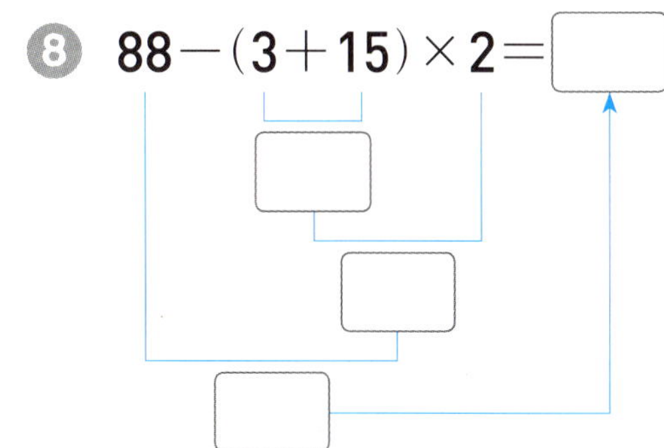

**9** $65 + 21 - 14 \times 4 = \boxed{\phantom{00}}$

**10** $39 + (50 - 3 \times 8) = \boxed{\phantom{00}}$

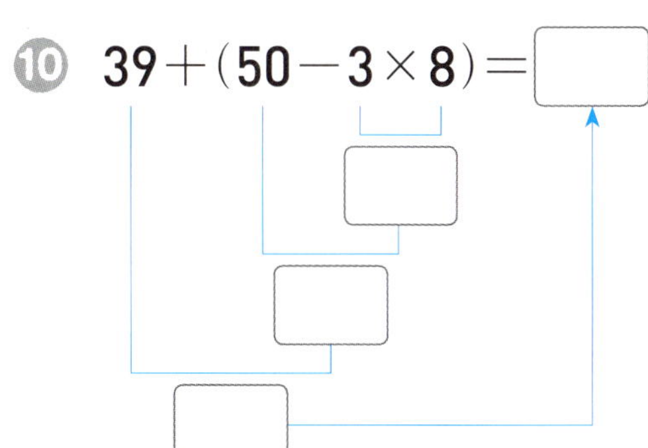



🐻 계산 순서대로 ☐ 안에 알맞은 수를 써넣으세요.

**11** $30 + 83 \times 2 - 82 = \boxed{\phantom{00}} + \boxed{\phantom{00}} - 82$
　① ②　③
$= \boxed{\phantom{00}} - \boxed{\phantom{0}}$
$= \boxed{\phantom{00}}$

**12** $(14 + 7) \times 5 - 46 = \boxed{\phantom{00}} \times \boxed{\phantom{0}} - 46$
　① ②　③
$= \boxed{\phantom{00}} - \boxed{\phantom{0}}$
$= \boxed{\phantom{00}}$

# 덧셈, 뺄셈, 곱셈이 섞여 있는 식

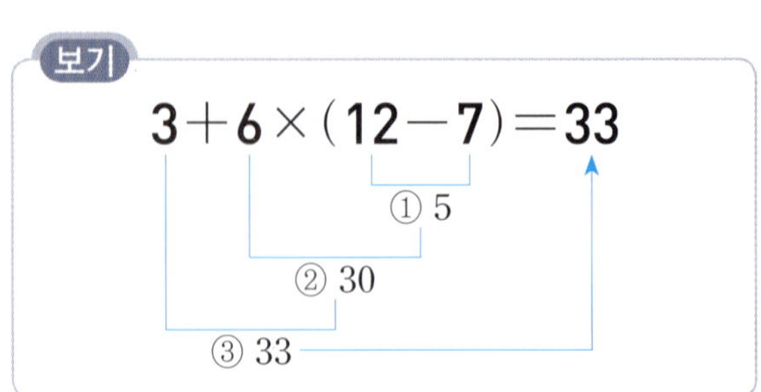

보기와 같이 계산 순서를 나타내고 계산해 보세요.

보기

$$3+6\times(12-7)=33$$

① 5
② 30
③ 33

**1** $63-7\times5+4$

**2** $125-6\times12+9$

**3** $75+4\times(19-6)$

**4** $32\times(16-11)+15$

**5** $18+(88-21\times4)$



계산해 보세요.

**6** 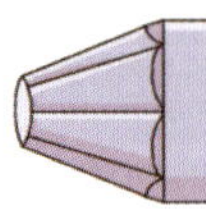 $96-7\times6+12$

**7** 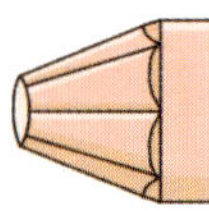 $75-21\times2+3$

**8** 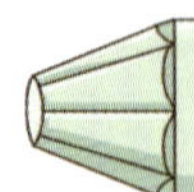 $(12+14)\times2-15$

**9** 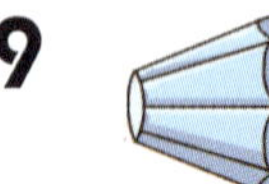 $55+(70-3\times16)$

## 플러스 계산 연습

### 생활 속 계산

거스름돈은 얼마인지 계산해 보세요.

**10**

### 영 수 증

| 물품 | 가격(원) | 수량(개) |
|------|---------|---------|
| 볼펜 | 700 | 2 |
| 컵 | 2400 | 1 |

받은 돈: 5000원
거스름돈:

$$5000 - 700 \times 2 - 2400$$
$$= \boxed{\phantom{000}}(원)$$

**11**

### 영 수 증

| 물품 | 가격(원) | 수량(개) |
|------|---------|---------|
| 바나나 | 1280 | 2 |
| 라면 | 800 | 2 |

받은 돈: 4500원
거스름돈:

$$4500 - (1280 \times 2 + 800 \times 2)$$
$$= \boxed{\phantom{000}}(원)$$

### 문장 읽고 계산식 세우기

**12**　62에서 5와 9의 합을 4배 한 수를 뺀 수는?

식　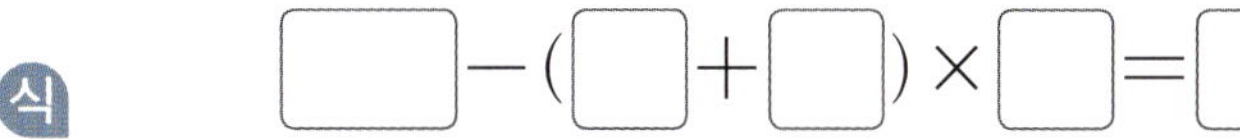

$$\boxed{\phantom{0}} - (\boxed{\phantom{0}} + \boxed{\phantom{0}}) \times \boxed{\phantom{0}} = \boxed{\phantom{0}}$$

**13**　32에 6과 7의 곱을 더하고 5를 뺀 수는?

식　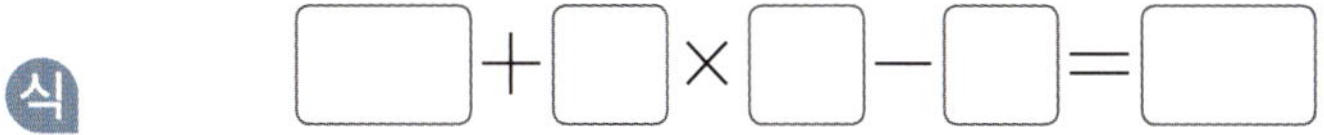

$$\boxed{\phantom{0}} + \boxed{\phantom{0}} \times \boxed{\phantom{0}} - \boxed{\phantom{0}} = \boxed{\phantom{0}}$$

**14**　18과 13의 차를 9배 한 수에 6을 더한 수는?

식　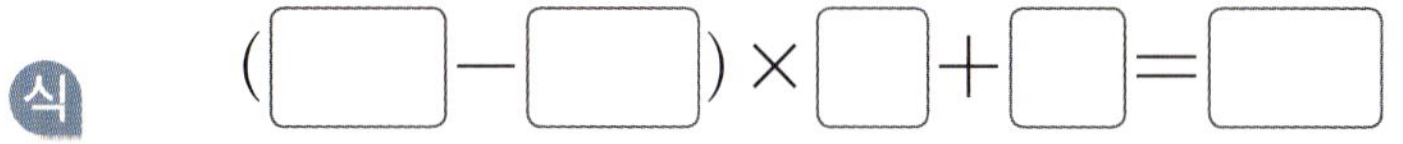

$$(\boxed{\phantom{0}} - \boxed{\phantom{0}}) \times \boxed{\phantom{0}} + \boxed{\phantom{0}} = \boxed{\phantom{0}}$$

**15**　12와 6의 차에 13과 5의 합을 곱한 수는?

식　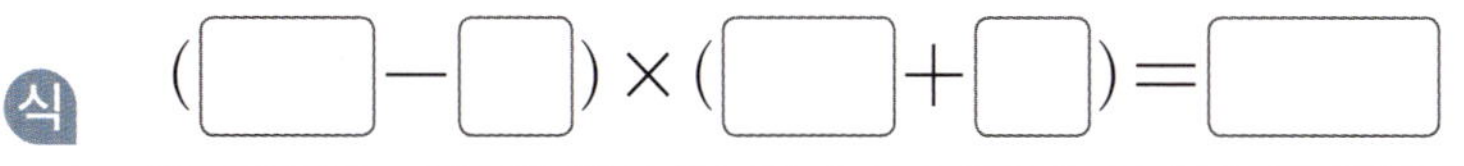

$$(\boxed{\phantom{0}} - \boxed{\phantom{0}}) \times (\boxed{\phantom{0}} + \boxed{\phantom{0}}) = \boxed{\phantom{0}}$$

# 덧셈, 뺄셈, 나눗셈이 섞여 있는 식

$$14+46-28\div2=46$$

② 60　① 14
③ 46

덧셈, 뺄셈, 나눗셈이 섞여 있는 식에서는
나눗셈을 먼저 계산해요.

$$14+(46-28)\div2=23$$

① 18
② 9
③ 23

(　)가 있는 식에서는
(　) 안을 가장 먼저 계산해요.



□ 안에 알맞은 수를 써넣으세요.

❶ $26-18\div9+4=\boxed{\phantom{00}}$

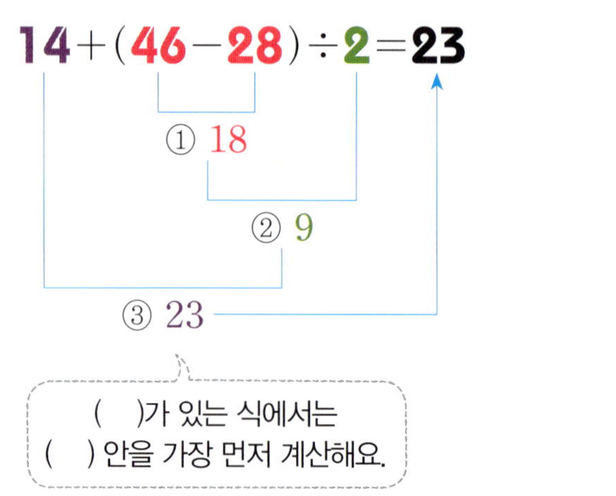

❷ $52-(11+13)\div3=\boxed{\phantom{00}}$

❸ $13+46\div2-10=\boxed{\phantom{00}}$

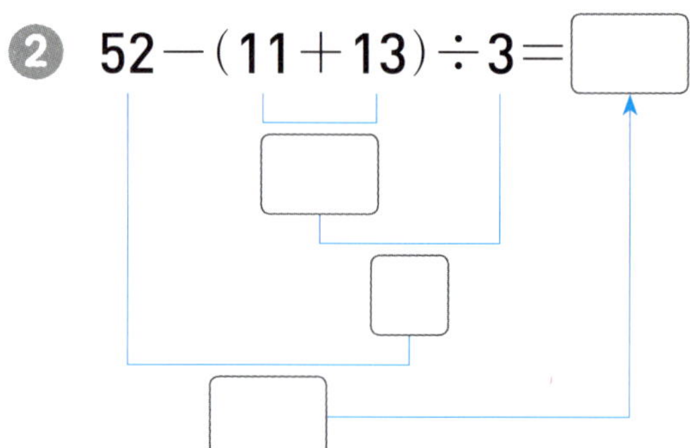

❹ $36\div(21-17)+12=\boxed{\phantom{00}}$

❺ $54+13-63\div9=\boxed{\phantom{00}}$

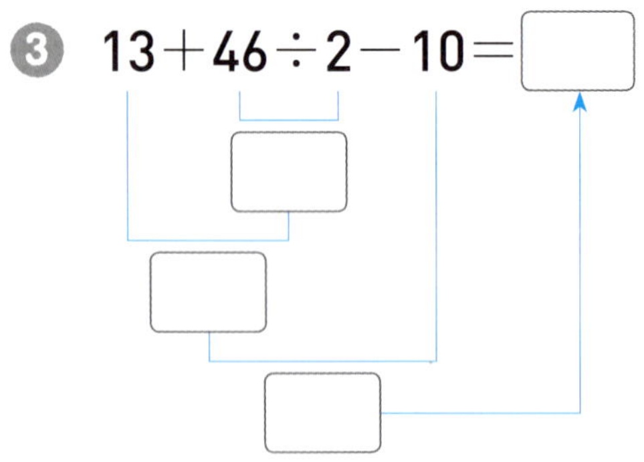

❻ $(42+14)\div7-3=\boxed{\phantom{00}}$

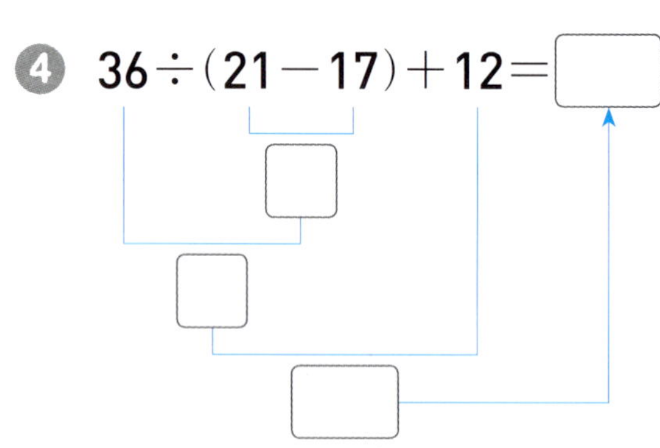

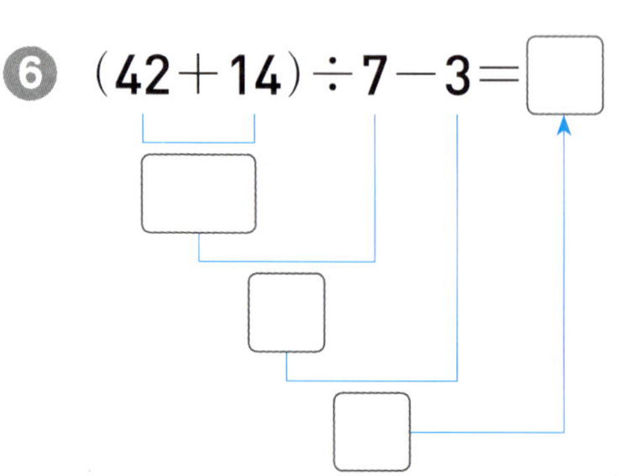

**7** $45-20 \div 5+67 =$ ☐

**8** $(38+11) \div 7-6 =$ ☐

**9** $24+15-72 \div 24 =$ ☐

**10** $30+(82-12) \div 10 =$ ☐





🐻 계산 순서대로 ☐ 안에 알맞은 수를 써넣으세요.

**11** $49+16-54 \div 6 = 49+$ ☐ $-$ ☐
　② 　 ①
　　③
$=$ ☐ $-$ ☐
$=$ ☐

**12** $72 \div (21-12)+6 =$ ☐ $\div$ ☐ $+6$
　① 
　②
　　③
$=$ ☐ $+$ ☐
$=$ ☐

# **4** 일차    덧셈, 뺄셈, 나눗셈이 섞여 있는 식

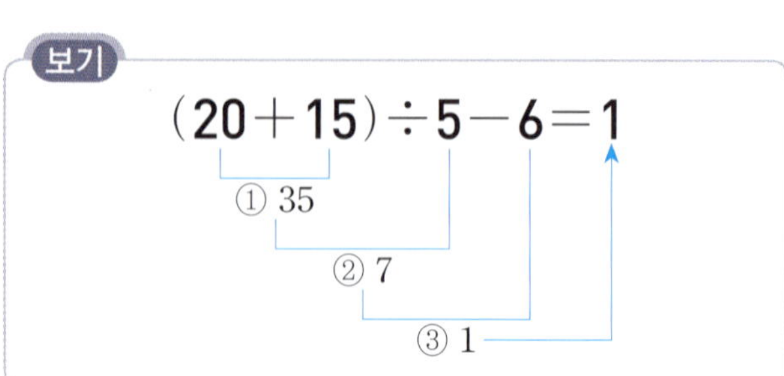 보기 와 같이 계산 순서를 나타내고 계산해 보세요.

보기

$$(20+15) \div 5 - 6 = 1$$
① 35
② 7
③ 1

**1**   $16 + 21 \div 3 - 7$

**2**   $65 - 81 \div 9 + 3$

**3**   $12 + 39 \div (19 - 6)$

**4**   $42 + (37 - 5) \div 2$

**5**   $84 \div (18 + 43 - 58)$



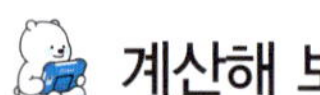 계산해 보세요.

**6**   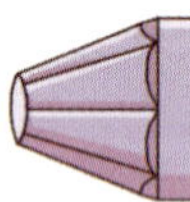 $80 + 4 - 30 \div 6$

**7**   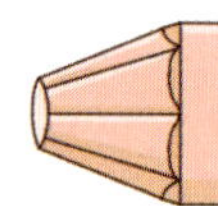 $32 + 56 \div 8 - 11$

**8**   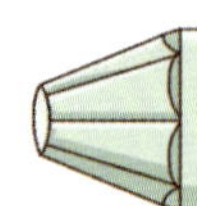 $(58 - 22) \div 4 + 13$

**9**   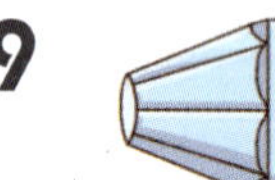 $48 - (27 + 51 \div 3)$

**생활 속 계산**

주어진 가격을 보고 거스름돈은 얼마인지 계산해 보세요.

**10**


$$5000-(3000+900 \div 3)$$
$$= \boxed{\phantom{0000}}(원)$$

**11**


$$4000-(2700+3200 \div 4)$$
$$= \boxed{\phantom{0000}}(원)$$



**문장 읽고 계산식 세우기**

**12**　69를 3으로 나눈 몫에 11을 더하고 8을 뺀 수는?

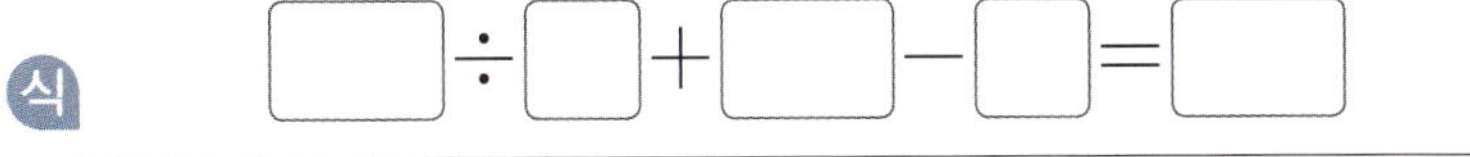

식　$\boxed{\phantom{0}} \div \boxed{\phantom{0}} + \boxed{\phantom{0}} - \boxed{\phantom{0}} = \boxed{\phantom{0}}$

**13**　35와 9의 합을 2로 나눈 후 16을 뺀 수는?

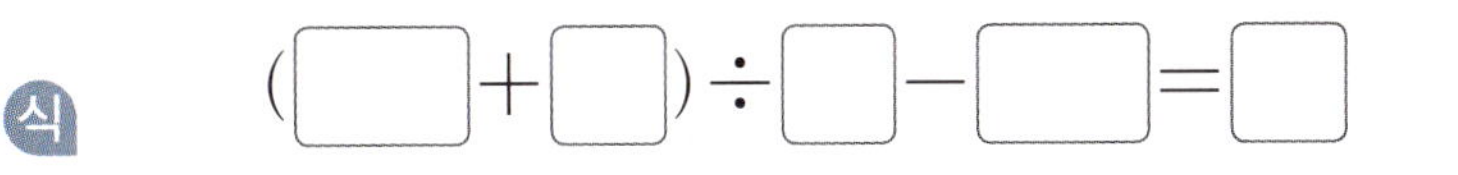

식　$(\boxed{\phantom{0}} + \boxed{\phantom{0}}) \div \boxed{\phantom{0}} - \boxed{\phantom{0}} = \boxed{\phantom{0}}$

**14**　87과 16의 차에 10을 더한 값을 9로 나눈 몫은?

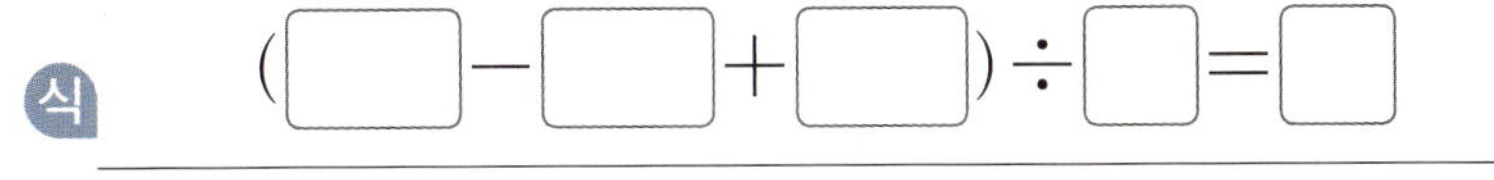

식　$(\boxed{\phantom{0}} - \boxed{\phantom{0}} + \boxed{\phantom{0}}) \div \boxed{\phantom{0}} = \boxed{\phantom{0}}$

# 덧셈, 뺄셈, 곱셈, 나눗셈이 섞여 있는 식

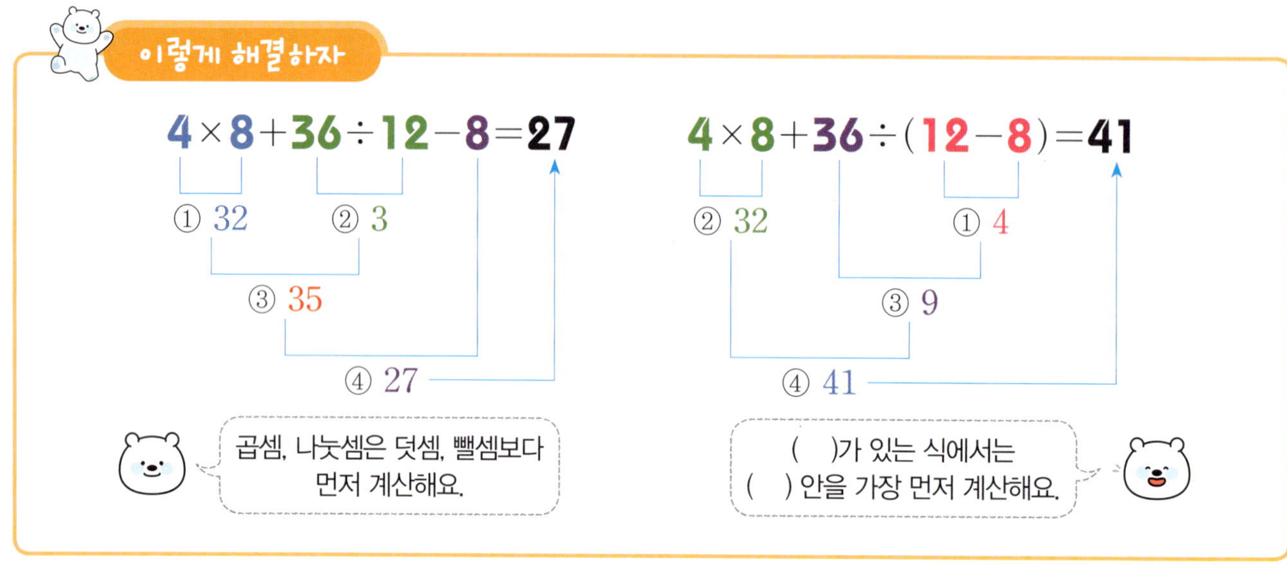




□ 안에 알맞은 수를 써넣으세요.

❶ $63 \div 3 + 18 \times 2 - 12 = \boxed{\phantom{00}}$

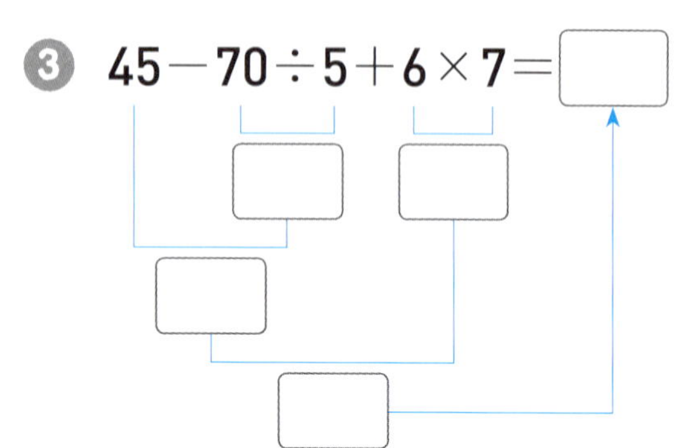

❷ $92 \div 23 + 3 \times (15 - 4) = \boxed{\phantom{00}}$

❸ $45 - 70 \div 5 + 6 \times 7 = \boxed{\phantom{00}}$

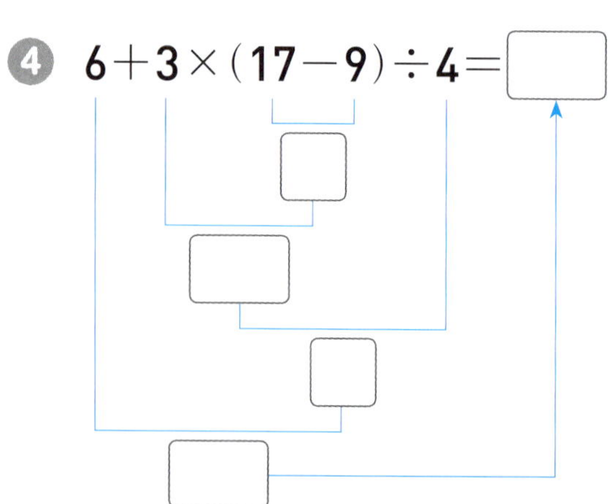

❹ $6 + 3 \times (17 - 9) \div 4 = \boxed{\phantom{00}}$

# 기초 계산 연습



**5** $15 - 60 \div 5 + 4 \times 8 = \boxed{\phantom{00}}$

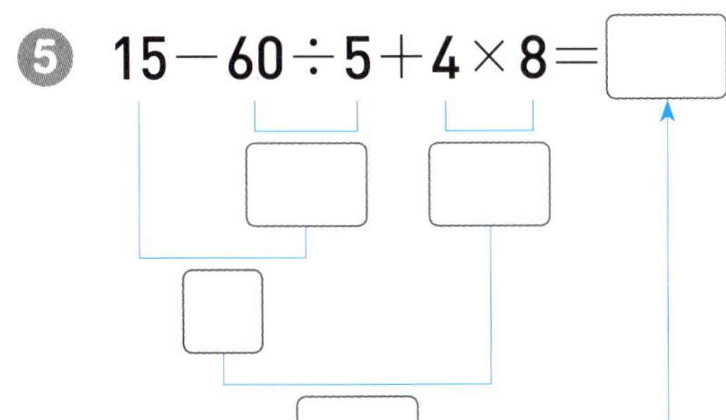

**6** $19 + (27 - 24) \times 4 \div 2 = \boxed{\phantom{00}}$

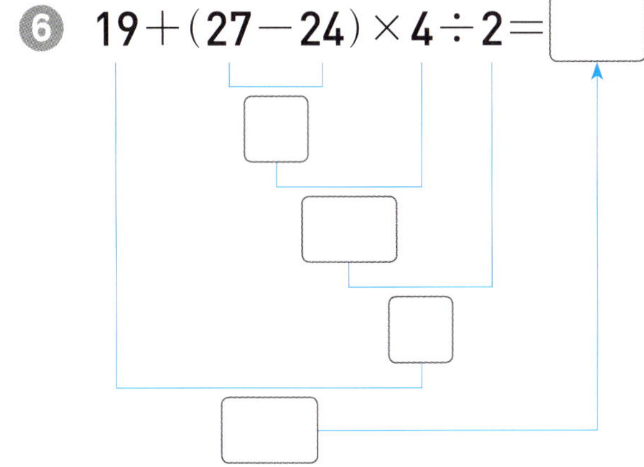

**7** $25 + 49 \div 7 \times 3 - 14 = \boxed{\phantom{00}}$

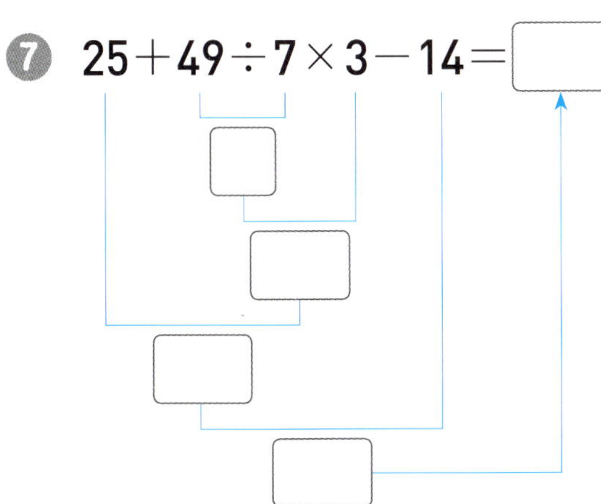

**8** $(44 + 12) \div 8 \times 6 - 11 = \boxed{\phantom{00}}$

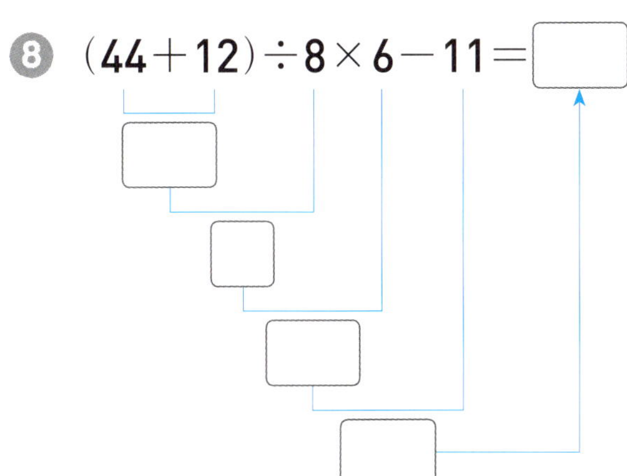



계산 순서대로 ☐ 안에 알맞은 수를 써넣으세요.

**9** $6 + 2 \times 5 - 21 \div 3 = 6 + \boxed{\phantom{0}} - \boxed{\phantom{0}} \div \boxed{\phantom{0}}$

$= 6 + \boxed{\phantom{0}} - \boxed{\phantom{0}}$

$= \boxed{\phantom{0}} - \boxed{\phantom{0}}$

$= \boxed{\phantom{0}}$

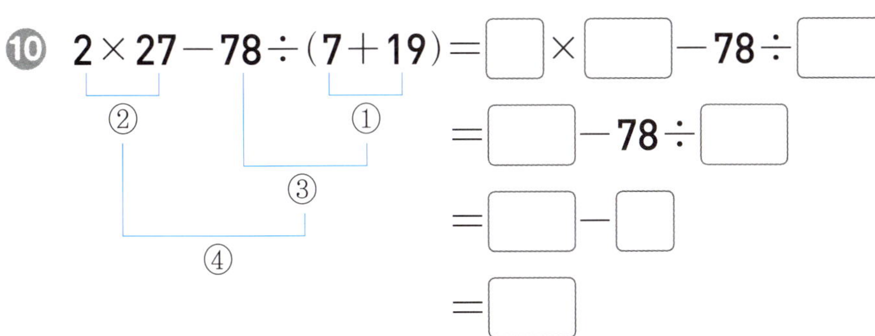

**10** $2 \times 27 - 78 \div (7 + 19) = \boxed{\phantom{0}} \times \boxed{\phantom{0}} - 78 \div \boxed{\phantom{0}}$

$= \boxed{\phantom{0}} - 78 \div \boxed{\phantom{0}}$

$= \boxed{\phantom{0}} - \boxed{\phantom{0}}$

$= \boxed{\phantom{0}}$

## 5 일차 · 덧셈, 뺄셈, 곱셈, 나눗셈이 섞여 있는 식

🐻 보기와 같이 계산 순서를 나타내고 계산해 보세요.

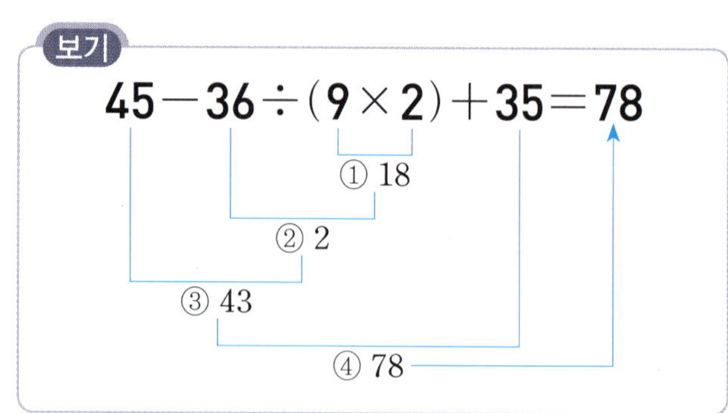



**1** $52-35+15×4÷12$

**2** $30+72-14×5÷7$

**3** $81-72÷(9×2)+5$

**4** $3×72÷8+(21-12)$

**5** $(36-3)÷11×(3+4)$

🐻 계산해 보세요.

**6** $63÷9+15-4×3$

**7** $42÷6+3×7-16$

**8** $48÷(14-10)×3+4$

**9** $100-(16+2)×(72÷24)$

**생활 속 계산**

각 음식의 무게를 보고 계산해 보세요.

**10**

| 종류 | 수량(개) | 무게(g) |
|---|---|---|
| 베이글 | 1 | 117 |
| 머핀 | 2 | 64 |
| 크루아상 | 1 | 58 |

$$= 117 \times 2 - 58 + 64 \div 2$$
$$= \boxed{\phantom{00}} \, (g)$$

**11**

| 종류 | 수량(개) | 무게(g) |
|---|---|---|
| 딸기 | 1 | 18 |
| 사과 | 1 | 326 |
| 귤 | 2 | 196 |

$$= 196 \div 2 + 326 \times 2 - 18$$
$$= \boxed{\phantom{00}} \, (g)$$



**문장 읽고 계산식 세우기**

**12**　88을 4로 나눈 몫과 3을 7배 한 값의 차에 12를 더한 수는?

식　$\boxed{\phantom{0}} \div \boxed{\phantom{0}} - \boxed{\phantom{0}} \times \boxed{\phantom{0}} + \boxed{\phantom{0}} = \boxed{\phantom{0}}$

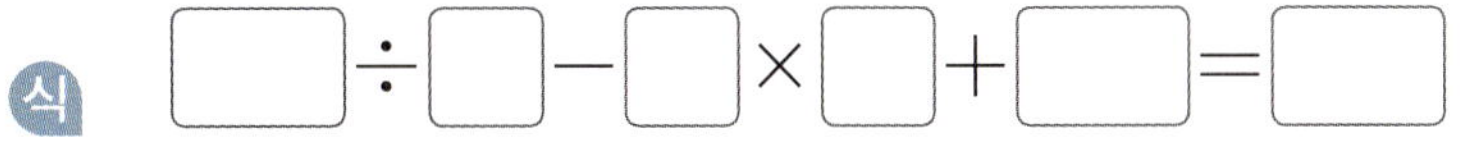

**13**　34와 15의 차를 2배 한 수와 64를 4로 나눈 몫의 합은?

식　$(\boxed{\phantom{0}} - \boxed{\phantom{0}}) \times \boxed{\phantom{0}} + \boxed{\phantom{0}} \div \boxed{\phantom{0}} = \boxed{\phantom{0}}$

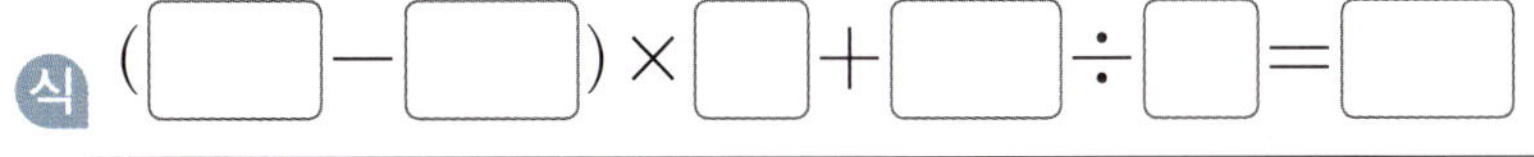

# SPEED 연산력 TEST

 계산해 보세요.

① $52-13+6$

② $81-(16+9)$

③ $88\div8\times7$

④ $84\div(7\times3)$

⑤ $74-2\times5+8$

⑥ $34+(19-3)\times5$

⑦ $20+56\div8-6$

⑧ $(66-28)\div2+11$

⑨ $28+45\div9\times3-14$

⑩ $15+2\times(37-9)\div4$

⑪ $30+20-45\div5\times3$

⑫ $25-56\div(10+4)\times2$

🐻 빈 곳에 계산 결과를 써넣으세요.

⑬ $93-(29+17)$

⑭ $81-47+28$

⑮ $77-(46+19)\div5$

⑯ $48\div3+36-2\times9$

⑰ $94\div(90-17\times3+8)$

⑱ $168-(24+12)\times4$

⑲ $75-(40\div2\times2+8)$

⑳ $2\times34-91\div(4+9)$

1 자연수의 혼합 계산

# 문장제 문제 도전하기

**1** $2000-(700+800)=\boxed{\phantom{00}}$

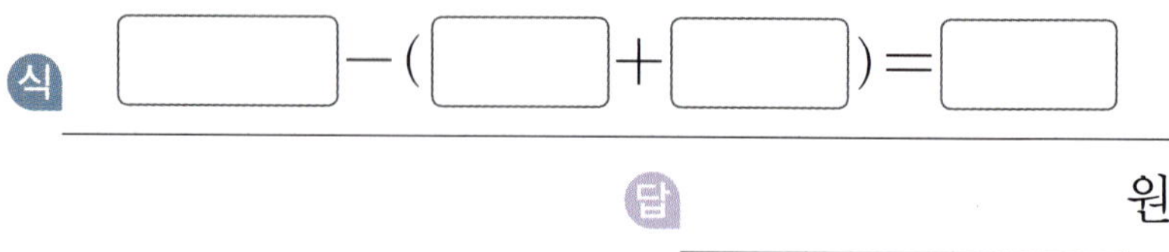

700원짜리 사탕 **1**개와 **800**원짜리 사탕 **1**개를 사고 **2000**원을 냈습니다. 거스름돈은 얼마일까요?

식 $\boxed{\phantom{00}}-(\boxed{\phantom{0}}+\boxed{\phantom{0}})=\boxed{\phantom{0}}$

답 ______________ 원

**2** $10\times5\div2=\boxed{\phantom{0}}$

쿠키를 한 판에 **10**개씩 **5**판을 구워 **2**상자에 똑같이 남김없이 나누어 담았습니다. 한 상자에 담은 쿠키는 몇 개일까요?

식 $\boxed{\phantom{0}}\times\boxed{\phantom{0}}\div\boxed{\phantom{0}}=\boxed{\phantom{0}}$

답 ______________ 개

**3** $60\div(6\times2)=\boxed{\phantom{0}}$

송편 **60**개를 상자 한 개에 **6**개씩 **2**줄로 모두 담으려면 필요한 상자는 몇 개일까요?

식 $\boxed{\phantom{0}}\div(\boxed{\phantom{0}}\times\boxed{\phantom{0}})=\boxed{\phantom{0}}$

답 ______________ 개

문장을 읽고 알맞은 혼합 계산식을 세워 답을 구해 보자!

**4** 음료수 **40**개를 남학생 **3**명과 여학생 **5**명에게 각각 **3**개씩 나누어 주면 남는 음료수는 몇 개일까요?

$$\boxed{\phantom{00}} - \left( \boxed{\phantom{00}} + \boxed{\phantom{00}} \right) \times \boxed{\phantom{00}} = \boxed{\phantom{00}} \,(개)$$

**5** 딸기주스( ) 한 병과 쿠키( ) 한 개를 사고 **5000**원을 냈을 때 거스름돈은 얼마일까요?

$$\boxed{\phantom{00}} - \left( \boxed{\phantom{000}} + \boxed{\phantom{000}} \div \boxed{\phantom{0}} \right) = \boxed{\phantom{000}} \,(원)$$



**6** 사과주스( ) **3**병과 쿠키( ) 한 개를 사고 **6000**원을 냈을 때 거스름돈은 얼마일까요?

$$\boxed{\phantom{00}} - \left( \boxed{\phantom{000}} \times \boxed{\phantom{0}} + \boxed{\phantom{000}} \div \boxed{\phantom{0}} \right) = \boxed{\phantom{000}} \,(원)$$

# 창의·융합·코딩·도전하기

## 날씬해지러 달나라로 가자!

융합 1

세 사람이 모두 달에서 몸무게를 잰다면 원호와 시아의 몸무게의 합은 선생님의 몸무게보다 몇 kg 더 무거운지 하나의 식으로 나타내어 구하세요.

▲ 선생님　　　▲ 원호　　　▲ 시아

| | 선생님 | 원호 | 시아 |
|---|---|---|---|
| 달에서 잰 몸무게(kg) | 72÷☐=☐ | 42÷☐=☐ | 36÷☐=☐ |

식　(42÷☐＋36÷☐)－72÷☐=☐

답　＿＿＿＿＿＿＿ kg

 ㉠★㉡=(㉠+**5**)×㉡÷**2**−**3**과 같이 약속합니다.

보기 와 같이 연산 규칙 로봇에 ㉠과 ㉡을 입력하여 출력한 값을 구하세요.

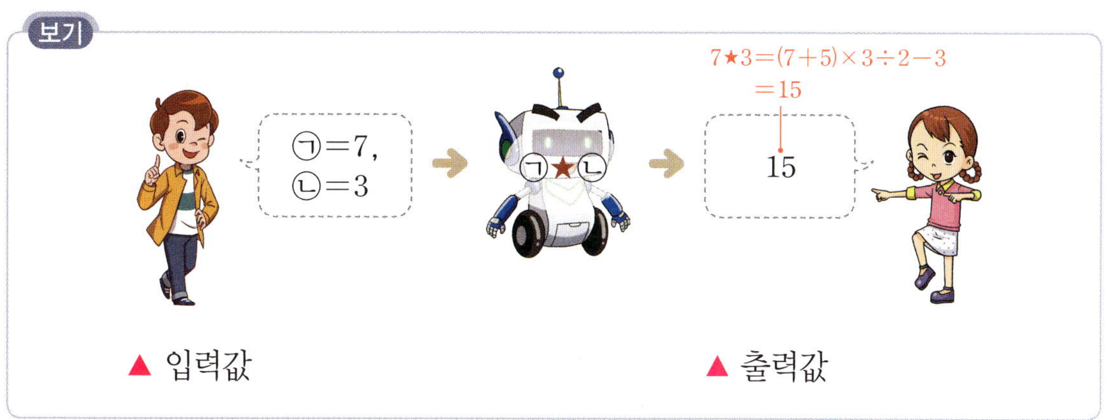


(1)

(2)

실생활에서 알아보는 재미있는 수학 이야기

# 이번에 배울 내용을 알아볼까요?

$$3 \times 1 = 3$$
$$3 \times 2 = 6$$
$$3 \times 3 = 9$$

# 약수 구하기

**이렇게 해결하자**

· 6의 약수 구하기

$$6 \div 1 = 6 \qquad 6 \div 2 = 3$$
$$6 \div 3 = 2 \qquad 6 \div 6 = 1$$

6의 약수: **1, 2, 3, 6**

□ 안에 알맞은 수를 써넣고 약수를 모두 구하세요.

**2** 약수와 배수

❶
$$8 \div 1 = 8 \qquad 8 \div 2 = 4$$
$$8 \div \boxed{\phantom{0}} = 2 \qquad 8 \div \boxed{\phantom{0}} = 1$$

8의 약수: ______________

❷
$$14 \div 1 = 14 \qquad 14 \div 2 = 7$$
$$14 \div \boxed{\phantom{0}} = 2 \qquad 14 \div \boxed{\phantom{0}} = 1$$

14의 약수: ______________

❸
$$15 \div 1 = 15 \qquad 15 \div 3 = 5$$
$$15 \div \boxed{\phantom{0}} = 3 \qquad 15 \div \boxed{\phantom{0}} = 1$$

15의 약수: ______________

❹
$$21 \div 1 = 21 \qquad 21 \div 3 = 7$$
$$21 \div \boxed{\phantom{0}} = 3 \qquad 21 \div \boxed{\phantom{0}} = 1$$

21의 약수: ______________

❺
$$12 \div 1 = 12 \qquad 12 \div 2 = 6$$
$$12 \div 3 = 4 \qquad 12 \div \boxed{\phantom{0}} = 3$$
$$12 \div \boxed{\phantom{0}} = 2 \qquad 12 \div \boxed{\phantom{0}} = 1$$

12의 약수: ______________

❻
$$18 \div 1 = 18 \qquad 18 \div 2 = 9$$
$$18 \div 3 = 6 \qquad 18 \div \boxed{\phantom{0}} = 3$$
$$18 \div \boxed{\phantom{0}} = 2 \qquad 18 \div \boxed{\phantom{0}} = 1$$

18의 약수: ______________

# 기초 계산 연습



▶ 정답과 해설 8쪽

**❼**

$25 \div 1 = 25$　　$25 \div \boxed{\phantom{0}} = 5$

$25 \div \boxed{\phantom{0}} = 1$

25의 약수: ______________

**❽**

$9 \div 1 = 9$　　$9 \div \boxed{\phantom{0}} = 3$

$9 \div \boxed{\phantom{0}} = 1$

9의 약수: ______________

**❾**

$22 \div 1 = 22$　　$22 \div 2 = 11$

$22 \div \boxed{\phantom{0}} = 2$　　$22 \div \boxed{\phantom{0}} = 1$

22의 약수: ______________

**❿**

$35 \div 1 = 35$　　$35 \div 5 = 7$

$35 \div \boxed{\phantom{0}} = 5$　　$35 \div \boxed{\phantom{0}} = 1$

35의 약수: ______________

**⓫**

$20 \div 1 = 20$　　$20 \div 2 = 10$

$20 \div 4 = 5$　　$20 \div \boxed{\phantom{0}} = 4$

$20 \div \boxed{\phantom{0}} = 2$　　$20 \div \boxed{\phantom{0}} = 1$

20의 약수: ______________

**⓬**

$45 \div 1 = 45$　　$45 \div 3 = 15$

$45 \div 5 = 9$　　$45 \div \boxed{\phantom{0}} = 5$

$45 \div \boxed{\phantom{0}} = 3$　　$45 \div \boxed{\phantom{0}} = 1$

45의 약수: ______________

**⓭**

$32 \div 1 = 32$　　$32 \div 2 = 16$

$32 \div 4 = 8$　　$32 \div \boxed{\phantom{0}} = 4$

$32 \div \boxed{\phantom{0}} = 2$　　$32 \div \boxed{\phantom{0}} = 1$

32의 약수: ______________

**⓮**

$28 \div 1 = 28$　　$28 \div 2 = 14$

$28 \div 4 = 7$　　$28 \div \boxed{\phantom{0}} = 4$

$28 \div \boxed{\phantom{0}} = 2$　　$28 \div \boxed{\phantom{0}} = 1$

28의 약수: ______________

# 약수 구하기

 약수를 구하세요.

**1**
| 4의 약수 |
| --- |
|  |

**2**
| 7의 약수 |
| --- |
|  |

**3**
| 10의 약수 |
| --- |
|  |

**4**
| 16의 약수 |
| --- |
|  |

**5**
| 23 약수 |
| --- |
|  |

**6**
| 33의 약수 |
| --- |
|  |



약수를 모두 쓰고, 약수의 개수를 구하세요.

**7**  19의 약수 ➡ ____________________

____________________

개수 ➡ ____________________

**8**  30의 약수 ➡ ____________________

____________________

개수 ➡ ____________________

**9**  40의 약수 ➡ ____________________

____________________

개수 ➡ ____________________

**10**  44의 약수 ➡ ____________________

____________________

개수 ➡ ____________________

# 플러스 계산 연습



## 생활 속 문제

과일 가게에 있는 과일을 남김없이 똑같이 봉지에 담으려고 합니다. 과일을 나누어 담을 수 있는 봉지 수에 모두 ○표 하세요.

**11**

| 2개 | 3개 | 4개 |
|---|---|---|
| 5개 | 6개 | 8개 |

**12**

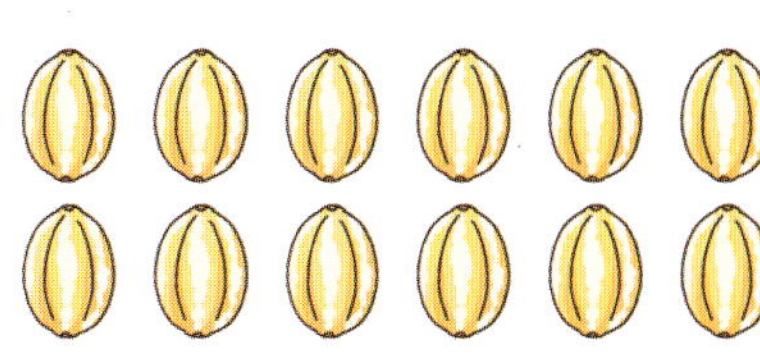

| 2개 | 3개 | 4개 |
|---|---|---|
| 5개 | 6개 | 9개 |

**13**

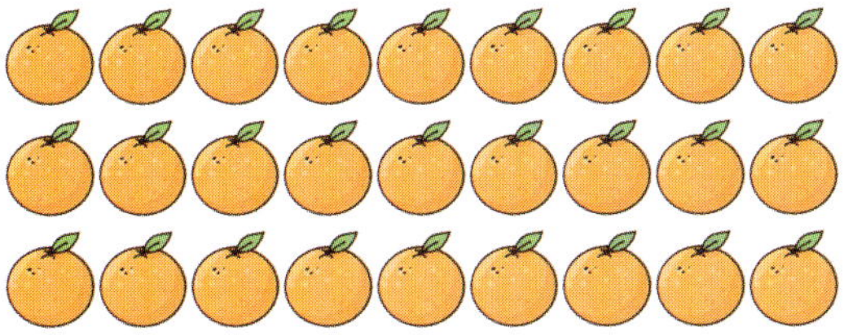

| 2개 | 3개 | 5개 |
|---|---|---|
| 7개 | 9개 | 15개 |

**14**

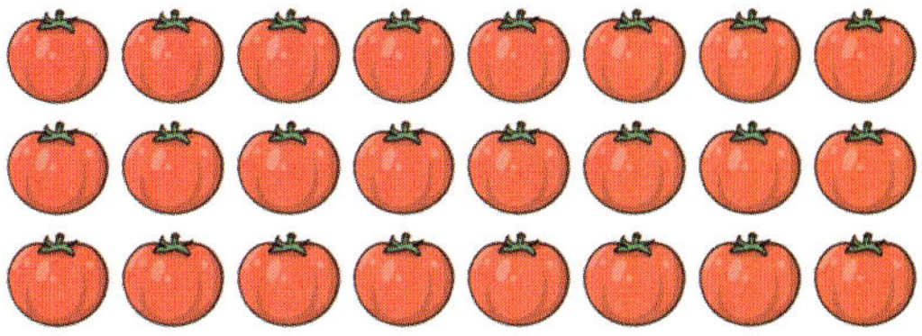

| 2개 | 3개 | 5개 |
|---|---|---|
| 6개 | 7개 | 12개 |

## 문장 읽고 문제 해결하기

**15**　26의 약수의 개수는?

답 ＿＿＿＿＿＿＿＿＿ 개

**16**　34의 약수의 개수는?

답 ＿＿＿＿＿＿＿＿＿ 개

**17**　42의 약수의 개수는?

답 ＿＿＿＿＿＿＿＿＿ 개

**18**　49의 약수의 개수는?

답 ＿＿＿＿＿＿＿＿＿ 개

# 배수 구하기

**이렇게 해결하자**

• 2의 배수 구하기

$$2 \times 1 = 2 \qquad 2 \times 2 = 4$$
$$2 \times 3 = 6 \qquad 2 \times 4 = 8 \cdots\cdots$$

2의 배수: **2**, **4**, **6**, **8**

□ 안에 알맞은 수를 써넣고 배수를 가장 작은 수부터 4개 구하세요.

**2**

약수와 배수

38

**①**
$$3 \times 1 = 3 \qquad 3 \times 2 = 6$$
$$3 \times 3 = \boxed{\phantom{00}} \qquad 3 \times 4 = \boxed{\phantom{00}} \cdots\cdots$$

3의 배수: ____________________

**②**
$$4 \times 1 = 4 \qquad 4 \times 2 = 8$$
$$4 \times 3 = \boxed{\phantom{00}} \qquad 4 \times 4 = \boxed{\phantom{00}} \cdots\cdots$$

4의 배수: ____________________

**③**
$$7 \times 1 = 7 \qquad 7 \times 2 = \boxed{\phantom{00}}$$
$$7 \times 3 = \boxed{\phantom{00}} \qquad 7 \times 4 = \boxed{\phantom{00}} \cdots\cdots$$

7의 배수: ____________________

**④**
$$9 \times 1 = 9 \qquad 9 \times 2 = \boxed{\phantom{00}}$$
$$9 \times 3 = \boxed{\phantom{00}} \qquad 9 \times 4 = \boxed{\phantom{00}} \cdots\cdots$$

9의 배수: ____________________

**⑤**
$$11 \times 1 = 11 \qquad 11 \times 2 = \boxed{\phantom{00}}$$
$$11 \times 3 = \boxed{\phantom{00}} \qquad 11 \times 4 = \boxed{\phantom{00}} \cdots\cdots$$

11의 배수: ____________________

**⑥**
$$12 \times 1 = 12 \qquad 12 \times 2 = \boxed{\phantom{00}}$$
$$12 \times 3 = \boxed{\phantom{00}} \qquad 12 \times 4 = \boxed{\phantom{00}} \cdots\cdots$$

12의 배수: ____________________

## 기초 계산 연습



▶ 정답과 해설 8쪽

**7**
$10 \times 1 = 10$　$10 \times 2 = \boxed{\phantom{00}}$
$10 \times 3 = \boxed{\phantom{00}}$　$10 \times 4 = \boxed{\phantom{00}}$ ……

10의 배수: ________________

**8**
$13 \times 1 = 13$　$13 \times 2 = \boxed{\phantom{00}}$
$13 \times 3 = \boxed{\phantom{00}}$　$13 \times 4 = \boxed{\phantom{00}}$ ……

13의 배수: ________________

**9**
$14 \times 1 = 14$　$14 \times 2 = \boxed{\phantom{00}}$
$14 \times 3 = \boxed{\phantom{00}}$　$14 \times 4 = \boxed{\phantom{00}}$ ……

14의 배수: ________________

**10**
$15 \times 1 = \boxed{\phantom{00}}$　$15 \times 2 = \boxed{\phantom{00}}$
$15 \times 3 = \boxed{\phantom{00}}$　$15 \times 4 = \boxed{\phantom{00}}$ ……

15의 배수: ________________

**11**
$20 \times 1 = \boxed{\phantom{00}}$　$20 \times 2 = \boxed{\phantom{00}}$
$20 \times 3 = \boxed{\phantom{00}}$　$20 \times 4 = \boxed{\phantom{00}}$ ……

20의 배수: ________________

**12**
$22 \times 1 = \boxed{\phantom{00}}$　$22 \times 2 = \boxed{\phantom{00}}$
$22 \times 3 = \boxed{\phantom{00}}$　$22 \times 4 = \boxed{\phantom{00}}$ ……

22의 배수: ________________

**13**
$16 \times 1 = \boxed{\phantom{00}}$　$16 \times 2 = \boxed{\phantom{00}}$
$16 \times 3 = \boxed{\phantom{00}}$　$16 \times 4 = \boxed{\phantom{00}}$ ……

16의 배수: ________________

**14**
$17 \times 1 = \boxed{\phantom{00}}$　$17 \times 2 = \boxed{\phantom{00}}$
$17 \times 3 = \boxed{\phantom{00}}$　$17 \times 4 = \boxed{\phantom{00}}$ ……

17의 배수: ________________

**2**
약수와 배수

# 배수 구하기



배수를 가장 작은 수부터 5개 구하세요.

**1** 5의 배수

**2** 8의 배수

**3** 19의 배수

**4** 21의 배수

빈칸에 배수를 가장 작은 수부터 4개 쓰세요.

**5** 
6의 배수

**6** 
23의 배수

**7** 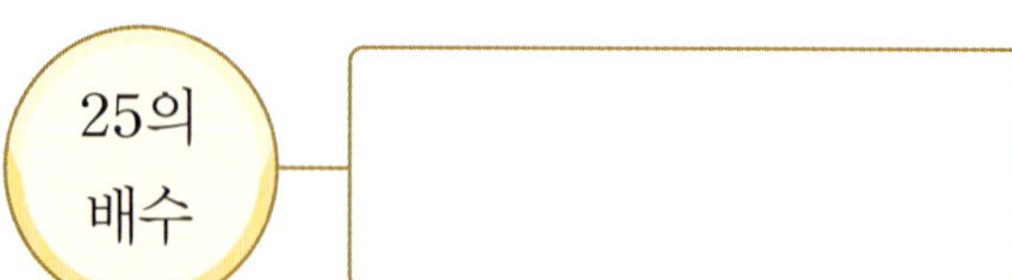
25의 배수

**8** 
30의 배수

**9** 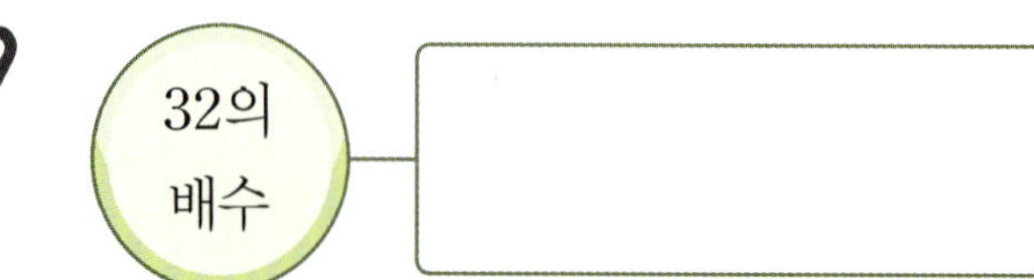
32의 배수

**10** 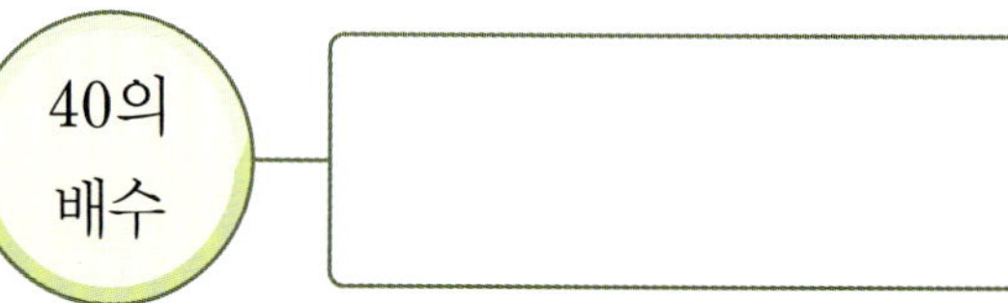
40의 배수

**플러스 계산 연습**

### 생활 속 문제

**11** 사물함에 적힌 수를 보고 3의 배수에 ◯표, 5의 배수에 △표, 8의 배수에 ☐표 하세요.

### 문장 읽고 문제 해결하기

**12** 18의 배수를 가장 작은 수부터 3개 쓰면?

답 _______________

**13** 24의 배수를 가장 작은 수부터 3개 쓰면?

답 _______________

**14** 28의 배수를 가장 작은 수부터 3개 쓰면?

답 _______________

**15** 45의 배수를 가장 작은 수부터 3개 쓰면?

답 _______________

**16** 50의 배수를 가장 작은 수부터 3개 쓰면?

답 _______________

**17** 100의 배수를 가장 작은 수부터 3개 쓰면?

답 _______________

# 3 일차 공약수와 최대공약수

- 8과 12의 공약수와 최대공약수 구하기

  8의 약수: **1, 2, 4, 8**

  12의 약수: **1, 2, 3, 4, 6, 12**

  ➡️ 8과 12의 공약수: **1, 2, 4**

  8과 12의 최대공약수: **4**

☐ 안에 알맞은 수를 써넣으세요.

**1**

6의 약수: 1, 2, 3, 6
10의 약수: 1, 2, 5, 10

6과 10의 공약수: ☐, ☐

6과 10의 최대공약수: ☐

**2**

10의 약수: 1, 2, 5, 10
16의 약수: 1, 2, 4, 8, 16

10과 16의 공약수: ☐, ☐

10과 16의 최대공약수: ☐

**3**

9의 약수: 1, 3, 9
12의 약수: 1, 2, 3, 4, 6, 12

9와 12의 공약수: ☐, ☐

9와 12의 최대공약수: ☐

**4**

20의 약수: 1, 2, 4, 5, 10, 20
24의 약수: 1, 2, 3, 4, 6, 8, 12, 24

20과 24의 공약수: ☐, ☐, ☐

20과 24의 최대공약수: ☐

**5**

15의 약수: 1, 3, 5, 15
25의 약수: 1, 5, 25

15와 25의 공약수: ☐, ☐

15와 25의 최대공약수: ☐

**6**

18의 약수: 1, 2, 3, 6, 9, 18
27의 약수: 1, 3, 9, 27

18과 27의 공약수: ☐, ☐, ☐

18과 27의 최대공약수: ☐

## 기초 계산 연습

🐻 약수를 각각 구하여 두 수의 공약수와 최대공약수를 구하세요.

**7** 27의 약수: ___________________

  45의 약수: ___________________

    공약수: ___________________

  최대공약수: ___________________

**8** 6의 약수: ___________________

  15의 약수: ___________________

    공약수: ___________________

  최대공약수: ___________________

**9** 14의 약수: ___________________

  35의 약수: ___________________

    공약수: ___________________

  최대공약수: ___________________

**10** 4의 약수: ___________________

  18의 약수: ___________________

    공약수: ___________________

  최대공약수: ___________________

**11** 20의 약수: ___________________

  30의 약수: ___________________

    공약수: ___________________

  최대공약수: ___________________

**12** 6의 약수: ___________________

  8의 약수: ___________________

    공약수: ___________________

  최대공약수: ___________________

**13** 12의 약수: ___________________

  28의 약수: ___________________

    공약수: ___________________

  최대공약수: ___________________

**14** 16의 약수: ___________________

  24의 약수: ___________________

    공약수: ___________________

  최대공약수: ___________________

# 3 일차

# 공약수와 최대공약수

🐻 약수를 각각 구하여 두 수의 공약수를 구하세요.

**1** 32의 약수: _________________

36의 약수: _________________

공약수: _________________
└─ 32와 36의 공약수

**2** 25의 약수: _________________

55의 약수: _________________

공약수: _________________

**3** 21의 약수: _________________

35의 약수: _________________

공약수: _________________

**4** 4의 약수: _________________

44의 약수: _________________

공약수: _________________





🐻 두 수의 공약수와 최대공약수를 구하세요.

**5**

| 두 수 | ( 15, 45 ) |
|---|---|
| 공약수 | |
| 최대공약수 | |

**6**

| 두 수 | ( 16, 42 ) |
|---|---|
| 공약수 | |
| 최대공약수 | |

**7**

| 두 수 | ( 54, 72 ) |
|---|---|
| 공약수 | |
| 최대공약수 | |

**8**

| 두 수 | ( 9, 48 ) |
|---|---|
| 공약수 | |
| 최대공약수 | |

**9**

| 두 수 | ( 14, 56 ) |
|---|---|
| 공약수 | |
| 최대공약수 | |

**10**

| 두 수 | ( 24, 81 ) |
|---|---|
| 공약수 | |
| 최대공약수 | |

## 플러스 계산 연습



### 생활 속 문제

**11** 두 수의 최대공약수를 찾아 선으로 이어 보세요.

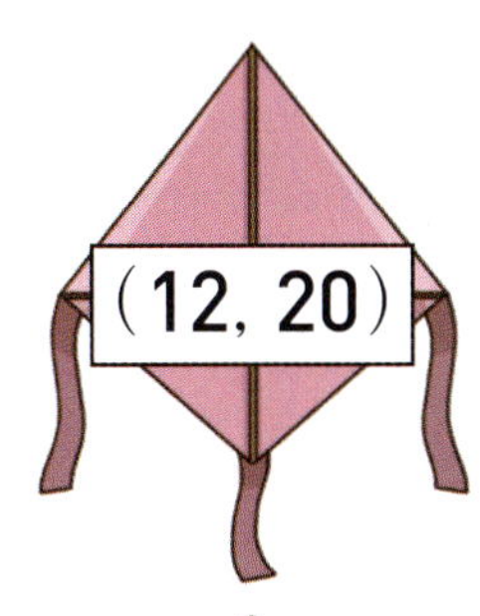

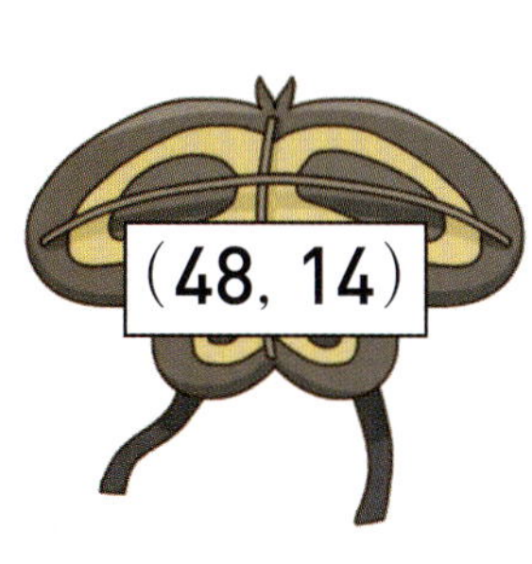

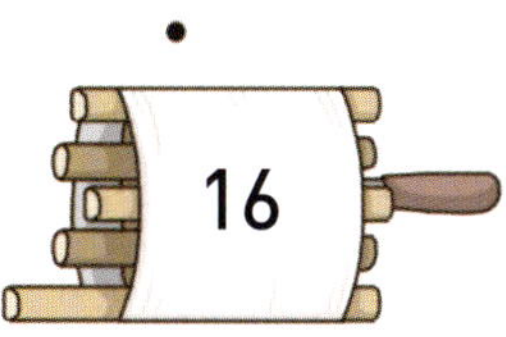


### 문장 읽고 문제 해결하기

**12** 4와 6의 공약수는?

답 ＿＿＿＿＿＿＿＿＿＿

**13** 14와 42의 공약수는?

답 ＿＿＿＿＿＿＿＿＿＿

**14** 9와 21의 공약수는?

답 ＿＿＿＿＿＿＿＿＿＿

**15** 16과 20의 공약수는?

답 ＿＿＿＿＿＿＿＿＿＿

**16** 5와 10의 공약수 중 가장 큰 수는?

답 ＿＿＿＿＿＿＿＿＿＿

**17** 30과 75의 공약수 중 가장 큰 수는?

답 ＿＿＿＿＿＿＿＿＿＿

2

약수와 배수

# 곱셈식을 이용하여 최대공약수 구하기



• 곱셈식을 이용하여 12와 18의 최대공약수 구하기

$$12 = 2 \times 2 \times 3$$
$$18 = 2 \times 3 \times 3$$

➡ 12와 18의 최대공약수: $2 \times 3 = 6$
└─ 공통된 부분

두 수의 최대공약수를 구하세요.

**❶**
$$9 = 3 \times 3$$
$$27 = 3 \times 3 \times 3$$

➡ 9와 27의 최대공약수:

$3 \times \boxed{\phantom{0}} = \boxed{\phantom{0}}$

**❷**
$$12 = 2 \times 2 \times 3$$
$$16 = 2 \times 2 \times 2 \times 2$$

➡ 12와 16의 최대공약수:

$2 \times \boxed{\phantom{0}} = \boxed{\phantom{0}}$



**❸**
$$28 = 2 \times 2 \times 7$$
$$42 = 2 \times 3 \times 7$$

➡ 28과 42의 최대공약수:

$2 \times \boxed{\phantom{0}} = \boxed{\phantom{0}}$

**❹**
$$30 = 2 \times 3 \times 5$$
$$12 = 2 \times 2 \times 3$$

➡ 30과 12의 최대공약수:

$2 \times \boxed{\phantom{0}} = \boxed{\phantom{0}}$

**❺**
$$40 = 2 \times 2 \times 2 \times 5$$
$$50 = 2 \times 5 \times 5$$

➡ 40과 50의 최대공약수:

$\boxed{\phantom{0}} \times 5 = \boxed{\phantom{0}}$

**❻**
$$30 = 2 \times 3 \times 5$$
$$42 = 2 \times 3 \times 7$$

➡ 30과 42의 최대공약수:

$\boxed{\phantom{0}} \times 3 = \boxed{\phantom{0}}$

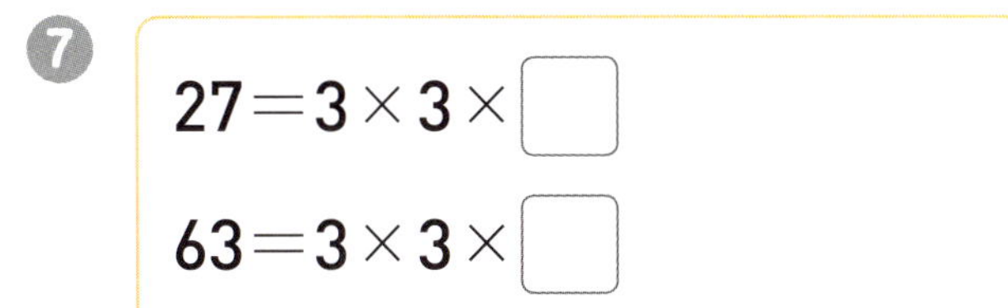


두 수를 가장 작은 수들의 곱으로 나타내어 두 수의 최대공약수를 구하세요.

**⑦**

$$27 = 3 \times 3 \times \boxed{\phantom{0}}$$
$$63 = 3 \times 3 \times \boxed{\phantom{0}}$$

➡ 27과 63의 최대공약수:
$$\boxed{\phantom{0}} \times \boxed{\phantom{0}} = \boxed{\phantom{0}}$$

**⑧**

$$16 = 2 \times 2 \times \boxed{\phantom{0}} \times \boxed{\phantom{0}}$$
$$20 = 2 \times 2 \times \boxed{\phantom{0}}$$

➡ 16과 20의 최대공약수:
$$\boxed{\phantom{0}} \times \boxed{\phantom{0}} = \boxed{\phantom{0}}$$

**⑨**

$$21 = 3 \times \boxed{\phantom{0}}$$
$$42 = 2 \times 3 \times \boxed{\phantom{0}}$$

➡ 21과 42의 최대공약수:
$$\boxed{\phantom{0}} \times \boxed{\phantom{0}} = \boxed{\phantom{0}}$$

**⑩**

$$18 = 2 \times 3 \times \boxed{\phantom{0}}$$
$$24 = 2 \times 2 \times 2 \times \boxed{\phantom{0}}$$

➡ 18과 24의 최대공약수:
$$\boxed{\phantom{0}} \times \boxed{\phantom{0}} = \boxed{\phantom{0}}$$

**⑪**

$$40 = 2 \times 2 \times 2 \times \boxed{\phantom{0}}$$
$$70 = 2 \times 5 \times \boxed{\phantom{0}}$$

➡ 40과 70의 최대공약수:
$$\boxed{\phantom{0}} \times \boxed{\phantom{0}} = \boxed{\phantom{0}}$$

**⑫**

$$14 = 2 \times \boxed{\phantom{0}}$$
$$28 = 2 \times 2 \times \boxed{\phantom{0}}$$

➡ 14와 28의 최대공약수:
$$\boxed{\phantom{0}} \times \boxed{\phantom{0}} = \boxed{\phantom{0}}$$

**⑬**

$$8 = 2 \times 2 \times \boxed{\phantom{0}}$$
$$12 = 2 \times 2 \times \boxed{\phantom{0}}$$

➡ 8과 12의 최대공약수:
$$\boxed{\phantom{0}} \times \boxed{\phantom{0}} = \boxed{\phantom{0}}$$

**⑭**

$$36 = 2 \times 2 \times 3 \times \boxed{\phantom{0}}$$
$$54 = 2 \times 3 \times 3 \times \boxed{\phantom{0}}$$

➡ 36과 54의 최대공약수:
$$\boxed{\phantom{0}} \times \boxed{\phantom{0}} \times \boxed{\phantom{0}} = \boxed{\phantom{0}}$$

**2** 약수와 배수

# 곱셈식을 이용하여 최대공약수 구하기

 보기 와 같은 방법으로 두 수의 최대공약수를 구하세요.

**보기**

$(12, 30)$

$12 = 2 \times 2 \times 3$
$30 = 2 \times 3 \times 5$
➡ 최대공약수: $2 \times 3 = 6$

**1** $(30, 70)$

$30 = $ ________________________
$70 = $ ________________________
➡ 최대공약수: ________________________

**2** $(40, 56)$

$40 = $ ________________________
$56 = $ ________________________
➡ 최대공약수: ________________________

**3** $(48, 72)$

$48 = $ ________________________
$72 = $ ________________________
➡ 최대공약수: ________________________

 두 수의 최대공약수를 구하세요.

**4** $(12, 56)$ ☐

**5** $(28, 36)$ ☐

**6** $(45, 63)$ ☐

**7** $(42, 18)$ ☐

**8** $(60, 84)$ ☐

**9** $(28, 70)$ ☐

## 플러스 계산 연습

### 생활 속 문제

학용품 두 종류를 최대한 많은 학생들에게 남김없이 똑같이 나누어 주려고 합니다. 두 학용품 수의 최대공약수를 구하세요.

**10**   ......

48자루    42개

**11** 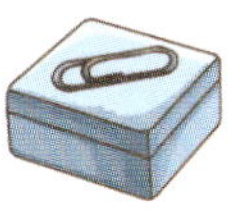 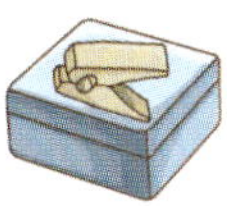 ......

84개    56개

**12**   ......

63개    72개

**13**   ......

81권    45개

**14**   ......

72개    81권

**15** 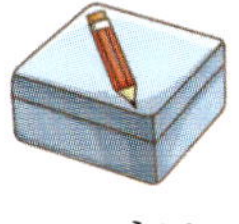  ......

48자루    64장



### 문장 읽고 문제 해결하기

**16**  24와 40의 최대공약수는?

답 ______________

**17**  20과 90의 최대공약수는?

답 ______________

**18**  16과 80의 최대공약수는?

답 ______________

**19**  21과 63의 최대공약수는?

답 ______________

# 공약수로 나누어 최대공약수 구하기



• 공약수로 나누어 12와 18의 최대공약수 구하기

12와 18의 공약수 → 2 ) 12  18
6과 9의 공약수 → 3 ) 6  9
          2  3

→ 12와 18의 최대공약수: 2 × 3 = 6

두 수의 최대공약수를 구하세요.

**①** 2 ) 20  30
  5 ) 10  15
      2   3

→ 20과 30의 최대공약수:

2 × ☐ = ☐

**②** 3 ) 27  36
  3 ) 9  12
      3   4

→ 27과 36의 최대공약수:

3 × ☐ = ☐

**③** 2 ) 18  30
  3 ) 9  15
      3   5

→ 18과 30의 최대공약수:

2 × ☐ = ☐

**④** 3 ) 60  45
  5 ) 20  15
      4   3

→ 60과 45의 최대공약수:

3 × ☐ = ☐

**⑤** 2 ) 24  32
  ☐ ) 12  16
  ☐ ) 6   8
      3   4

→ 24와 32의 최대공약수:

2 × ☐ × ☐ = ☐

**⑥** 2 ) 40  56
  ☐ ) 20  28
  ☐ ) 10  14
      5   7

→ 40과 56의 최대공약수:

2 × ☐ × ☐ = ☐



2 약수와 배수

## 기초 계산 연습

두 수의 공약수로 나누어 보면서 최대공약수를 구하세요.

**7**

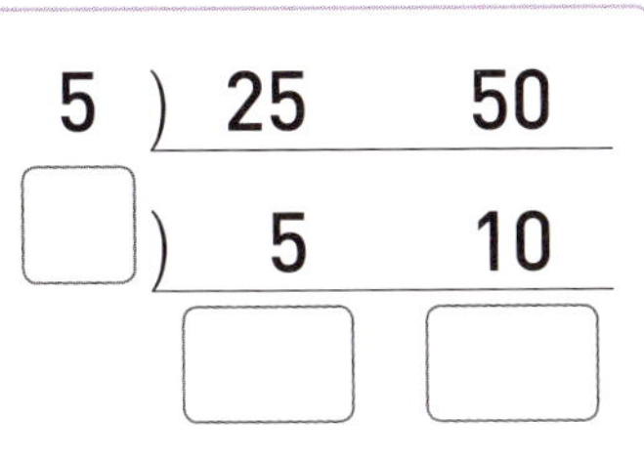

```
5 ) 25   50
  )  5   10
    [  ]  [  ]
```

➜ 25와 50의 최대공약수:

$$5 \times \boxed{\phantom{0}} = \boxed{\phantom{0}}$$

**8**

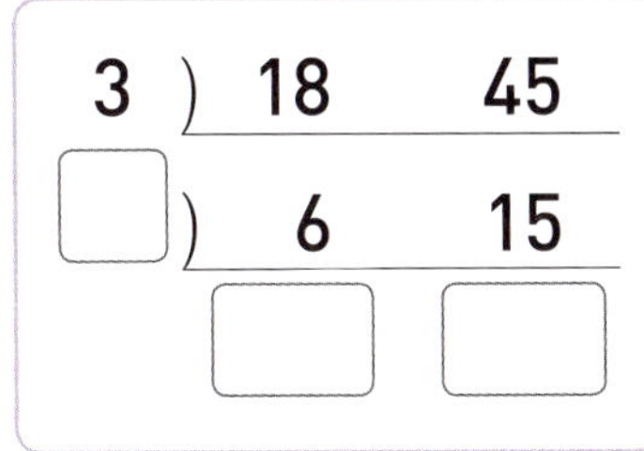

```
3 ) 18   45
  )  6   15
    [  ]  [  ]
```

➜ 18과 45의 최대공약수:

$$3 \times \boxed{\phantom{0}} = \boxed{\phantom{0}}$$

**9**

```
) 50   20
```

➜ 50과 20의 최대공약수:

**10**

```
) 20   24
```

➜ 20과 24의 최대공약수:

**11**

```
) 48   60
```

➜ 48과 60의 최대공약수:

**12**

```
) 21   63
```

➜ 21과 63의 최대공약수:

# 공약수로 나누어 최대공약수 구하기



2

약수와 배수

보기 와 같은 방법으로 두 수의 최대공약수를 구하세요.

**보기**

$$
\begin{array}{r}
2\,)\,\overline{24\quad 42} \\
3\,)\,\overline{12\quad 21} \\
\overline{\phantom{0}4\quad\ \ 7}
\end{array}
$$

→ _______ $2 \times 3 = 6$ _______

**1**

$$)\overline{40\quad 28}$$

→ ______________________

**2**

$$)\overline{50\quad 75}$$

→ ______________________

**3**

$$)\overline{90\quad 81}$$

→ ______________________

빈칸에 두 수의 최대공약수를 써넣으세요.

**4**

| 56 | |
|----|--|
| 42 | |

**5**

| 48 | |
|----|--|
| 72 | |

**6**

| 24 | |
|----|--|
| 36 | |

**7**

| 36 | |
|----|--|
| 52 | |

**8**

| 80 | |
|----|--|
| 28 | |

**9**

| 84 | |
|----|--|
| 12 | |

## 플러스 계산 연습



### 생활 속 문제

과일 두 종류를 최대한 많은 봉지에 남김없이 똑같이 나누어 담으려고 합니다. 두 과일 수의 최대공약수를 구하세요.

**10**

**11**

**12**

**13**

**14**

**15**

### 문장 읽고 문제 해결하기

**16**  90과 36의 최대공약수는?

 답 ________________

**17**  63과 42의 최대공약수는?

답 ________________

**18**  30과 90의 최대공약수는?

 답 ________________

**19**  45와 81의 최대공약수는?

 답 ________________

2

약수와 배수

# 공배수와 최소공배수



• 2와 3의 공배수와 최소공배수 구하기
  - 2의 배수: **2**, **4**, **6**, **8**, **10**, **12**, **14**, **16**, **18**……
  - 3의 배수: **3**, **6**, **9**, **12**, **15**, **18**……
  → 2와 3의 공배수: **6**, **12**, **18**
    2와 3의 최소공배수: **6**

□ 안에 알맞은 수를 써넣으세요. (단, 두 수의 공배수는 가장 작은 수부터 쓰세요.)

**①**
2의 배수: 2, 4, 6, 8, 10, 12……
4의 배수: 4, 8, 12, 16……

2와 4의 공배수: ☐, ☐ ……

2와 4의 최소공배수: ☐

**②**
3의 배수: 3, 6, 9, 12, 15, 18……
6의 배수: 6, 12, 18, 24, 30……

3과 6의 공배수: ☐, ☐ ……

3과 6의 최소공배수: ☐

**③**
4의 배수: 4, 8, 12, 16, 20, 24……
6의 배수: 6, 12, 18, 24, 30……

4와 6의 공배수: ☐, ☐ ……

4와 6의 최소공배수: ☐

**④**
2의 배수: 2, 4, 6, 8, 10, 12……
6의 배수: 6, 12, 18, 24, 30……

2와 6의 공배수: ☐, ☐ ……

2와 6의 최소공배수: ☐

**⑤**
5의 배수: 5, 10, 15, 20, 25……
10의 배수: 10, 20, 30, 40……

5와 10의 공배수: ☐, ☐ ……

5와 10의 최소공배수: ☐

**⑥**
15의 배수: 15, 30, 45, 60, 75……
30의 배수: 30, 60, 90……

15와 30의 공배수: ☐, ☐ ……

15와 30의 최소공배수: ☐

## 기초 계산 연습



배수를 가장 작은 수부터 각각 5개 쓰고, 두 수의 공배수와 최소공배수를 구하세요. (단, 공배수는 가장 작은 수부터 3개 쓰세요.)

**7**　2의 배수: __________
　　8의 배수: __________
　　공배수: __________
　　최소공배수: __________

**8**　4의 배수: __________
　　5의 배수: __________
　　공배수: __________
　　최소공배수: __________

**9**　7의 배수: __________
　　14의 배수: __________
　　공배수: __________
　　최소공배수: __________

**10**　6의 배수: __________
　　12의 배수: __________
　　공배수: __________
　　최소공배수: __________

**11**　15의 배수: __________
　　9의 배수: __________
　　공배수: __________
　　최소공배수: __________

**12**　12의 배수: __________
　　18의 배수: __________
　　공배수: __________
　　최소공배수: __________

**13**　14의 배수: __________
　　28의 배수: __________
　　공배수: __________
　　최소공배수: __________

**14**　20의 배수: __________
　　10의 배수: __________
　　공배수: __________
　　최소공배수: __________

2

약수와 배수

55

# 6 일차

## 공배수와 최소공배수

🐻 배수를 가장 작은 수부터 각각 5개 쓰고, 두 수의 공배수를 구하세요. (단, 공배수는 가장 작은 수부터 3개 쓰세요.)

**1** 10의 배수: ____________________

　6의 배수: ____________________

　공배수: ____________________

**2** 8의 배수: ____________________

　6의 배수: ____________________

　공배수: ____________________

**3** 14의 배수: ____________________

　21의 배수: ____________________

　공배수: ____________________

**4** 20의 배수: ____________________

　40의 배수: ____________________

　공배수: ____________________

🐻 두 수의 공배수와 최소공배수를 구하세요. (단, 공배수는 가장 작은 수부터 3개 쓰세요.)

**5**

| 두 수 | (6, 15) |
|---|---|
| 공배수 | |
| 최소공배수 | |

**6**

| 두 수 | (2, 10) |
|---|---|
| 공배수 | |
| 최소공배수 | |

**7**

| 두 수 | (4, 8) |
|---|---|
| 공배수 | |
| 최소공배수 | |

**8**

| 두 수 | (5, 20) |
|---|---|
| 공배수 | |
| 최소공배수 | |

**9**

| 두 수 | (3, 9) |
|---|---|
| 공배수 | |
| 최소공배수 | |

**10**

| 두 수 | (8, 24) |
|---|---|
| 공배수 | |
| 최소공배수 | |

## 플러스 계산 연습

맞은 개수 　 / 18개

▶ 정답과 해설 11쪽

**생활 속 문제**

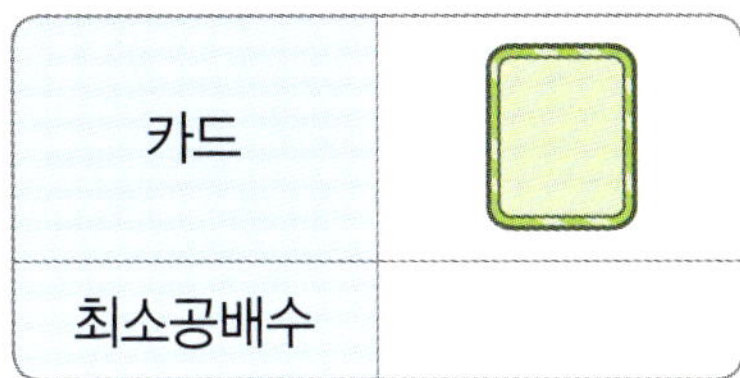 같은 색깔의 수 카드에 적힌 수들의 최소공배수를 구하세요.

| 4 | 2 | 20 | 6 |
|---|---|---|---|
| 12 | 9 | 10 | 30 |

**11**

| 카드 | |
|---|---|
| 최소공배수 | |

**12**

| 카드 | |
|---|---|
| 최소공배수 | |

**13**

| 카드 | |
|---|---|
| 최소공배수 | |

**14**

| 카드 | |
|---|---|
| 최소공배수 | |



**문장 읽고 문제 해결하기**

**15** 4와 16의 공배수 중 가장 작은 수는?

 답 ________________

**16** 10과 30의 공배수 중 가장 작은 수는?

 답 ________________

**17** 6과 24의 공배수 중 가장 작은 수는?

답 ________________

**18** 6과 7의 공배수 중 가장 작은 수는?

 답 ________________

# 곱셈식을 이용하여 최소공배수 구하기

**이렇게 해결하자**

- 곱셈식을 이용하여 12와 20의 최소공배수 구하기

$$12 = 2 \times 2 \times 3$$
$$20 = 2 \times 2 \times 5$$

→ 12와 20의 최소공배수: $2 \times 2 \times 3 \times 5 = 60$
└─ 공통된 부분

두 수의 최소공배수를 구하세요.

**2** 약수와 배수

**①**
$$9 = 3 \times 3$$
$$27 = 3 \times 3 \times 3$$

→ 9와 27의 최소공배수:

$3 \times 3 \times \boxed{\phantom{0}} = \boxed{\phantom{00}}$

**②**
$$12 = 2 \times 2 \times 3$$
$$16 = 2 \times 2 \times 2 \times 2$$

→ 12와 16의 최소공배수:

$2 \times 2 \times 3 \times 2 \times \boxed{\phantom{0}} = \boxed{\phantom{00}}$

**③**
$$35 = 5 \times 7$$
$$70 = 2 \times 5 \times 7$$

→ 35와 70의 최소공배수:

$5 \times 7 \times \boxed{\phantom{0}} = \boxed{\phantom{00}}$

**④**
$$18 = 2 \times 3 \times 3$$
$$45 = 3 \times 3 \times 5$$

→ 18과 45의 최소공배수:

$3 \times 3 \times \boxed{\phantom{0}} \times 5 = \boxed{\phantom{00}}$

**⑤**
$$14 = 2 \times 7$$
$$10 = 2 \times 5$$

→ 14와 10의 최소공배수:

$2 \times 7 \times \boxed{\phantom{0}} = \boxed{\phantom{00}}$

**⑥**
$$15 = 3 \times 5$$
$$21 = 3 \times 7$$

→ 15와 21의 최소공배수:

$3 \times \boxed{\phantom{0}} \times 7 = \boxed{\phantom{00}}$

## 기초 계산 연습



두 수를 가장 작은 수들의 곱으로 나타내어 두 수의 최소공배수를 구하세요.

**7**

$20 = 2 \times 2 \times \boxed{\phantom{0}}$

$28 = 2 \times 2 \times \boxed{\phantom{0}}$

➜ 20과 28의 최소공배수:

$2 \times 2 \times \boxed{\phantom{0}} \times \boxed{\phantom{0}} = \boxed{\phantom{00}}$

**8**

$33 = 3 \times \boxed{\phantom{0}}$

$44 = 4 \times \boxed{\phantom{0}}$

➜ 33과 44의 최소공배수:

$\boxed{\phantom{0}} \times 3 \times 4 = \boxed{\phantom{00}}$

**9**

$30 = 2 \times 3 \times \boxed{\phantom{0}}$

$50 = 2 \times 5 \times \boxed{\phantom{0}}$

➜ 30과 50의 최소공배수:

$2 \times \boxed{\phantom{0}} \times 3 \times 5 = \boxed{\phantom{00}}$

**10**

$21 = 3 \times \boxed{\phantom{0}}$

$28 = 2 \times 2 \times \boxed{\phantom{0}}$

➜ 21과 28의 최소공배수:

$\boxed{\phantom{0}} \times 3 \times 2 \times 2 = \boxed{\phantom{00}}$

**11**

$27 = 3 \times 3 \times \boxed{\phantom{0}}$

$45 = 3 \times 3 \times \boxed{\phantom{0}}$

➜ 27과 45의 최소공배수:

$3 \times 3 \times \boxed{\phantom{0}} \times \boxed{\phantom{0}} = \boxed{\phantom{00}}$

**12**

$4 = 2 \times \boxed{\phantom{0}}$

$14 = 2 \times \boxed{\phantom{0}}$

➜ 4와 14의 최소공배수:

$2 \times \boxed{\phantom{0}} \times \boxed{\phantom{0}} = \boxed{\phantom{00}}$

**13**

$8 = 2 \times 2 \times \boxed{\phantom{0}}$

$12 = 2 \times 2 \times \boxed{\phantom{0}}$

➜ 8과 12의 최소공배수:

$2 \times 2 \times \boxed{\phantom{0}} \times \boxed{\phantom{0}} = \boxed{\phantom{00}}$

**14**

$42 = 2 \times 3 \times \boxed{\phantom{0}}$

$12 = 2 \times 2 \times \boxed{\phantom{0}}$

➜ 42와 12의 최소공배수:

$2 \times 3 \times \boxed{\phantom{0}} \times \boxed{\phantom{0}} = \boxed{\phantom{00}}$

**2**

약수와 배수

# 곱셈식을 이용하여 최소공배수 구하기

 보기 와 같은 방법으로 두 수의 최소공배수를 구하세요.

**보기**

$$(4, 6)$$

$4 = 2 \times 2$
$6 = 2 \times 3$

➜ 최소공배수: $2 \times 2 \times 3 = 12$

**1** $(12, 18)$

$12 = $ _______________

$18 = $ _______________

➜ 최소공배수: _______________

**2** $(24, 16)$

$24 = $ _______________

$16 = $ _______________

➜ 최소공배수: _______________

**3** $(50, 20)$

$50 = $ _______________

$20 = $ _______________

➜ 최소공배수: _______________



2
약수와 배수

 두 수의 최소공배수를 구하세요.

**4** $(8, 18)$ ☐

**5** $(30, 45)$ ☐

**6** $(20, 36)$ ☐

**7** $(56, 70)$ ☐

**8** $(36, 42)$ ☐

**9** $(44, 77)$ ☐

제한 시간 7분

## 플러스 계산 연습

### 생활 속 문제

다음은 친구들이 미술관에 가는 날입니다. 오늘 두 친구가 함께 미술관에 갔다면 바로 다음번에 두 친구가 함께 미술관에 가는 날은 오늘부터 며칠 후인지 구하세요.

**10**

☐ 일 후

**11**


☐ 일 후

**12**

☐ 일 후

**13**


☐ 일 후

### 문장 읽고 문제 해결하기

**14**

8과 36의 최소공배수는?

답 ＿＿＿＿＿＿＿＿＿＿

**15**

50과 40의 최소공배수는?

답 ＿＿＿＿＿＿＿＿＿＿

**16**

26과 65의 최소공배수는?

답 ＿＿＿＿＿＿＿＿＿＿

**17**

6과 21의 최소공배수는?

답 ＿＿＿＿＿＿＿＿＿＿

2
약수와 배수

61

# 공약수로 나누어 최소공배수 구하기



• 공약수로 나누어 12와 20의 최소공배수 구하기

12와 20의 공약수 → 2) 12  20
6과 10의 공약수 → 2)  6  10
            3   5

➡ 12와 20의 최소공배수: 2×2×3×5=**60**

두 수의 최소공배수를 구하세요.

❶ 5)25  35
    5   7

➡ 25와 35의 최소공배수:

5×5×☐=☐

❷ 5)15  20
    3   4

➡ 15와 20의 최소공배수:

5×3×☐=☐

❸ 2)12  30
  3) 6  15
     2   5

➡ 12와 30의 최소공배수:

2×3×☐×☐=☐

❹ 3)45  36
  3)15  12
     5   4

➡ 45와 36의 최소공배수:

3×3×☐×☐=☐

❺ 2 )30  54
   ☐)15  27
      5   9

➡ 30과 54의 최소공배수:

2×☐×5×9=☐

❻ 2 )36  20
   ☐)18  10
      9   5

➡ 36과 20의 최소공배수:

2×☐×9×5=☐

 두 수의 공약수로 나누어 보면서 최소공배수를 구하세요.

**7**
5 ) 15　40
□　□

➡ 15와 40의 최소공배수:
5 × □ × □ = □

**8**
5 ) 25　80
□　□

➡ 25와 80의 최소공배수:
5 × □ × □ = □

**9**
) 36　27

➡ 36과 27의 최소공배수:

**10**
) 44　88

➡ 44와 88의 최소공배수:

**11**
) 40　32

➡ 40과 32의 최소공배수:

**12**
) 30　70

➡ 30과 70의 최소공배수:

# 공약수로 나누어 최소공배수 구하기

 보기 와 같은 방법으로 두 수의 최소공배수를 구하세요.

**보기**

$$2\,)\overline{\,10\quad 50\,}$$
$$5\,)\overline{\,\ 5\quad 25\,}$$
$$\quad\ \ 1\quad\ 5$$

→ $2 \times 5 \times 1 \times 5 = 50$

**1**

$$)\overline{\,24\quad 40\,}$$

→ ___________

**2**

$$)\overline{\,32\quad 20\,}$$

→ ___________

**3**

$$)\overline{\,60\quad 36\,}$$

→ ___________

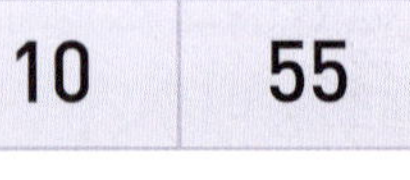 빈칸에 두 수의 최소공배수를 써넣으세요.

**4**

| 9 | 24 |
|---|---|
|   |   |

**5**

| 8 | 28 |
|---|---|
|   |   |

**6**

| 6 | 42 |
|---|---|
|   |   |

**7**

| 10 | 55 |
|---|---|
|   |   |

**8**

| 42 | 30 |
|---|---|
|   |   |

**9**

| 12 | 28 |
|---|---|
|   |   |

## 플러스 계산 연습

### 생활 속 문제

보기 와 같이 직사각형 모양의 천을 겹치지 않게 이어 붙여서 정사각형 모양의 조각보를 만들려고 합니다. 조각보의 한 변의 길이가 될 수 있는 가장 작은 수를 구하세요.

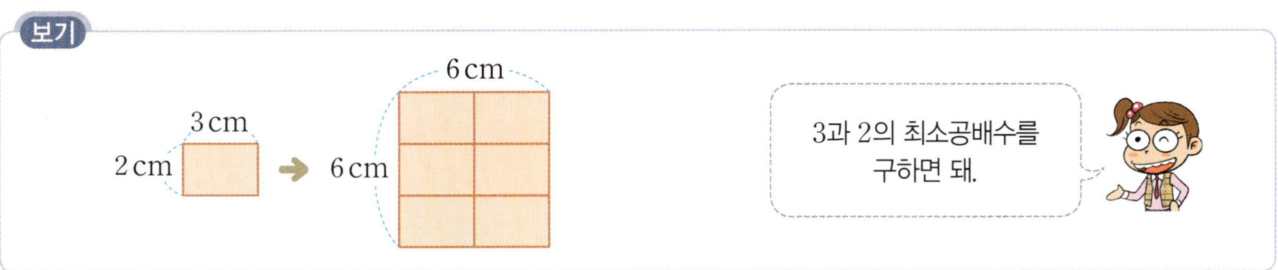


**10**
20 cm
16 cm

20과 16의 최소공배수: ☐

가장 작은 한 변의 길이: ☐ cm

**11**
42 cm
21 cm

42와 21의 최소공배수: ☐

가장 작은 한 변의 길이: ☐ cm

### 문장 읽고 문제 해결하기

**12** 6과 8의 공배수 중 가장 작은 수는?

답 _______________

**13** 7과 49의 공배수 중 가장 작은 수는?

답 _______________

**14** 16과 40의 공배수 중 가장 작은 수는?

답 _______________

**15** 25와 75의 공배수 중 가장 작은 수는?

답 _______________

약수를 구하세요.

**1** 27의 약수

**2** 38의 약수

**3** 33의 약수

**4** 50의 약수

**5** 75의 약수

**6** 29의 약수

배수를 가장 작은 수부터 3개 구하세요.

**7** 26의 배수

**8** 34의 배수

**9** 27의 배수

**10** 70의 배수

▶정답과 해설 13쪽

🐻 두 수의 공약수를 구하세요.

| ⑪ 두 수 | (8, 64) |
|---|---|
| 공약수 | |

| ⑫ 두 수 | (56, 14) |
|---|---|
| 공약수 | |

🐻 두 수의 공배수를 가장 작은 수부터 3개 구하세요.

| ⑬ 두 수 | (7, 28) |
|---|---|
| 공배수 | |

| ⑭ 두 수 | (27, 9) |
|---|---|
| 공배수 | |

🐻 두 수의 최대공약수를 구하세요.

⑮ (54, 24)

⑯ (18, 27)

⑰ (70, 28)

⑱ (40, 35)

🐻 두 수의 최소공배수를 구하세요.

⑲ (6, 64)

⑳ (8, 40)

제한 시간 안에 정확하게
모두 풀었다면 여러분은 진정한 **계산왕!**

# 문장제 문제 도전하기

**1** 36과 54의 최대공약수:

$2 \times \boxed{\phantom{0}} \times \boxed{\phantom{0}} = \boxed{\phantom{0}}$

```
2) 36  54
3) 18  27
3)  6   9
    2   3
```

→ 연필 **36**자루와 공책 **54**권을 최대한 많은 친구들에게 남김없이 똑같이 나누어 줄 때 최대 몇 명에게 나누어 줄 수 있을까요?

답 _______________ 명

**2** 27과 18의 최소공배수:

$3 \times \boxed{\phantom{0}} \times \boxed{\phantom{0}} \times \boxed{\phantom{0}} = \boxed{\phantom{0}}$

```
3) 27  18
3)  9   6
    3   2
```

→ 서아는 **27**일마다, 건우는 **18**일마다 수영을 갑니다. 두 사람이 오늘 함께 수영을 갔다면 바로 다음번에 함께 수영을 가는 날은 오늘부터 며칠 후일까요?

답 _______________ 일 후

**3** 15와 9의 최소공배수:

$3 \times \boxed{\phantom{0}} \times \boxed{\phantom{0}} = \boxed{\phantom{0}}$

```
3) 15  9
    5  3
```

→ 은우는 **15**일마다, 형서는 **9**일마다 도서관에 갑니다. 두 사람이 오늘 함께 도서관에 갔다면 바로 다음번에 함께 도서관에 가는 날은 오늘부터 며칠 후일까요?

답 _______________ 일 후

> 문장을 읽고 알맞은 수를 구하여 답을 구해 보자!

**4** 수첩 **56**권과 지우개 **48**개를 최대한 많은 친구들에게 남김없이 똑같이 나누어 줄 때 최대 몇 명에게 나누어 줄 수 있을까요?

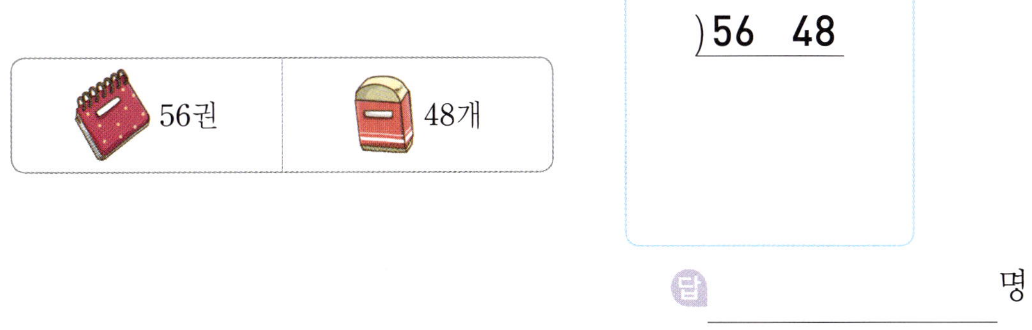


답 _______________ 명

**5** 민재는 **6**일마다, 승민이는 **9**일마다 태권도를 갑니다.
두 사람이 오늘 함께 태권도를 갔다면 바로 다음번에 함께 태권도를 가는 날은 오늘부터 며칠 후일까요?

답 _______________ 일 후

**6** 소윤이는 **7**일마다, 유찬이는 **14**일마다 청소 당번을 합니다.
두 사람이 오늘 함께 청소 당번을 했다면 바로 다음번에 함께 청소 당번을 하는 날은 오늘부터 며칠 후일까요?

답 _______________ 일 후

# 창의·융합·코딩·도전하기

## 청소 당번은 몇 번?



창의 1 ○표는 교실 청소, △표는 복도 청소입니다. 사물함의 번호로 청소 당번을 정해 보세요.

| 1 | 2 | 3 | 4 | 5 | 6 | 7 | 8 | 9 | 10 |
|---|---|---|---|---|---|---|---|---|----|
| 11 | 12 | 13 | 14 | 15 | 16 | 17 | 18 | 19 | 20 |
| 21 | 22 | 23 | 24 | 25 | 26 | 27 | 28 | 29 | 30 |
| 31 | 32 | 33 | 34 | 35 | 36 | 37 | 38 | 39 | 40 |

답 ________________ 번

코딩 2 블록 명령에 따라 로봇이 움직입니다. 보기 와 같이 로봇이 도착한 곳의 수의 약수의 개수를 구하세요.

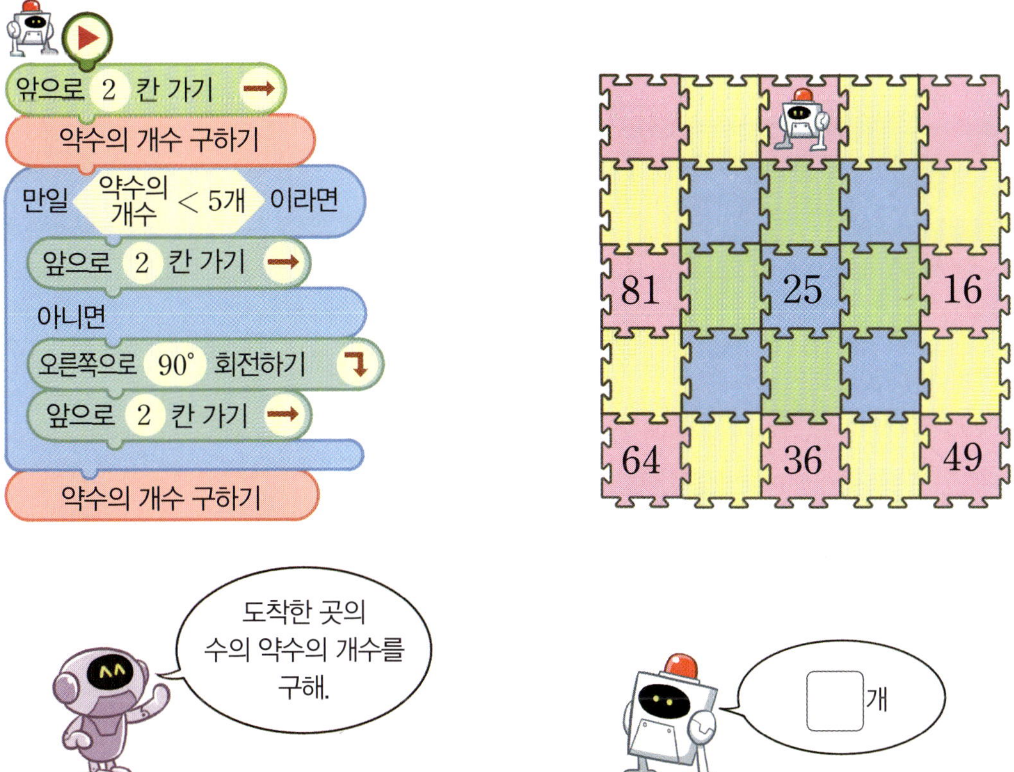

# 3 약분과 통분

실생활에서 알아보는 재미있는 수학 이야기

생일 축하합니다~.
CAFE

사랑하는… 승혜의…
생일 축하합니다…….
노래 듣는 나도
기분 별로야.

우린 친구 아니랄까 봐
똑같이 선물로
케이크를 준비하냐.
그러니까 말이야!
역시 우리는
베프지.

하나는 초콜릿 케이크,
하나는 치즈 케이크야!
둘 다 내가
좋아하는 케이크야.
고마워!

각자 사 온 사람이
케이크를 잘라 봐!

자, 나는
4등분으로
잘랐어.
나는 8등분으로
잘랐어.

한 조각의 크기가
초콜릿 케이크가
치즈 케이크보다 크네!

초콜릿 케이크와
같은 양을 먹으려면
치즈 케이크를 몇 조각
더 먹어야 할까?
와구
와구

케이크처럼 동그랗게
그려서 알아볼까요?

 ## 이번에 **배울 내용**을 알아볼까요?

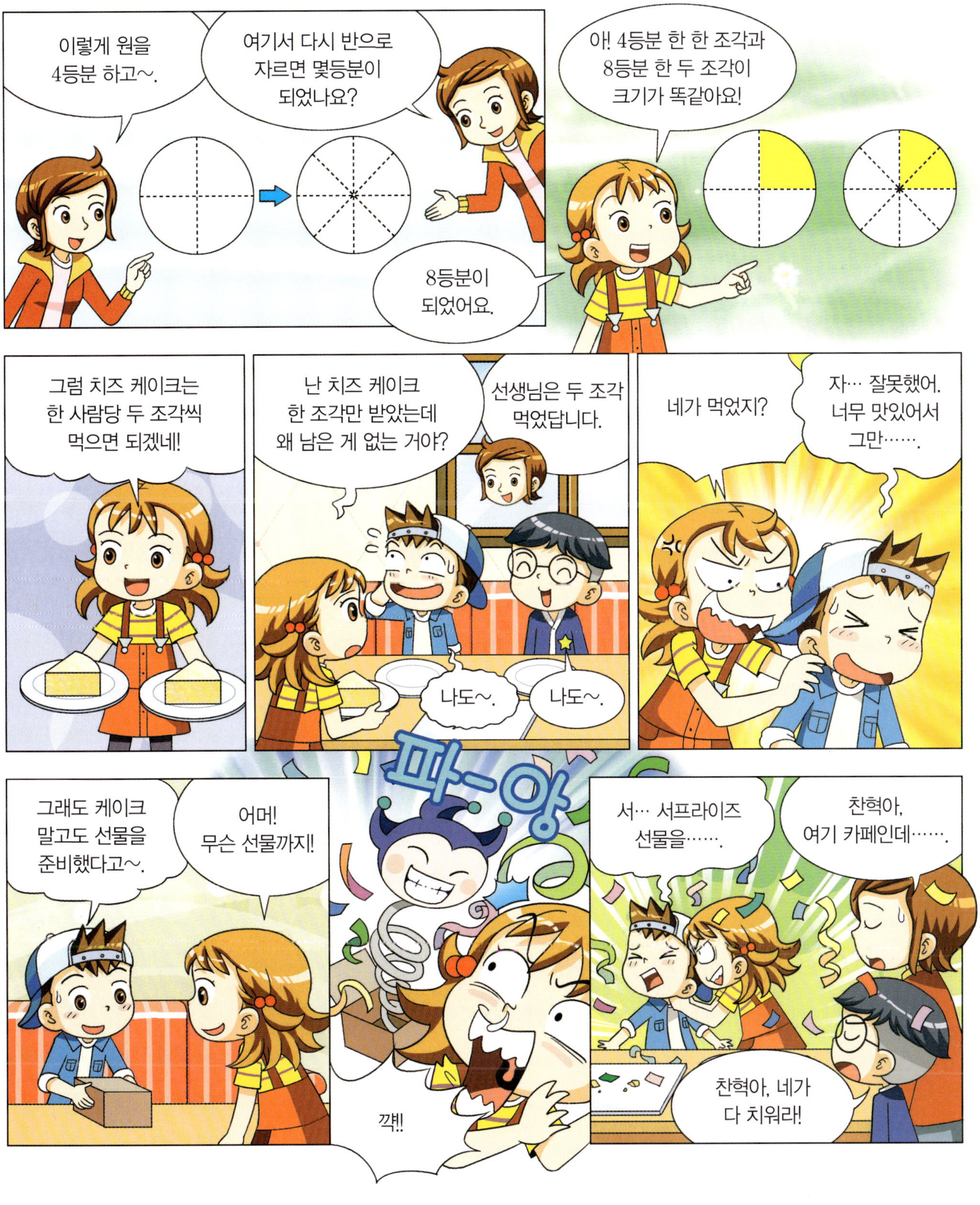

# 곱셈을 이용하여 크기가 같은 분수 만들기

**이렇게 해결하자**

• 곱셈을 이용하여 $\dfrac{1}{3}$ 과 크기가 같은 분수 만들기

$$\dfrac{1}{3} \xlongequal{\times 3} \dfrac{3}{9}$$

크기가 같은 분수가 되도록 ☐ 안에 알맞은 수를 써넣으세요.

① $\dfrac{2}{5} = \dfrac{\boxed{\phantom{0}}}{15}$ ($\times 3$, $\times \boxed{\phantom{0}}$)

② $\dfrac{4}{7} = \dfrac{8}{\boxed{\phantom{0}}}$ ($\times \boxed{\phantom{0}}$, $\times 2$)

③ $\dfrac{1}{4} = \dfrac{\boxed{\phantom{0}}}{16}$ ($\times 4$, $\times \boxed{\phantom{0}}$)

④ $\dfrac{5}{6} = \dfrac{\boxed{\phantom{0}}}{24}$ ($\times 4$, $\times \boxed{\phantom{0}}$)

⑤ $\dfrac{3}{8} = \dfrac{9}{\boxed{\phantom{0}}}$ ($\times \boxed{\phantom{0}}$, $\times 3$)

⑥ $\dfrac{1}{9} = \dfrac{\boxed{\phantom{0}}}{45}$ ($\times 5$, $\times \boxed{\phantom{0}}$)

⑦ $\dfrac{2}{3} = \dfrac{\boxed{\phantom{0}}}{18}$ ($\times 6$, $\times \boxed{\phantom{0}}$)

⑧ $\dfrac{3}{4} = \dfrac{15}{\boxed{\phantom{0}}}$ ($\times \boxed{\phantom{0}}$, $\times 5$)

⑨ $\dfrac{4}{5} = \dfrac{\boxed{\phantom{0}}}{35}$ ($\times 7$, $\times \boxed{\phantom{0}}$)

# 기초 계산 연습



⑩ $\dfrac{2}{7} = \dfrac{\boxed{\phantom{0}}}{14}$

⑪ $\dfrac{5}{8} = \dfrac{15}{\boxed{\phantom{0}}}$

⑫ $\dfrac{3}{5} = \dfrac{\boxed{\phantom{0}}}{30}$

⑬ $\dfrac{4}{9} = \dfrac{\boxed{\phantom{0}}}{27}$

⑭ $\dfrac{5}{6} = \dfrac{35}{\boxed{\phantom{0}}}$

⑮ $\dfrac{3}{4} = \dfrac{\boxed{\phantom{0}}}{28}$

⑯ $\dfrac{3}{11} = \dfrac{9}{\boxed{\phantom{0}}}$

⑰ $\dfrac{7}{12} = \dfrac{\boxed{\phantom{0}}}{24}$

⑱ $\dfrac{2}{9} = \dfrac{16}{\boxed{\phantom{0}}}$

⑲ $\dfrac{3}{10} = \dfrac{\boxed{\phantom{0}}}{40}$

⑳ $\dfrac{5}{7} = \dfrac{15}{\boxed{\phantom{0}}}$

㉑ $\dfrac{7}{8} = \dfrac{\boxed{\phantom{0}}}{40}$

㉒ $\dfrac{4}{13} = \dfrac{12}{\boxed{\phantom{0}}}$

㉓ $\dfrac{4}{15} = \dfrac{\boxed{\phantom{0}}}{60}$

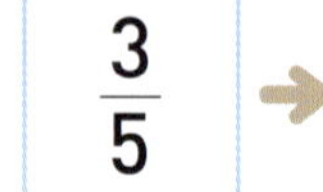

# 1 일차 곱셈을 이용하여 크기가 같은 분수 만들기

🐻 분모와 분자에 각각 0이 아닌 같은 수를 곱하여 크기가 같은 분수를 분모가 가장 작은 것부터 차례로 2개 써 보세요.

1 $\dfrac{3}{5}$ →  ___________

2 $\dfrac{6}{7}$ →  ___________

3 $\dfrac{8}{9}$ →  ___________

4 $\dfrac{4}{11}$ →  ___________



🐻 왼쪽 분수와 크기가 다른 분수를 찾아 ✕표 하세요.

5 $\dfrac{2}{3}$ 　 $\dfrac{4}{6}$ 　 $\dfrac{5}{9}$ 　 $\dfrac{8}{12}$

6 $\dfrac{5}{6}$ 　 $\dfrac{10}{12}$ 　 $\dfrac{15}{18}$ 　 $\dfrac{21}{24}$

7 $\dfrac{4}{9}$ 　 $\dfrac{8}{18}$ 　 $\dfrac{14}{27}$ 　 $\dfrac{16}{36}$

8 $\dfrac{7}{10}$ 　 $\dfrac{12}{20}$ 　 $\dfrac{21}{30}$ 　 $\dfrac{28}{40}$

9 $\dfrac{8}{11}$ 　 $\dfrac{16}{22}$ 　 $\dfrac{22}{33}$ 　 $\dfrac{32}{44}$

10 $\dfrac{5}{12}$ 　 $\dfrac{12}{24}$ 　 $\dfrac{15}{36}$ 　 $\dfrac{20}{48}$

## 플러스 계산 연습



### 생활 속 문제

크기가 같은 두 파이를 각각 똑같이 나누었습니다. 은수와 같은 양을 먹으려면 지후는 파이를 몇 조각 먹어야 하는지 구하세요.

**11**

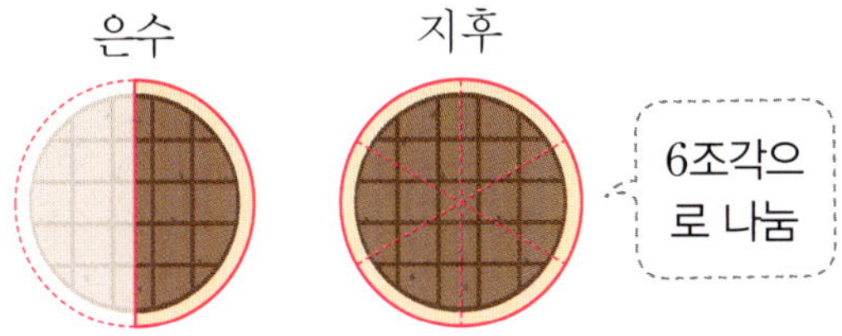

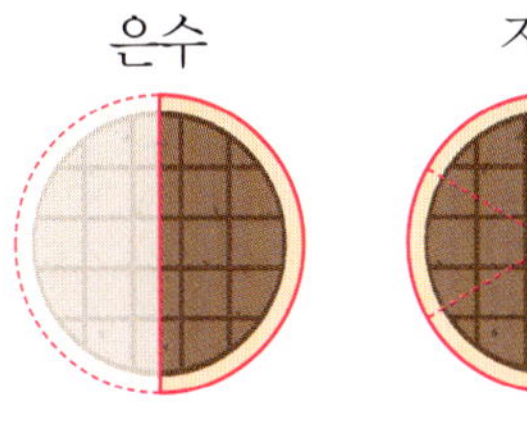


먹은 양: 전체의 $\dfrac{1}{2}$ ☐ 조각

**12**

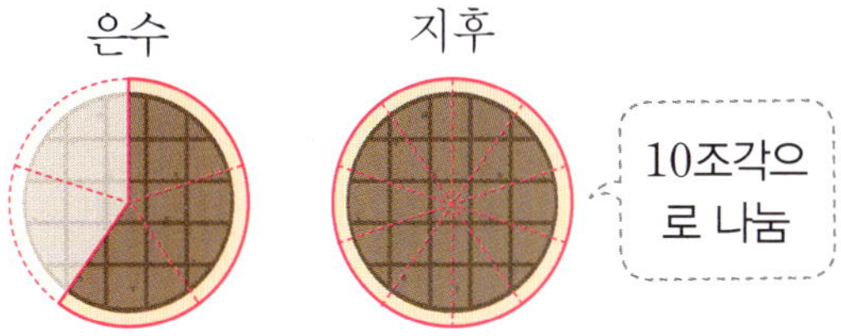

먹은 양: 전체의 $\dfrac{2}{5}$ ☐ 조각

**13**

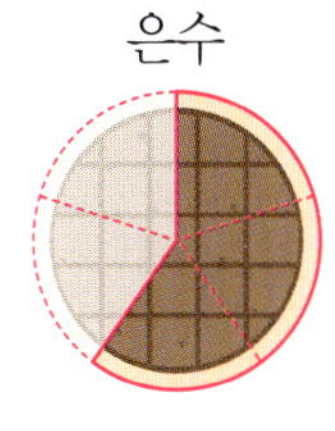

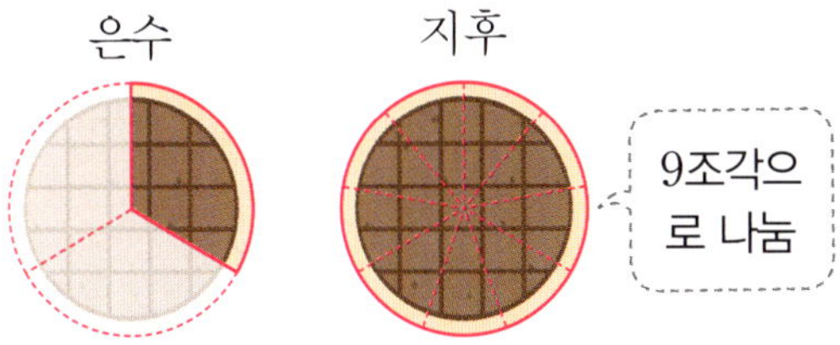

먹은 양: 전체의 $\dfrac{2}{3}$ ☐ 조각

**14**

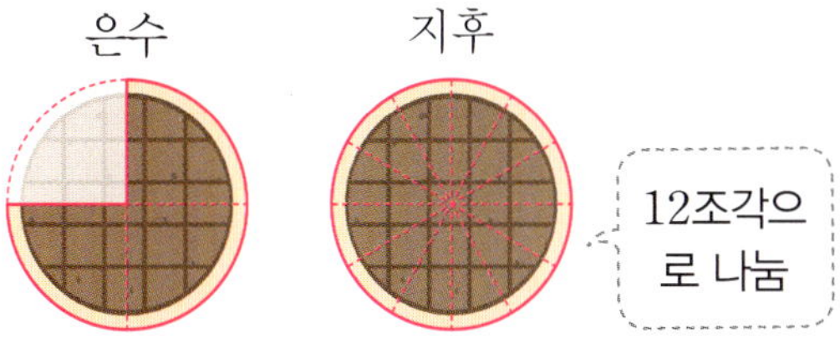

먹은 양: 전체의 $\dfrac{1}{4}$ ☐ 조각

### 문장 읽고 문제 해결하기

**15**

$\dfrac{5}{9}$ 와 크기가 같은 분수 중 분모가 36인 분수는?

$$\dfrac{5}{9} = \dfrac{\square}{36}$$

**16**

$\dfrac{4}{7}$ 와 크기가 같은 분수 중 분모가 35인 분수는?

$$\dfrac{4}{7} = \dfrac{\square}{35}$$

**17**

$\dfrac{5}{11}$ 와 크기가 같은 분수 중 분자가 15인 분수는?

$$\dfrac{5}{11} = \dfrac{15}{\square}$$

**18**

$\dfrac{4}{15}$ 와 크기가 같은 분수 중 분자가 20인 분수는?

$$\dfrac{4}{15} = \dfrac{20}{\square}$$

# 나눗셈을 이용하여 크기가 같은 분수 만들기

**이렇게 해결하자**

- 나눗셈을 이용하여 $\dfrac{16}{24}$과 크기가 같은 분수 만들기

$$\dfrac{16}{24} = \dfrac{4}{6} \quad (\div 4)$$

크기가 같은 분수가 되도록 ☐ 안에 알맞은 수를 써넣으세요.

① $\dfrac{8}{12} = \dfrac{\Box}{6}$  ($\div 2$, $\div \Box$)

② $\dfrac{24}{36} = \dfrac{8}{\Box}$  ($\div \Box$, $\div 3$)

③ $\dfrac{20}{24} = \dfrac{\Box}{6}$  ($\div 4$, $\div \Box$)

④ $\dfrac{15}{18} = \dfrac{5}{\Box}$  ($\div \Box$, $\div 3$)

⑤ $\dfrac{30}{42} = \dfrac{\Box}{7}$  ($\div 6$, $\div \Box$)

⑥ $\dfrac{25}{30} = \dfrac{\Box}{6}$  ($\div 5$, $\div \Box$)

⑦ $\dfrac{15}{30} = \dfrac{\Box}{6}$  ($\div 5$, $\div \Box$)

⑧ $\dfrac{12}{24} = \dfrac{3}{\Box}$  ($\div \Box$, $\div 4$)

⑨ $\dfrac{18}{20} = \dfrac{\Box}{10}$  ($\div 2$, $\div \Box$)



**3** 약분과 통분

## 기초 계산 연습



⑩ $\dfrac{30}{40} = \dfrac{3}{\square}$

⑪ $\dfrac{30}{45} = \dfrac{\square}{9}$

⑫ $\dfrac{18}{24} = \dfrac{3}{\square}$

⑬ $\dfrac{16}{20} = \dfrac{\square}{5}$

⑭ $\dfrac{32}{48} = \dfrac{\square}{6}$

⑮ $\dfrac{24}{30} = \dfrac{\square}{10}$

⑯ $\dfrac{9}{18} = \dfrac{3}{\square}$

⑰ $\dfrac{30}{36} = \dfrac{\square}{6}$

⑱ $\dfrac{21}{28} = \dfrac{3}{\square}$

⑲ $\dfrac{36}{54} = \dfrac{\square}{9}$

⑳ $\dfrac{32}{72} = \dfrac{4}{\square}$

㉑ $\dfrac{24}{36} = \dfrac{\square}{9}$

㉒ $\dfrac{25}{50} = \dfrac{\square}{10}$

㉓ $\dfrac{27}{81} = \dfrac{\square}{9}$

**2 일차**

# 나눗셈을 이용하여 크기가 같은 분수 만들기

분모와 분자를 각각 0이 아닌 같은 수로 나누어 크기가 같은 분수를 분모가 가장 큰 것부터 차례로 2개 써 보세요.

**1**   $\dfrac{12}{24}$ → _______________

**2**   $\dfrac{30}{36}$ → _______________

**3**   $\dfrac{24}{44}$ → _______________

**4**   $\dfrac{30}{50}$ → _______________

왼쪽 분수와 크기가 <u>다른</u> 분수를 찾아 ✕표 하세요.

**5**   $\dfrac{12}{30}$    $\dfrac{6}{15}$   $\dfrac{4}{10}$   $\dfrac{3}{5}$

**6**   $\dfrac{42}{84}$    $\dfrac{21}{42}$   $\dfrac{15}{28}$   $\dfrac{7}{14}$

**7**   $\dfrac{18}{42}$    $\dfrac{9}{21}$   $\dfrac{6}{12}$   $\dfrac{3}{7}$

**8**   $\dfrac{48}{72}$    $\dfrac{15}{24}$   $\dfrac{12}{18}$   $\dfrac{8}{12}$

**9**   $\dfrac{24}{30}$    $\dfrac{12}{15}$   $\dfrac{9}{10}$   $\dfrac{4}{5}$

**10**   $\dfrac{45}{60}$    $\dfrac{15}{20}$   $\dfrac{8}{12}$   $\dfrac{3}{4}$

## 플러스 계산 연습

맞은 개수　　/ 18개

### 생활 속 문제

크기가 같은 초콜릿을 각각 똑같이 나누었습니다. 영은이와 같은 양을 먹으려면 성훈이는 초콜릿을 몇 조각 먹어야 하는지 구하세요.

**11**

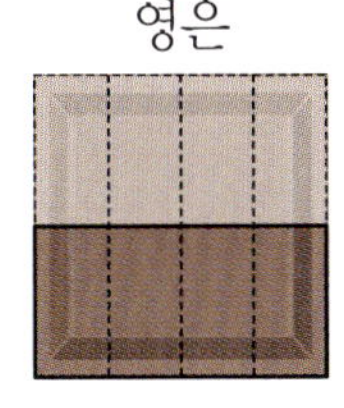


먹은 양: 전체의 $\dfrac{4}{8}$　□ 조각

**12**

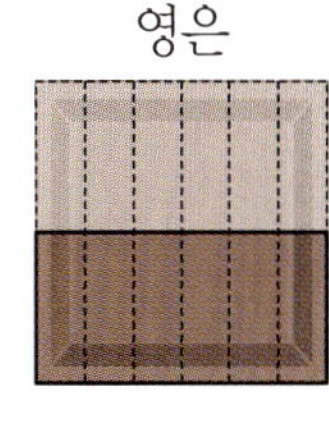


먹은 양: 전체의 $\dfrac{6}{12}$　□ 조각

**13**

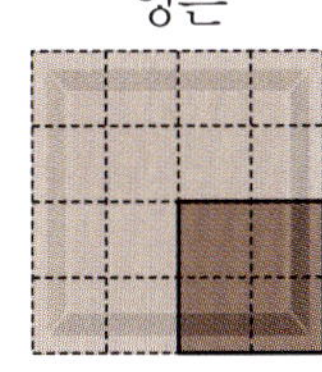


먹은 양: 전체의 $\dfrac{12}{16}$　□ 조각

**14**

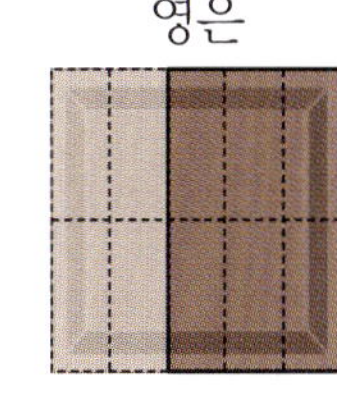


먹은 양: 전체의 $\dfrac{4}{10}$　□ 조각

### 문장 읽고 문제 해결하기

**15**

$\dfrac{16}{24}$과 크기가 같은 분수 중 분모가 3인 분수는?

$$\dfrac{16}{24} = \dfrac{\square}{3}$$

**16**

$\dfrac{25}{40}$와 크기가 같은 분수 중 분모가 8인 분수는?

$$\dfrac{25}{40} = \dfrac{\square}{8}$$

**17**

$\dfrac{40}{48}$과 크기가 같은 분수 중 분자가 10인 분수는?

$$\dfrac{40}{48} = \dfrac{10}{\square}$$

**18**

$\dfrac{28}{36}$과 크기가 같은 분수 중 분자가 7인 분수는?

$$\dfrac{28}{36} = \dfrac{7}{\square}$$

# 약분하기



**이렇게 해결하자**

- $\dfrac{4}{12}$ 를 2로 나누어 약분하기

$$\frac{4}{12} = \frac{4 \div 2}{12 \div 2} = \frac{2}{6}$$

 약분해 보세요.

① $\dfrac{8}{12} = \dfrac{8 \div 4}{12 \div 4} = \dfrac{\boxed{\phantom{0}}}{\boxed{\phantom{0}}}$

② $\dfrac{9}{15} = \dfrac{9 \div 3}{15 \div 3} = \dfrac{\boxed{\phantom{0}}}{\boxed{\phantom{0}}}$

③ $\dfrac{24}{30} = \dfrac{24 \div \boxed{\phantom{0}}}{30 \div 6} = \dfrac{\boxed{\phantom{0}}}{\boxed{\phantom{0}}}$

④ $\dfrac{24}{48} = \dfrac{24 \div 4}{48 \div \boxed{\phantom{0}}} = \dfrac{\boxed{\phantom{0}}}{\boxed{\phantom{0}}}$

⑤ $\dfrac{8}{16} = \dfrac{8 \div 2}{16 \div \boxed{\phantom{0}}} = \dfrac{\boxed{\phantom{0}}}{\boxed{\phantom{0}}}$

⑥ $\dfrac{21}{28} = \dfrac{21 \div \boxed{\phantom{0}}}{28 \div 7} = \dfrac{\boxed{\phantom{0}}}{\boxed{\phantom{0}}}$

⑦ $\dfrac{10}{15} = \dfrac{10 \div \boxed{\phantom{0}}}{15 \div 5} = \dfrac{\boxed{\phantom{0}}}{\boxed{\phantom{0}}}$

⑧ $\dfrac{12}{36} = \dfrac{12 \div 6}{36 \div \boxed{\phantom{0}}} = \dfrac{\boxed{\phantom{0}}}{\boxed{\phantom{0}}}$

## 기초 계산 연습

 분수를 약분하여 ☐ 안에 알맞은 수를 써넣으세요.

⑨ $\dfrac{15}{21} = \dfrac{☐}{7}$　　　⑩ $\dfrac{20}{24} = \dfrac{☐}{6}$　　　⑪ $\dfrac{20}{45} = \dfrac{☐}{9}$

⑫ $\dfrac{12}{16} = \dfrac{6}{☐}$　　　⑬ $\dfrac{24}{36} = \dfrac{8}{☐}$

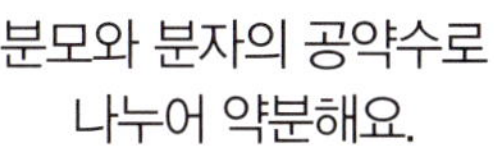

⑭ $\dfrac{10}{20} = \dfrac{☐}{4}$　　　⑮ $\dfrac{24}{42} = \dfrac{☐}{7}$　　　⑯ $\dfrac{24}{88} = \dfrac{☐}{22}$

⑰ $\dfrac{28}{56} = \dfrac{4}{☐}$　　　⑱ $\dfrac{36}{72} = \dfrac{4}{☐}$　　　⑲ $\dfrac{21}{63} = \dfrac{7}{☐}$

⑳ $\dfrac{20}{60} = \dfrac{☐}{12}$　　　㉑ $\dfrac{64}{80} = \dfrac{☐}{10}$　　　㉒ $\dfrac{36}{64} = \dfrac{☐}{16}$

# 약분하기

분수를 약분하여 나타낸 것입니다. ☐ 안에 알맞은 수를 써넣으세요.

1  $\dfrac{30}{42}$ → $\dfrac{\square}{21}$ , $\dfrac{\square}{14}$ , $\dfrac{\square}{7}$

2  $\dfrac{4}{12}$ → $\dfrac{\square}{6}$ , $\dfrac{\square}{3}$

3  $\dfrac{9}{18}$ → $\dfrac{\square}{6}$ , $\dfrac{\square}{2}$

4  $\dfrac{42}{54}$ → $\dfrac{\square}{27}$ , $\dfrac{\square}{18}$ , $\dfrac{\square}{9}$

분모와 분자를 주어진 공약수로 약분해 보세요.

5  공약수 2

$\dfrac{4}{10}$ →

$\dfrac{10}{16}$ →

6  공약수 4

$\dfrac{20}{32}$ →

$\dfrac{28}{40}$ →

7  공약수 5

$\dfrac{45}{50}$ →

$\dfrac{30}{70}$ →

8  공약수 7

$\dfrac{35}{56}$ →

$\dfrac{49}{70}$ →

# 플러스 계산 연습



## 생활 속 계산

 친구들이 마신 음료수의 양을 약분해 보세요.

**9**

$\dfrac{6}{12}$ ➡ $\dfrac{\square}{6}$ , $\dfrac{\square}{4}$ , $\dfrac{\square}{2}$

**10**

$\dfrac{12}{18}$ ➡ $\dfrac{\square}{9}$ , $\dfrac{\square}{6}$ , $\dfrac{\square}{3}$

**11**

$\dfrac{40}{50}$ ➡ $\dfrac{\square}{25}$ , $\dfrac{\square}{10}$ , $\dfrac{\square}{5}$

**12**

$\dfrac{24}{40}$ ➡ $\dfrac{\square}{20}$ , $\dfrac{\square}{10}$ , $\dfrac{\square}{5}$

## 문장 읽고 문제 해결하기

**13** $\dfrac{4}{20}$ 의 분모와 분자를 2로 나누어 약분하면?

$$\dfrac{4}{20} = \dfrac{\square}{\square}$$

**14** $\dfrac{7}{14}$ 의 분모와 분자를 7로 나누어 약분하면?

$$\dfrac{7}{14} = \dfrac{\square}{\square}$$

**15** $\dfrac{12}{30}$ 의 분모와 분자를 3으로 나누어 약분하면?

$$\dfrac{12}{30} = \dfrac{\square}{\square}$$

**16** $\dfrac{25}{50}$ 의 분모와 분자를 5로 나누어 약분하면?

$$\dfrac{25}{50} = \dfrac{\square}{\square}$$

# 기약분수로 나타내기



- $\dfrac{12}{18}$ 를 기약분수로 나타내기

$\dfrac{12}{18}$  **18**과 **12**의 최대공약수: **6**

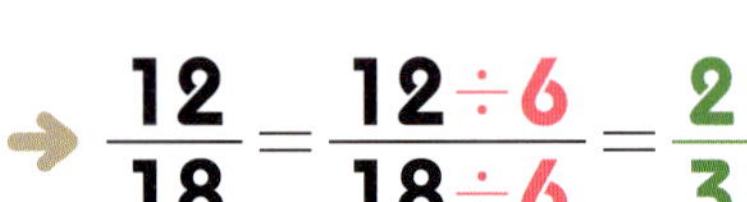


$\rightarrow \dfrac{12}{18} = \dfrac{12 \div 6}{18 \div 6} = \dfrac{2}{3}$

기약분수: 분모와 분자의 공약수가 1뿐인 분수

---



분모와 분자의 최대공약수를 구하여 기약분수로 나타내어 보세요.

**①** $\dfrac{6}{24}$  **24**와 **6**의 최대공약수: ☐

$\rightarrow \dfrac{6}{24} = \dfrac{6 \div \square}{24 \div \square} = \dfrac{\square}{\square}$

**②** $\dfrac{8}{12}$  **12**와 **8**의 최대공약수: ☐

$\rightarrow \dfrac{8}{12} = \dfrac{8 \div \square}{12 \div \square} = \dfrac{\square}{\square}$



**③** $\dfrac{14}{35}$  **35**와 **14**의 최대공약수: ☐

$\rightarrow \dfrac{14}{35} = \dfrac{14 \div \square}{35 \div \square} = \dfrac{\square}{\square}$

**④** $\dfrac{8}{16}$  **16**과 **8**의 최대공약수: ☐

$\rightarrow \dfrac{8}{16} = \dfrac{8 \div \square}{16 \div \square} = \dfrac{\square}{\square}$

**⑤** $\dfrac{25}{55}$  **55**와 **25**의 최대공약수: ☐

$\rightarrow \dfrac{25}{55} = \dfrac{25 \div \square}{55 \div \square} = \dfrac{\square}{\square}$

**⑥** $\dfrac{18}{30}$  **30**과 **18**의 최대공약수: ☐

$\rightarrow \dfrac{18}{30} = \dfrac{18 \div \square}{30 \div \square} = \dfrac{\square}{\square}$

# 기초 계산 연습

 기약분수로 나타내어 보세요.

⑦ $\dfrac{4}{8}$ →

⑧ $\dfrac{14}{49}$ →

⑨ $\dfrac{21}{36}$ →

⑩ $\dfrac{15}{45}$ →

⑪ $\dfrac{16}{40}$ →

⑫ $\dfrac{8}{32}$ →

⑬ $\dfrac{18}{48}$ →

⑭ $\dfrac{6}{30}$ →

⑮ $\dfrac{14}{44}$ →

⑯ $\dfrac{10}{20}$ →

⑰ $\dfrac{15}{35}$ →

⑱ $\dfrac{24}{40}$ →

**④ 일차**

🐻 **보기** 와 같은 방법으로 기약분수로 나타내어 보세요.

**보기**

$$\dfrac{\overset{4}{\cancel{20}}}{\underset{9}{\cancel{45}}} = \dfrac{4}{9}$$

**1** $\dfrac{20}{32}$

**2** $\dfrac{32}{40}$

**3** $\dfrac{12}{20}$

**4** $\dfrac{18}{42}$

**5** $\dfrac{63}{72}$

**6** $\dfrac{48}{52}$

**7** $\dfrac{27}{36}$

**8** $\dfrac{15}{60}$



🐻 기약분수로 나타내어 보세요.

**9** $\dfrac{6}{12}$ → ☐

**10** $\dfrac{25}{30}$ → ☐

**11** $\dfrac{12}{42}$ → ☐

**12** $\dfrac{40}{70}$ → ☐

**13** $\dfrac{35}{55}$ → ☐

**14** $\dfrac{18}{27}$ → ☐

**생활 속 계산**

 거리를 기약분수로 나타내어 보세요.

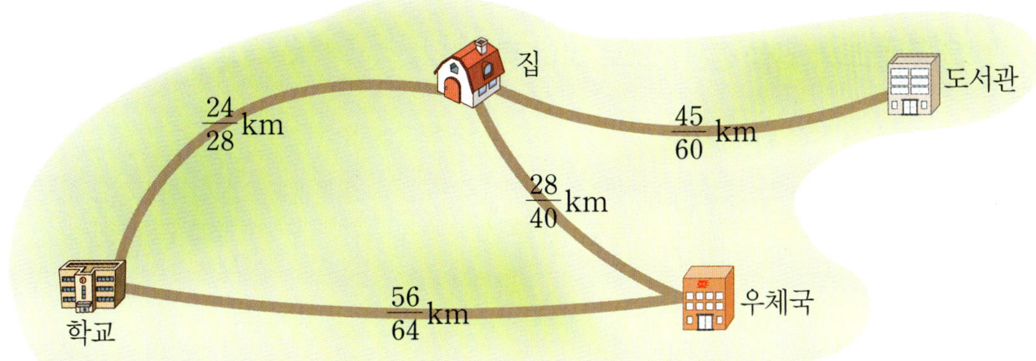


**15** 

➡ ☐ km

**16** 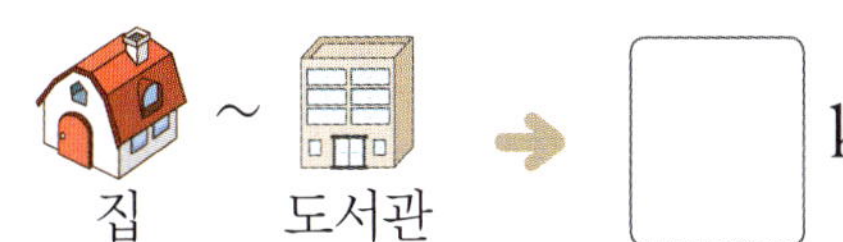

➡ ☐ km

**17** 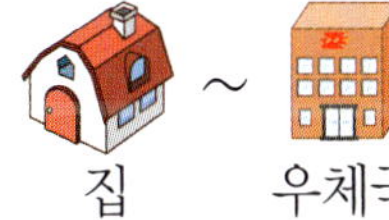

➡ ☐ km

**18** 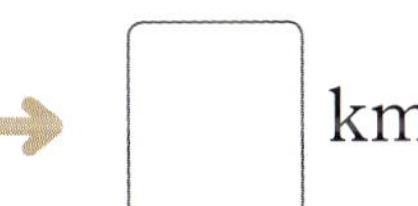

➡ ☐ km

3

약분과 통분

89

**문장 읽고 문제 해결하기**

**19** $\dfrac{14}{21}$ 를 기약분수로 나타냈을 때 분자는 얼마?

 답 ___________

**20** $\dfrac{10}{16}$ 을 기약분수로 나타냈을 때 분모는 얼마?

 답 ___________

**21** $\dfrac{18}{63}$ 을 기약분수로 나타냈을 때 분자는 얼마?

 답 ___________

**22** $\dfrac{55}{90}$ 를 기약분수로 나타냈을 때 분모는 얼마?

 답 ___________

# 두 분모의 곱을 공통분모로 하여 통분하기

**이렇게 해결하자**

- $\dfrac{5}{6}$ 와 $\dfrac{7}{10}$ 을 두 분모의 곱을 공통분모로 하여 통분하기

  ① 두 분모의 곱: $6 \times 10 = 60$

  ② $\left( \dfrac{5}{6},\ \dfrac{7}{10} \right) \rightarrow \left( \dfrac{5 \times 10}{6 \times 10},\ \dfrac{7 \times 6}{10 \times 6} \right)$

  $\rightarrow \left( \dfrac{50}{60},\ \dfrac{42}{60} \right)$

**3** 약분과 통분

두 분모의 곱을 공통분모로 하여 통분해 보세요.

❶ $\left( \dfrac{3}{5},\ \dfrac{1}{2} \right) \rightarrow \left( \dfrac{3 \times 2}{5 \times 2},\ \dfrac{1 \times 5}{2 \times 5} \right)$

$\rightarrow \left( \dfrac{\square}{10},\ \dfrac{\square}{10} \right)$

❷ $\left( \dfrac{2}{3},\ \dfrac{1}{4} \right) \rightarrow \left( \dfrac{2 \times 4}{3 \times 4},\ \dfrac{1 \times 3}{4 \times 3} \right)$

$\rightarrow \left( \dfrac{\square}{12},\ \dfrac{\square}{12} \right)$

❸ $\left( \dfrac{3}{4},\ \dfrac{5}{6} \right) \rightarrow \left( \dfrac{3 \times 6}{4 \times 6},\ \dfrac{5 \times 4}{6 \times 4} \right)$

$\rightarrow \left( \dfrac{\square}{24},\ \dfrac{\square}{24} \right)$

❹ $\left( \dfrac{1}{3},\ \dfrac{4}{7} \right) \rightarrow \left( \dfrac{1 \times 7}{3 \times 7},\ \dfrac{4 \times 3}{7 \times 3} \right)$

$\rightarrow \left( \dfrac{\square}{21},\ \dfrac{\square}{21} \right)$

❺ $\left( \dfrac{1}{2},\ \dfrac{2}{5} \right) \rightarrow \left( \dfrac{1 \times 5}{2 \times 5},\ \dfrac{2 \times 2}{5 \times 2} \right)$

$\rightarrow \left( \dfrac{\square}{10},\ \dfrac{\square}{10} \right)$

❻ $\left( \dfrac{5}{8},\ \dfrac{4}{11} \right) \rightarrow \left( \dfrac{5 \times 11}{8 \times 11},\ \dfrac{4 \times 8}{11 \times 8} \right)$

$\rightarrow \left( \dfrac{\square}{88},\ \dfrac{\square}{88} \right)$

## 기초 계산 연습



⑦ $\left(\dfrac{2}{5}, \dfrac{5}{6}\right)$ → (　　,　　)　　　⑧ $\left(\dfrac{2}{7}, \dfrac{4}{9}\right)$ → (　　,　　)

⑨ $\left(\dfrac{3}{4}, \dfrac{1}{8}\right)$ → (　　,　　)　　　⑩ $\left(\dfrac{7}{8}, \dfrac{1}{6}\right)$ → (　　,　　)

⑪ $\left(\dfrac{4}{11}, \dfrac{1}{5}\right)$ → (　　,　　)　　　⑫ $\left(\dfrac{1}{3}, \dfrac{4}{7}\right)$ → (　　,　　)

⑬ $\left(\dfrac{2}{9}, \dfrac{4}{5}\right)$ → (　　,　　)　　　⑭ $\left(\dfrac{7}{12}, \dfrac{1}{4}\right)$ → (　　,　　)

⑮ $\left(\dfrac{3}{8}, \dfrac{2}{5}\right)$ → (　　,　　)　　　⑯ $\left(\dfrac{4}{9}, \dfrac{6}{7}\right)$ → (　　,　　)

# 두 분모의 곱을 공통분모로 하여 통분하기

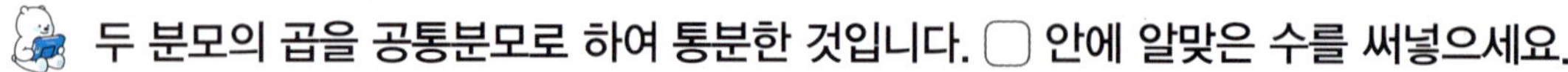

🐻 두 분모의 곱을 공통분모로 하여 통분한 것입니다. ☐ 안에 알맞은 수를 써넣으세요.

**1** $\left(\dfrac{3}{8}, \dfrac{3}{10}\right) \rightarrow \left(\dfrac{\boxed{\phantom{0}}}{80}, \dfrac{\boxed{\phantom{0}}}{80}\right)$

**2** $\left(\dfrac{3}{4}, \dfrac{2}{9}\right) \rightarrow \left(\dfrac{\boxed{\phantom{0}}}{36}, \dfrac{\boxed{\phantom{0}}}{36}\right)$

**3** $\left(\dfrac{5}{7}, \dfrac{2}{3}\right) \rightarrow \left(\dfrac{\boxed{\phantom{0}}}{21}, \dfrac{\boxed{\phantom{0}}}{21}\right)$

**4** $\left(\dfrac{1}{6}, \dfrac{3}{8}\right) \rightarrow \left(\dfrac{\boxed{\phantom{0}}}{48}, \dfrac{\boxed{\phantom{0}}}{48}\right)$

🐻 두 분모의 곱을 공통분모로 하여 통분해 보세요.

**5** $\dfrac{4}{7}, \dfrac{4}{9}$ → ( , )

**6** $\dfrac{3}{5}, \dfrac{5}{11}$ → ( , )

**7** $\dfrac{1}{8}, \dfrac{5}{9}$ → ( , )

**8** $\dfrac{7}{13}, \dfrac{2}{7}$ → ( , )

**9** $\dfrac{1}{5}, \dfrac{7}{12}$ → ( , )

**10** $\dfrac{3}{8}, \dfrac{8}{9}$ → ( , )



**3** 약분과 통분

## 플러스 계산 연습



### 생활 속 계산

먹고 남은 피자의 양을 두 분모의 곱을 공통분모로 하여 통분해 보세요.

**11** $\dfrac{1}{4}$ 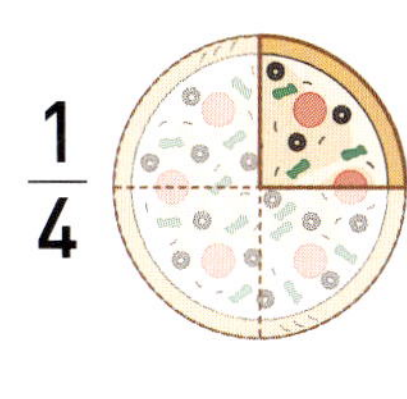 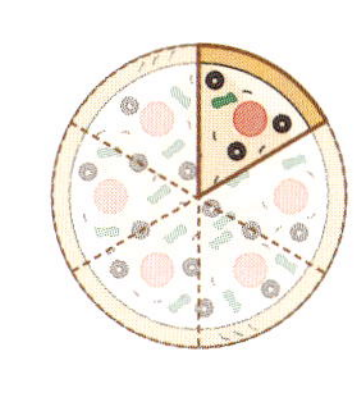 $\dfrac{1}{6}$

( , )

**12** $\dfrac{4}{9}$ 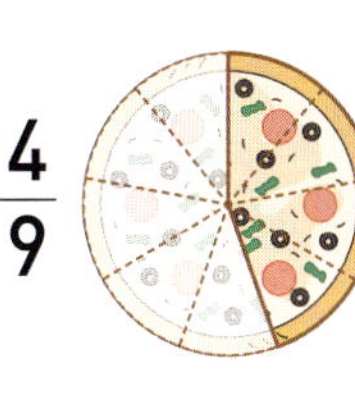 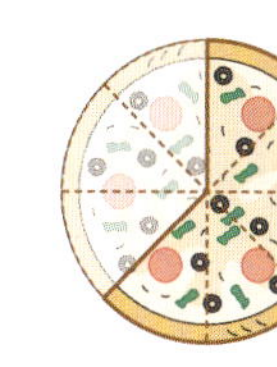 $\dfrac{5}{8}$

( , )

**13** $\dfrac{4}{5}$  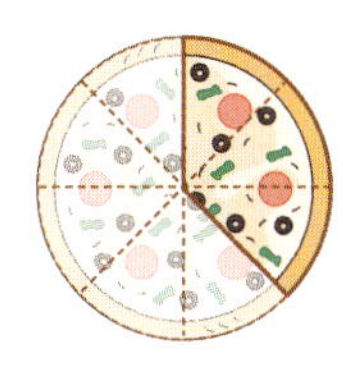 $\dfrac{3}{8}$

( , )

**14** $\dfrac{5}{12}$ 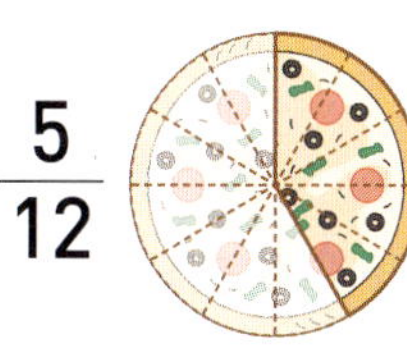 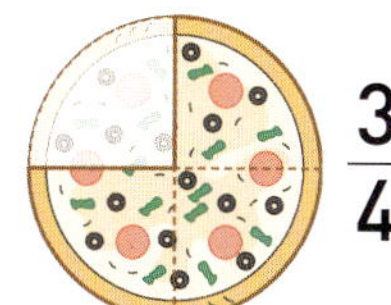 $\dfrac{3}{4}$

( , )

### 문장 읽고 문제 해결하기

**15** $\left( \dfrac{1}{3},\ \dfrac{1}{9} \right)$을 두 분모의 곱을 공통분모로 하여 통분하면?

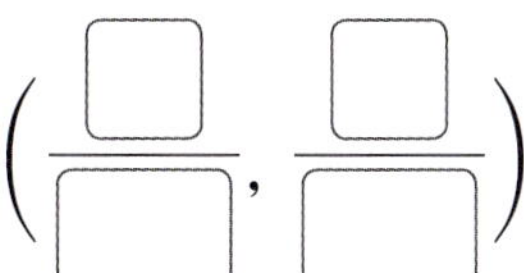

**16** $\left( \dfrac{4}{7},\ \dfrac{1}{6} \right)$을 두 분모의 곱을 공통분모로 하여 통분하면?

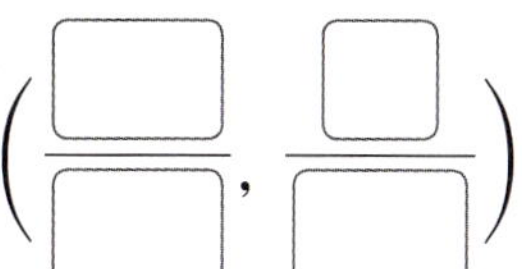

**17** $\left( \dfrac{7}{12},\ \dfrac{4}{5} \right)$를 두 분모의 곱을 공통분모로 하여 통분하면?

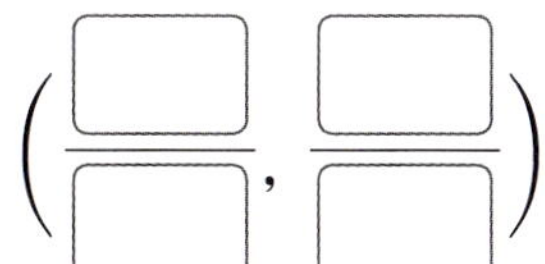

**18** $\left( \dfrac{2}{9},\ \dfrac{3}{11} \right)$을 두 분모의 곱을 공통분모로 하여 통분하면?

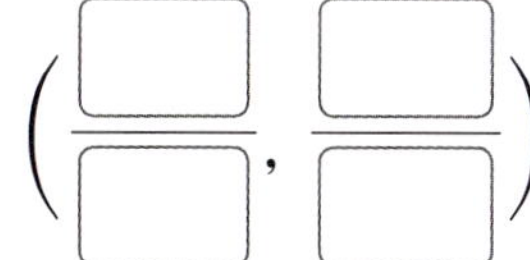

# 두 분모의 최소공배수를 공통분모로 하여 통분하기



- $\dfrac{1}{6}$ 과 $\dfrac{3}{8}$ 을 두 분모의 최소공배수를 공통분모로 하여 통분하기

① **6**과 **8**의 최소공배수: **24**

② $\left( \dfrac{1}{6},\ \dfrac{3}{8} \right) \rightarrow \left( \dfrac{1\times 4}{6\times 4},\ \dfrac{3\times 3}{8\times 3} \right)$

$\rightarrow \left( \dfrac{4}{24},\ \dfrac{9}{24} \right)$

---

**3**

약분과 통분

두 분모의 최소공배수를 공통분모로 하여 통분해 보세요.

**1** $\left( \dfrac{3}{4},\ \dfrac{1}{6} \right) \rightarrow \left( \dfrac{3\times 3}{4\times 3},\ \dfrac{1\times 2}{6\times 2} \right)$

$\rightarrow \left( \dfrac{\square}{12},\ \dfrac{\square}{12} \right)$

**2** $\left( \dfrac{2}{9},\ \dfrac{1}{12} \right) \rightarrow \left( \dfrac{2\times 4}{9\times 4},\ \dfrac{1\times 3}{12\times 3} \right)$

$\rightarrow \left( \dfrac{\square}{36},\ \dfrac{\square}{36} \right)$



**3** $\left( \dfrac{5}{8},\ \dfrac{1}{12} \right) \rightarrow \left( \dfrac{5\times 3}{8\times 3},\ \dfrac{1\times 2}{12\times 2} \right)$

$\rightarrow \left( \dfrac{\square}{24},\ \dfrac{\square}{24} \right)$

**4** $\left( \dfrac{4}{15},\ \dfrac{7}{10} \right) \rightarrow \left( \dfrac{4\times 2}{15\times 2},\ \dfrac{7\times 3}{10\times 3} \right)$

$\rightarrow \left( \dfrac{\square}{30},\ \dfrac{\square}{30} \right)$

**5** $\left( \dfrac{3}{14},\ \dfrac{4}{21} \right) \rightarrow \left( \dfrac{3\times 3}{14\times 3},\ \dfrac{4\times 2}{21\times 2} \right)$

$\rightarrow \left( \dfrac{\square}{42},\ \dfrac{\square}{42} \right)$

**6** $\left( \dfrac{1}{6},\ \dfrac{8}{15} \right) \rightarrow \left( \dfrac{1\times 5}{6\times 5},\ \dfrac{8\times 2}{15\times 2} \right)$

$\rightarrow \left( \dfrac{\square}{30},\ \dfrac{\square}{30} \right)$

⑦ $\left(\dfrac{1}{2},\ \dfrac{5}{8}\right)$ → (　　，　　)　　　⑧ $\left(\dfrac{3}{7},\ \dfrac{4}{21}\right)$ → (　　，　　)

⑨ $\left(\dfrac{1}{4},\ \dfrac{5}{6}\right)$ → (　　，　　)　　　⑩ $\left(\dfrac{4}{9},\ \dfrac{5}{18}\right)$ → (　　，　　)

⑪ $\left(\dfrac{7}{8},\ \dfrac{11}{12}\right)$ → (　　，　　)　　　⑫ $\left(\dfrac{3}{4},\ \dfrac{9}{10}\right)$ → (　　，　　)

⑬ $\left(\dfrac{2}{3},\ \dfrac{4}{5}\right)$ → (　　，　　)　　　⑭ $\left(\dfrac{7}{18},\ \dfrac{5}{24}\right)$ → (　　，　　)

⑮ $\left(\dfrac{8}{15},\ \dfrac{11}{30}\right)$ → (　　，　　)　　　⑯ $\left(\dfrac{4}{9},\ \dfrac{13}{15}\right)$ → (　　，　　)

# 6 일차 두 분모의 최소공배수를 공통분모로 하여 통분하기

두 분모의 최소공배수를 공통분모로 하여 통분한 것입니다. ☐ 안에 알맞은 수를 써넣으세요.

**1** $\left(\dfrac{1}{6}, \dfrac{7}{9}\right) \rightarrow \left(\dfrac{\square}{18}, \dfrac{\square}{18}\right)$

**2** $\left(\dfrac{7}{10}, \dfrac{5}{8}\right) \rightarrow \left(\dfrac{\square}{40}, \dfrac{\square}{40}\right)$

**3** $\left(\dfrac{4}{15}, \dfrac{5}{6}\right) \rightarrow \left(\dfrac{\square}{30}, \dfrac{\square}{30}\right)$

**4** $\left(\dfrac{4}{21}, \dfrac{9}{14}\right) \rightarrow \left(\dfrac{\square}{42}, \dfrac{\square}{42}\right)$

두 분모의 최소공배수를 공통분모로 하여 통분해 보세요.

**5** $\dfrac{1}{3}, \dfrac{7}{15} \rightarrow \left(\quad , \quad\right)$

**6** $\dfrac{4}{9}, \dfrac{5}{12} \rightarrow \left(\quad , \quad\right)$

**7** $\dfrac{5}{6}, \dfrac{9}{20} \rightarrow \left(\quad , \quad\right)$

**8** $\dfrac{8}{15}, \dfrac{9}{10} \rightarrow \left(\quad , \quad\right)$

**9** $\dfrac{3}{11}, \dfrac{7}{22} \rightarrow \left(\quad , \quad\right)$

**10** $\dfrac{11}{14}, \dfrac{3}{4} \rightarrow \left(\quad , \quad\right)$

## 플러스 계산 연습



### 생활 속 계산

두 친구가 마신 우유의 양을 두 분모의 최소공배수를 공통분모로 하여 통분해 보세요.

**11** 

( 　　　 , 　　　 )

**12** 

( 　　　 , 　　　 )

**13** 

( 　　　 , 　　　 )

**14** 

( 　　　 , 　　　 )

### 문장 읽고 문제 해결하기

**15** 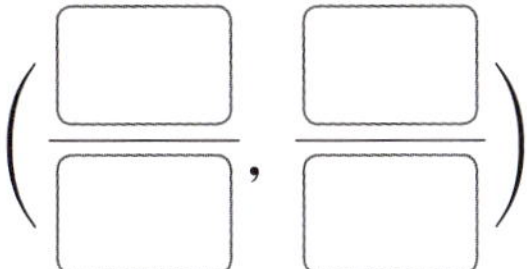


( 　 , 　 )

**16** 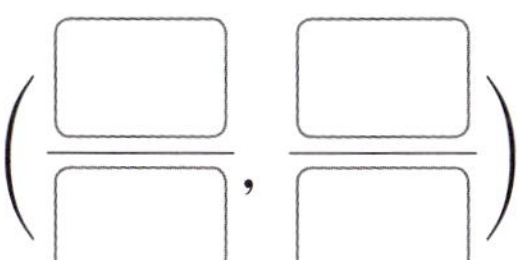


( 　 , 　 )

**17** 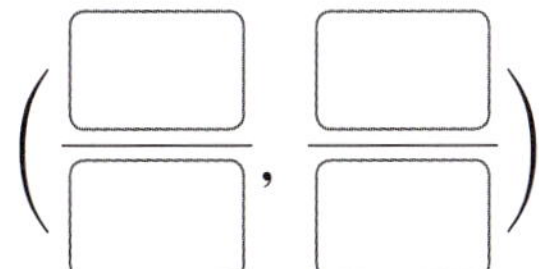


( 　 , 　 )

**18** 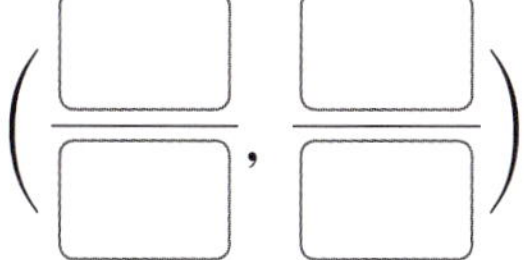


( 　 , 　 )

**3**

약분과 통분

# 두 분수의 크기 비교



• $\dfrac{3}{4}$ 과 $\dfrac{5}{7}$ 의 크기 비교

$$\left(\dfrac{3}{4}, \dfrac{5}{7}\right) \xrightarrow{\text{통분}} \left(\dfrac{21}{28}, \dfrac{20}{28}\right)$$

$$\rightarrow \dfrac{21}{28} > \dfrac{20}{28} \text{이므로} \dfrac{3}{4} > \dfrac{5}{7}$$

두 분수를 통분한 후 크기를 비교하여 ◯ 안에 >, =, <를 알맞게 써넣으세요.



① $\left(\dfrac{1}{2}, \dfrac{3}{7}\right) \rightarrow \left(\dfrac{\square}{14}, \dfrac{\square}{14}\right)$

$\rightarrow \dfrac{1}{2} \bigcirc \dfrac{3}{7}$

② $\left(\dfrac{2}{3}, \dfrac{3}{4}\right) \rightarrow \left(\dfrac{\square}{12}, \dfrac{\square}{12}\right)$

$\rightarrow \dfrac{2}{3} \bigcirc \dfrac{3}{4}$

③ $\left(\dfrac{6}{13}, \dfrac{2}{5}\right) \rightarrow \left(\dfrac{\square}{65}, \dfrac{\square}{65}\right)$

$\rightarrow \dfrac{6}{13} \bigcirc \dfrac{2}{5}$

④ $\left(\dfrac{5}{8}, \dfrac{7}{12}\right) \rightarrow \left(\dfrac{\square}{24}, \dfrac{\square}{24}\right)$

$\rightarrow \dfrac{5}{8} \bigcirc \dfrac{7}{12}$

⑤ $\left(\dfrac{4}{9}, \dfrac{7}{18}\right) \rightarrow \left(\dfrac{\square}{18}, \dfrac{\square}{18}\right)$

$\rightarrow \dfrac{4}{9} \bigcirc \dfrac{7}{18}$

⑥ $\left(\dfrac{5}{6}, \dfrac{9}{10}\right) \rightarrow \left(\dfrac{\square}{30}, \dfrac{\square}{30}\right)$

$\rightarrow \dfrac{5}{6} \bigcirc \dfrac{9}{10}$

## 기초 계산 연습

두 분수의 크기를 비교하여 ◯ 안에 >, =, <를 알맞게 써넣으세요.

**7** $\dfrac{1}{2}$ ◯ $\dfrac{3}{5}$

**8** $\dfrac{7}{8}$ ◯ $\dfrac{3}{4}$

**9** $\dfrac{7}{10}$ ◯ $\dfrac{8}{15}$

**10** $\dfrac{13}{28}$ ◯ $\dfrac{5}{14}$

**11** $\dfrac{13}{45}$ ◯ $\dfrac{7}{15}$

**12** $\dfrac{9}{10}$ ◯ $\dfrac{23}{30}$

**13** $\dfrac{5}{6}$ ◯ $\dfrac{7}{9}$

**14** $\dfrac{15}{36}$ ◯ $\dfrac{7}{12}$

**15** $\dfrac{8}{21}$ ◯ $\dfrac{7}{18}$

**16** $\dfrac{4}{9}$ ◯ $\dfrac{11}{27}$

**17** $\dfrac{17}{30}$ ◯ $\dfrac{7}{10}$

**18** $\dfrac{8}{13}$ ◯ $\dfrac{3}{5}$

# 두 분수의 크기 비교

두 분모의 곱을 공통분모로 하여 통분한 후 크기를 비교하여 ○ 안에 >, =, <를 알맞게 써넣으세요.

**1** $\left(\dfrac{5}{6}, \dfrac{3}{5}\right)$ ➡ $\left(\phantom{xxx}, \phantom{xxx}\right)$

➡ $\dfrac{5}{6}$ ○ $\dfrac{3}{5}$

**2** $\left(\dfrac{3}{8}, \dfrac{4}{9}\right)$ ➡ $\left(\phantom{xxx}, \phantom{xxx}\right)$

➡ $\dfrac{3}{8}$ ○ $\dfrac{4}{9}$

**3** $\left(\dfrac{6}{7}, \dfrac{9}{10}\right)$ ➡ $\left(\phantom{xxx}, \phantom{xxx}\right)$

➡ $\dfrac{6}{7}$ ○ $\dfrac{9}{10}$

**4** $\left(\dfrac{2}{5}, \dfrac{7}{15}\right)$ ➡ $\left(\phantom{xxx}, \phantom{xxx}\right)$

➡ $\dfrac{2}{5}$ ○ $\dfrac{7}{15}$

두 분수의 크기를 비교하여 더 큰 수에 ○표 하세요.

**5** $\dfrac{3}{8}$ | $\dfrac{5}{12}$

**6** $\dfrac{5}{6}$ | $\dfrac{3}{10}$

**7** $\dfrac{6}{13}$ | $\dfrac{3}{5}$

**8** $\dfrac{4}{9}$ | $\dfrac{5}{7}$

**9** $\dfrac{11}{15}$ | $\dfrac{7}{10}$

**10** $\dfrac{7}{12}$ | $\dfrac{11}{18}$

## 플러스 계산 연습



### 생활 속 계산

 색 테이프의 길이를 비교하여 ◯ 안에 >, =, <를 알맞게 써넣으세요.

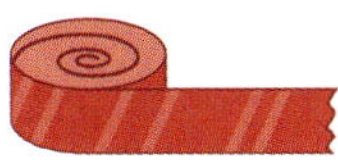
$1\frac{3}{7}$ m

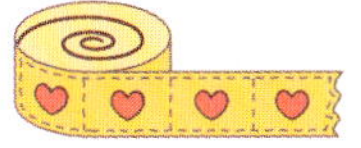
$1\frac{5}{9}$ m

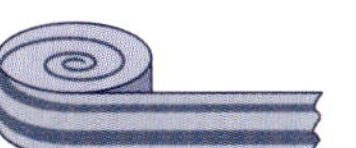
$1\frac{7}{15}$ m

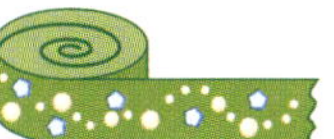
$1\frac{10}{21}$ m

**11**  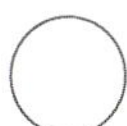 ◯ 

**12**   ◯ 

**13**   ◯ 

**14**   ◯ 

### 문장 읽고 문제 해결하기

**15** 주스 $\frac{7}{11}$ L, 우유 $\frac{3}{5}$ L 중 더 많은 것은?

$\frac{7}{11}$ ◯ $\frac{3}{5}$   답 ☐

**16** 간장 $\frac{8}{13}$ L, 식초 $\frac{15}{26}$ L 중 더 많은 것은?

$\frac{8}{13}$ ◯ $\frac{15}{26}$  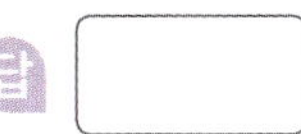 답 ☐

**17** 설탕 $\frac{5}{8}$ kg, 소금 $\frac{9}{14}$ kg 중 더 무거운 것은?

$\frac{5}{8}$ ◯ $\frac{9}{14}$   답 ☐

**18** 밀가루 $\frac{11}{24}$ kg, 쌀가루 $\frac{17}{48}$ kg 중 더 무거운 것은?

$\frac{11}{24}$ ◯ $\frac{17}{48}$  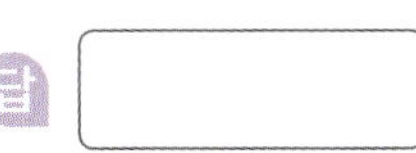 답 ☐

**3**

약분과 통분

**8** 일차

# 분수를 소수로 나타내기

**이렇게 해결하자**

- $\dfrac{2}{5}$ 를 소수로 나타내기

$$\dfrac{2}{5} = \dfrac{2 \times 2}{5 \times 2} = \dfrac{4}{10} = 0.4$$

분모를 10으로

분수를 소수로 나타내어 보세요.

① $\dfrac{4}{5} = \dfrac{4 \times 2}{5 \times 2} = \dfrac{\boxed{\phantom{0}}}{10} = \boxed{\phantom{00}}$

② $\dfrac{1}{4} = \dfrac{1 \times 25}{4 \times 25} = \dfrac{\boxed{\phantom{0}}}{100} = \boxed{\phantom{00}}$

③ $\dfrac{7}{25} = \dfrac{7 \times 4}{25 \times 4} = \dfrac{\boxed{\phantom{0}}}{100}$
 $= \boxed{\phantom{00}}$

④ $\dfrac{3}{8} = \dfrac{3 \times 125}{8 \times 125} = \dfrac{\boxed{\phantom{0}}}{1000}$
 $= \boxed{\phantom{00}}$

⑤ $\dfrac{7}{20} = \dfrac{7 \times 5}{20 \times 5} = \dfrac{\boxed{\phantom{0}}}{100} = \boxed{\phantom{00}}$

⑥ $\dfrac{7}{50} = \dfrac{7 \times 2}{50 \times 2} = \dfrac{\boxed{\phantom{0}}}{100} = \boxed{\phantom{00}}$

⑦ $\dfrac{3}{4} = \dfrac{3 \times \boxed{\phantom{0}}}{4 \times 25} = \dfrac{\boxed{\phantom{00}}}{\boxed{\phantom{00}}}$
 $= \boxed{\phantom{00}}$

⑧ $\dfrac{5}{8} = \dfrac{5 \times \boxed{\phantom{0}}}{8 \times 125} = \dfrac{\boxed{\phantom{00}}}{\boxed{\phantom{00}}}$
 $= \boxed{\phantom{00}}$

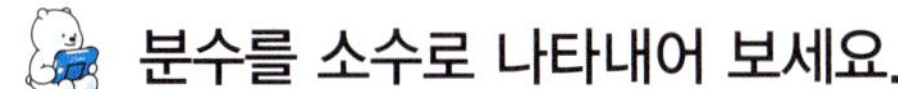

# 기초 계산 연습



분수를 소수로 나타내어 보세요.

⑨ $\dfrac{9}{50}$ ➡ (　　　　　　)　　⑩ $\dfrac{7}{8}$ ➡ (　　　　　　)

⑪ $\dfrac{1}{40}$ ➡ (　　　　　　)　　⑫ $\dfrac{8}{25}$ ➡ (　　　　　　)

⑬ $\dfrac{11}{20}$ ➡ (　　　　　　)　　⑭ $\dfrac{3}{5}$ ➡ (　　　　　　)

⑮ $\dfrac{7}{125}$ ➡ (　　　　　　)　　⑯ $\dfrac{3}{40}$ ➡ (　　　　　　)

⑰ $\dfrac{9}{200}$ ➡ (　　　　　　)　　⑱ $\dfrac{13}{25}$ ➡ (　　　　　　)

⑲ $\dfrac{17}{50}$ ➡ (　　　　　　)　　⑳ $\dfrac{3}{20}$ ➡ (　　　　　　)

# 분수를 소수로 나타내기

 보기 와 같이 분수를 소수로 나타내어 보세요.

> **보기**
>
> $$\frac{1}{5} = \frac{1 \times 2}{5 \times 2} = \frac{2}{10} = 0.2$$

**1** $\dfrac{1}{8}$ ________________

**2** $\dfrac{9}{25}$ ________________

**3** $\dfrac{9}{20}$ ________________

**4** $\dfrac{19}{40}$ ________________

**5** $\dfrac{3}{50}$ ________________

 분수를 소수로 나타내어 보세요.

**6** $\dfrac{13}{20} \;=\;$ 

**7** $\dfrac{14}{25} \;=\;$ 

**8** $\dfrac{11}{50} \;=\;$ 

**9** $\dfrac{3}{200} \;=\;$ 

**10** $\dfrac{9}{250} \;=\;$ 

**11** $\dfrac{12}{25} \;=\;$ 

 플러스 계산 연습

제한 시간 10분

### 생활 속 계산

사용한 물감의 양을 소수로 나타내어 보세요.

**12** 
$\dfrac{6}{25}$ mL ➡ ☐ mL

**13** 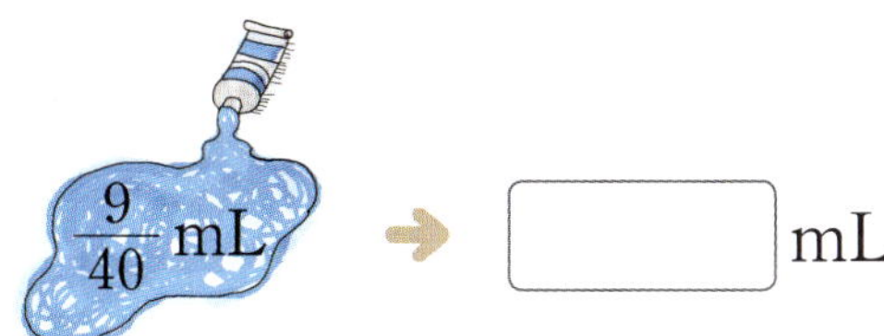
$\dfrac{9}{40}$ mL ➡ ☐ mL

**14** 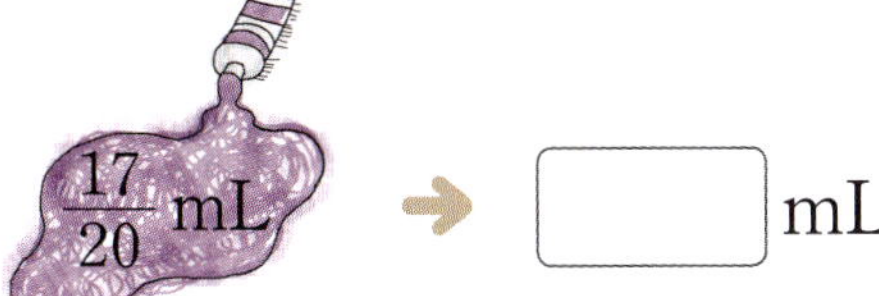
$\dfrac{17}{20}$ mL ➡ ☐ mL

**15** 
$\dfrac{39}{50}$ mL ➡ ☐ mL

### 문장 읽고 문제 해결하기

**16** $\dfrac{33}{50}$ 을 소수로 나타내면?

$$\dfrac{33}{50} = \boxed{\phantom{000}}$$

**17** $\dfrac{19}{20}$ 를 소수로 나타내면?

$$\dfrac{19}{20} = \boxed{\phantom{000}}$$

**18** $\dfrac{37}{200}$ 을 소수로 나타내면?

$$\dfrac{37}{200} = \boxed{\phantom{000}}$$

**19** $\dfrac{16}{25}$ 을 소수로 나타내면?

$$\dfrac{16}{25} = \boxed{\phantom{000}}$$

**3**

약분과 통분

# 소수를 분수로 나타내기

**이렇게 해결하자**

• 0.6을 분수로 나타내기

$$0.6 = \frac{6}{10} = \frac{3}{5}$$

└→ 약분하여 기약분수로 나타낼 수 있습니다.

 소수를 기약분수로 나타내어 보세요.

**3** 약분과 통분

① $0.4 = \dfrac{\square}{10} = \dfrac{\square}{5}$

② $0.9 = \dfrac{\square}{10}$

③ $0.42 = \dfrac{\square}{100} = \dfrac{\square}{\square}$

④ $0.31 = \dfrac{\square}{100}$

⑤ $0.25 = \dfrac{\square}{100} = \dfrac{\square}{\square}$

⑥ $0.5 = \dfrac{\square}{10} = \dfrac{\square}{\square}$

⑦ $0.74 = \dfrac{\square}{100} = \dfrac{\square}{\square}$

⑧ $0.8 = \dfrac{\square}{10} = \dfrac{\square}{\square}$

 소수를 기약분수로 나타내어 보세요.

⑨ 0.3 → (            )          ⑩ 0.7 → (            )

⑪ 0.21 → (            )          ⑫ 0.13 → (            )

⑬ 0.44 → (            )          ⑭ 0.85 → (            )

⑮ 1.25 → (            )          ⑯ 1.32 → (            )

⑰ 2.34 → (            )          ⑱ 3.45 → (            )

⑲ 0.122 → (            )          ⑳ 1.255 → (            )

# 소수를 분수로 나타내기

 **보기** 와 같이 소수를 기약분수로 나타내어 보세요

**보기**

$$0.45 = \frac{45}{100} = \frac{9}{20}$$

**1** 0.24 ______

**2** 0.55 ______

**3** 0.38 ______

**4** 0.844 ______

**5** 0.445 ______

 소수를 기약분수로 나타내어 보세요

**6** 0.12 $=$

**7** 0.35 $=$

**8** 1.62 $=$

**9** 2.54 $=$

**10** 1.244 $=$

**11** 2.555 $=$

## 생활 속 계산

승현이의 책가방과 책가방 안에 들어 있는 학용품의 무게를 나타낸 것입니다. 각 무게를 기약분수로 나타내어 보세요.

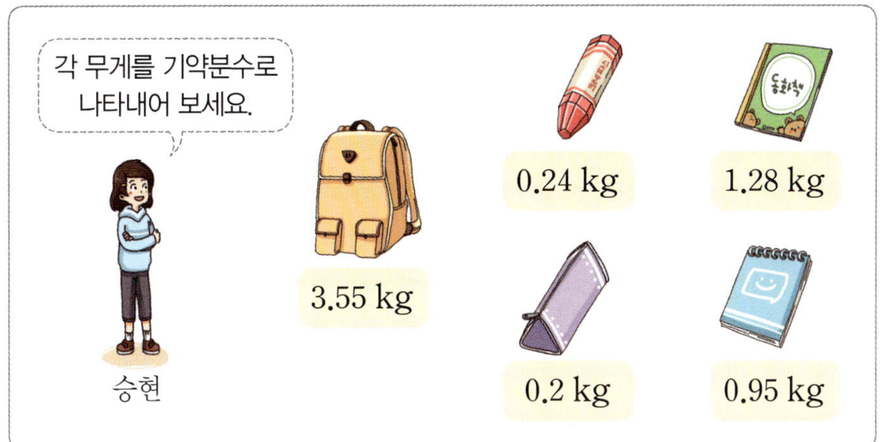


**12**  → ☐ kg

**13** 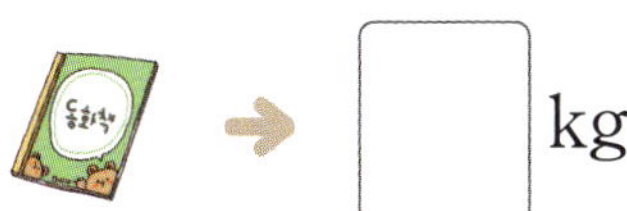 → ☐ kg

**14**  → ☐ kg

**15**  → ☐ kg



## 문장 읽고 문제 해결하기

**16** 0.18을 기약분수로 나타내면?

$0.18 = $ ☐

**17** 1.75를 기약분수로 나타내면?

$1.75 = $ ☐

**18** 0.36을 기약분수로 나타내면?

$0.36 = $ ☐

**19** 2.52를 기약분수로 나타내면?

$2.52 = $ ☐

# 분수와 소수의 크기 비교

**이렇게 해결하자**

· $\frac{2}{5}$와 0.2의 크기 비교

**방법 1** 분수를 소수로 나타내어 크기 비교

$$\frac{2}{5} = \frac{4}{10} = 0.4 \qquad \frac{2}{5} > 0.2$$

**방법 2** 소수를 분수로 나타내어 크기 비교

$$\frac{2}{5} > 0.2 \qquad 0.2 = \frac{2}{10} = \frac{1}{5}$$

분수와 소수의 크기를 비교하여 ○ 안에 >, =, <를 알맞게 써넣으세요.

**3** 약분과 통분

① $\frac{1}{5}\left(= \boxed{\phantom{00}}\right) \bigcirc$ 0.3

$\frac{1}{5}$을 소수로 나타내요.

② $0.7\left(= \dfrac{\boxed{\phantom{0}}}{10}\right) \bigcirc \dfrac{9}{10}$

0.7을 분수로 나타내요.

③ $\dfrac{3}{4} \bigcirc$ 0.65

④ $0.6 \bigcirc \dfrac{1}{5}$

⑤ $\dfrac{4}{25} \bigcirc$ 0.18

⑥ $0.45 \bigcirc \dfrac{7}{20}$

⑦ $\dfrac{17}{20} \bigcirc$ 0.83

⑧ $0.64 \bigcirc \dfrac{12}{25}$

**9** $0.42 \bigcirc \dfrac{19}{50}$

**10** $\dfrac{8}{25} \bigcirc 0.35$

**11** $1.24 \bigcirc 1\dfrac{4}{25}$

**12** $2\dfrac{3}{8} \bigcirc 2.457$

**13** $2.55 \bigcirc 2\dfrac{13}{20}$

**14** $1\dfrac{11}{20} \bigcirc 1.54$

**15** $1.88 \bigcirc 1\dfrac{22}{25}$

**16** $3\dfrac{19}{40} \bigcirc 3.274$

**17** $1.35 \bigcirc 1\dfrac{9}{20}$

**18** $1\dfrac{26}{50} \bigcirc 1.43$

# 10 일차

## 분수와 소수의 크기 비교

두 수의 크기를 비교하여 더 큰 수를 빈칸에 써넣으세요.

**1** $\dfrac{7}{20}$ | 0.3

**2** 1.16 | $1\dfrac{8}{25}$

**3** $\dfrac{11}{50}$ | 0.47

**4** 1.75 | $1\dfrac{1}{4}$

두 수의 크기를 비교하여 더 작은 수에 △표 하세요.

**5** $\dfrac{16}{25}$ | 0.59

**6** $1\dfrac{4}{5}$ | 1.9

**7** 1.7 | $1\dfrac{9}{10}$

**8** 2.82 | $2\dfrac{43}{50}$

**9** $2\dfrac{1}{2}$ | 2.2

**10** $3\dfrac{3}{4}$ | 3.81

# 플러스 계산 연습



## 생활 속 계산

 집에서 더 먼 곳을 찾아 ◯표 하세요.

**11**

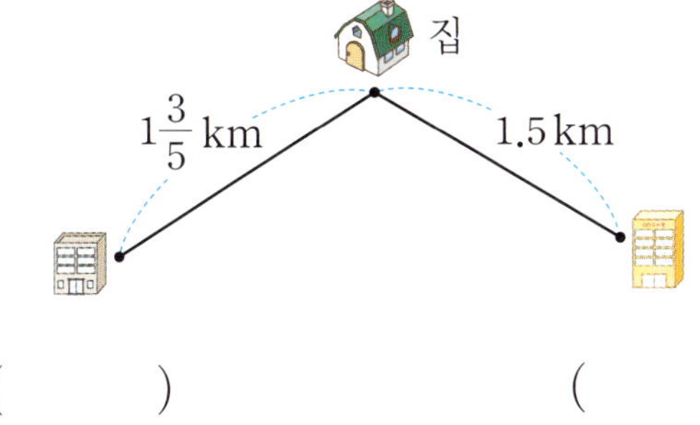


(　　　)　　　　　　(　　　)

**12**

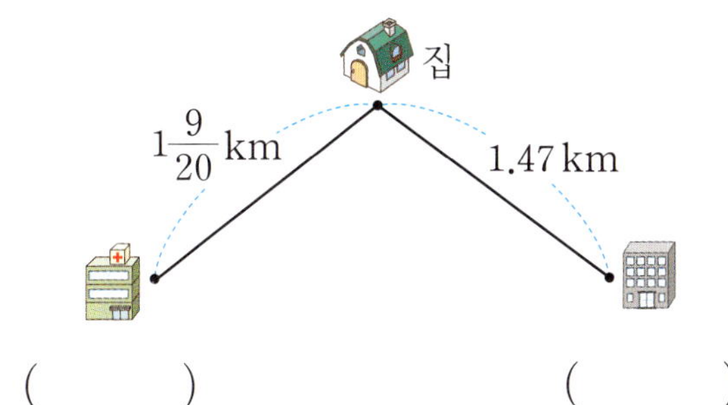


(　　　)　　　　　　(　　　)

**13**

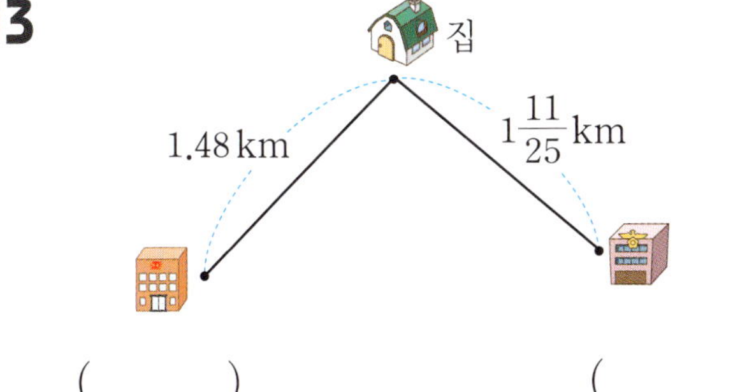


(　　　)　　　　　　(　　　)

**14**

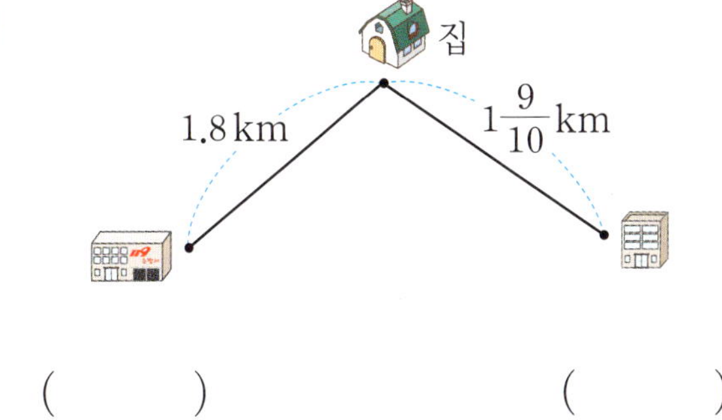


(　　　)　　　　　　(　　　)



## 문장 읽고 문제 해결하기

**15**

무게가 $3\frac{8}{25}$ kg인 고양이와 3.16 kg인 강아지 중 더 가벼운 동물은?

$3\frac{8}{25}$ ◯ 3.16 　 답 [　　　]

**16**

무게가 2.54 kg인 수박과 $2\frac{29}{50}$ kg인 멜론 중 더 가벼운 과일은?

2.54 ◯ $2\frac{29}{50}$ 　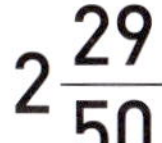 답 [　　　]

**17**

쌀 2.4 kg과 보리 $2\frac{3}{5}$ kg 중 더 무거운 곡물은?

2.4 ◯ $2\frac{3}{5}$ 　 답 [　　　]

**18**

설탕 3.22 kg과 소금 $3\frac{23}{50}$ kg 중 더 무거운 것은?

3.22 ◯ $3\frac{23}{50}$ 　 답 [　　　]

 크기가 같은 분수가 되도록 ☐ 안에 알맞은 수를 써넣으세요.

① $\dfrac{2}{5} = \dfrac{\boxed{\phantom{0}}}{25}$

② $\dfrac{4}{7} = \dfrac{\boxed{\phantom{0}}}{28}$

③ $\dfrac{3}{11} = \dfrac{\boxed{\phantom{0}}}{66}$

④ $\dfrac{16}{48} = \dfrac{\boxed{\phantom{0}}}{12}$

⑤ $\dfrac{15}{65} = \dfrac{\boxed{\phantom{0}}}{13}$

⑥ $\dfrac{24}{72} = \dfrac{\boxed{\phantom{0}}}{9}$

 기약분수로 나타내어 보세요.

⑦ $\dfrac{5}{15}$ ➜ ☐

⑧ $\dfrac{10}{12}$ ➜ ☐

⑨ $\dfrac{8}{64}$ ➜ ☐

⑩ $\dfrac{28}{35}$ ➜ ☐

⑪ $\dfrac{24}{64}$ ➜ ☐

⑫ $\dfrac{30}{75}$ ➜ ☐

 두 분수를 통분해 보세요.

⑬ $\left(\dfrac{1}{6}, \dfrac{5}{9}\right) \rightarrow \left(\dfrac{\Box}{18}, \dfrac{\Box}{18}\right)$
⑭ $\left(\dfrac{6}{7}, \dfrac{2}{3}\right) \rightarrow \left(\dfrac{\Box}{21}, \dfrac{\Box}{21}\right)$

⑮ $\left(\dfrac{5}{8}, \dfrac{3}{10}\right) \rightarrow \left(\dfrac{\Box}{40}, \dfrac{\Box}{40}\right)$
⑯ $\left(\dfrac{5}{6}, \dfrac{3}{14}\right) \rightarrow \left(\dfrac{\Box}{42}, \dfrac{\Box}{42}\right)$

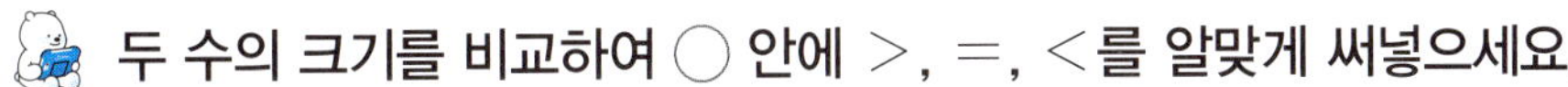



두 수의 크기를 비교하여 ◯ 안에 >, =, <를 알맞게 써넣으세요.

⑰ $\dfrac{3}{5} \bigcirc \dfrac{8}{25}$
⑱ $\dfrac{9}{15} \bigcirc \dfrac{13}{45}$
⑲ $\dfrac{7}{8} \bigcirc \dfrac{43}{48}$

⑳ $1.2 \bigcirc 1\dfrac{4}{5}$
㉑ $1.52 \bigcirc 1\dfrac{21}{25}$
㉒ $1.22 \bigcirc 1\dfrac{9}{50}$

㉓ $1\dfrac{17}{20} \bigcirc 1.94$
㉔ $4\dfrac{2}{5} \bigcirc 4.8$
㉕ $3\dfrac{16}{25} \bigcirc 3.44$

# 문장제 문제 도전하기

**1**   $2\dfrac{3}{5}$ ◯ $2\dfrac{13}{25}$  →  $2\dfrac{3}{5}$ kg짜리 당근(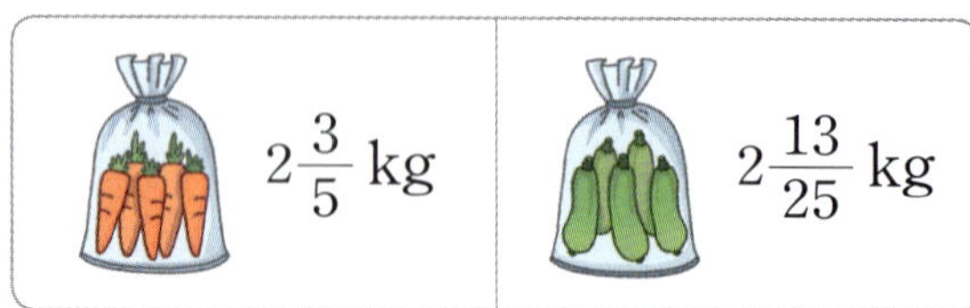) 한 봉지와 $2\dfrac{13}{25}$ kg짜리 호박( ) 한 봉지 중 더 무거운 것은 어느 것일까요?

$$\left(2\dfrac{3}{5},\ 2\dfrac{13}{25}\right) \rightarrow \left(2\dfrac{\boxed{\phantom{00}}}{25},\ 2\dfrac{\boxed{\phantom{00}}}{25}\right)$$

$$\rightarrow 2\dfrac{3}{5} \bigcirc 2\dfrac{13}{25}$$

답 ________________





**2**   $\dfrac{13}{20}$ ◯ $0.85$  →  공책( ) $\dfrac{13}{20}$ kg과 필통( ) $0.85$ kg 중 더 가벼운 것은 어느 것일까요?

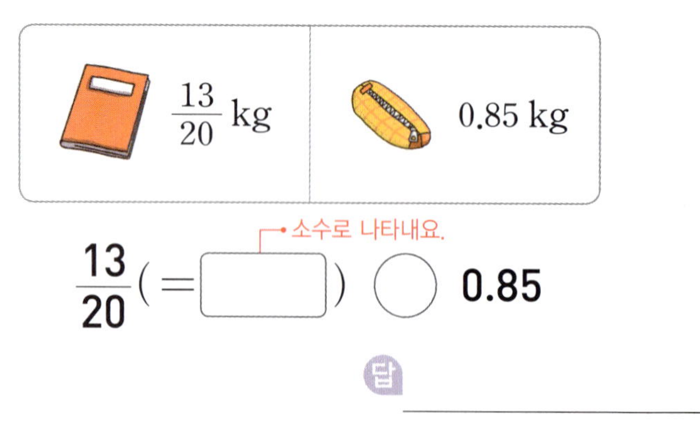


소수로 나타내요.

$$\dfrac{13}{20}\left(=\boxed{\phantom{0000}}\right) \bigcirc 0.85$$

답 ________________

문장을 읽고 두 수의 크기를 비교하여 답을 구해 보자!

**3** 밀가루 $1\dfrac{9}{16}$ kg과 설탕 $1\dfrac{7}{24}$ kg 중 더 무거운 것은 어느 것일까요?

$$\left(1\dfrac{9}{16},\ 1\dfrac{7}{24}\right) \Rightarrow \left(1\dfrac{\boxed{\phantom{00}}}{48},\ 1\dfrac{\boxed{\phantom{00}}}{48}\right) \Rightarrow 1\dfrac{9}{16}\ \bigcirc\ 1\dfrac{7}{24}$$

답 _______________

**4** 오렌지주스 $1\dfrac{7}{10}$ L와 포도주스 **1.8** L 중 더 많은 것은 어느 것일까요?

$$1\dfrac{7}{10}\left(=\boxed{\phantom{000}}\right)\ \bigcirc\ 1.8$$

 소수로 나타내요.

답 _______________

**5** 간장 **2.52** L와 식용유 $2\dfrac{18}{25}$ L 중 더 적은 것은 어느 것일까요?

$$2.52\left(=2\dfrac{\boxed{\phantom{00}}}{25}\right)\ \bigcirc\ 2\dfrac{18}{25}$$

분모가 25인 분수로 나타내요. 

답 _______________

# 창의·융합·코딩·도전하기

## 누구를 스카우트 할까?

**융합 1** 야구 선수들의 타격 성적을 비교하고 있습니다.

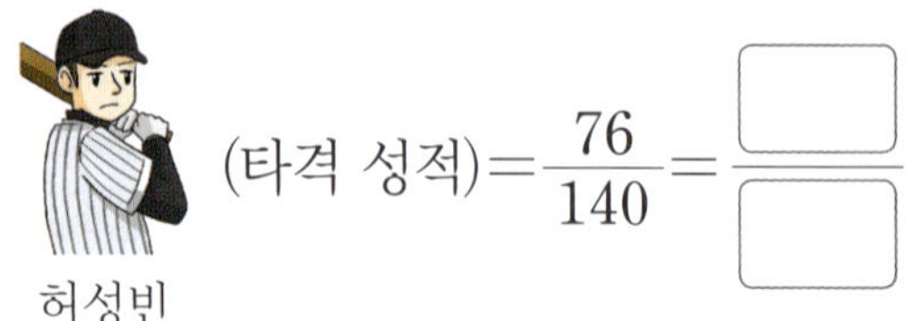


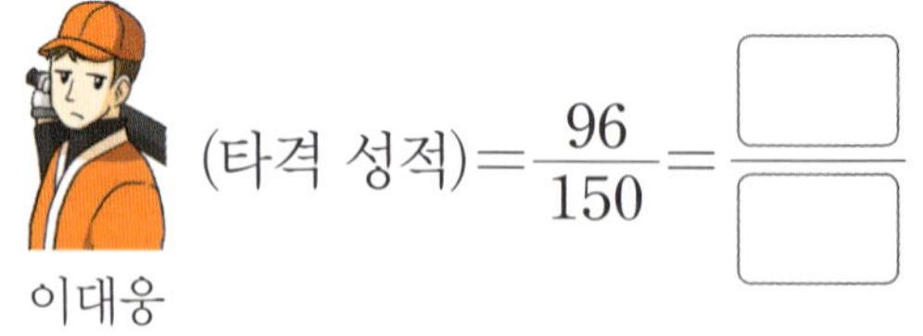

 **2** 보기와 같이 주어진 분수와 크기가 같은 분수를 모두 찾아 ◯표 하세요.

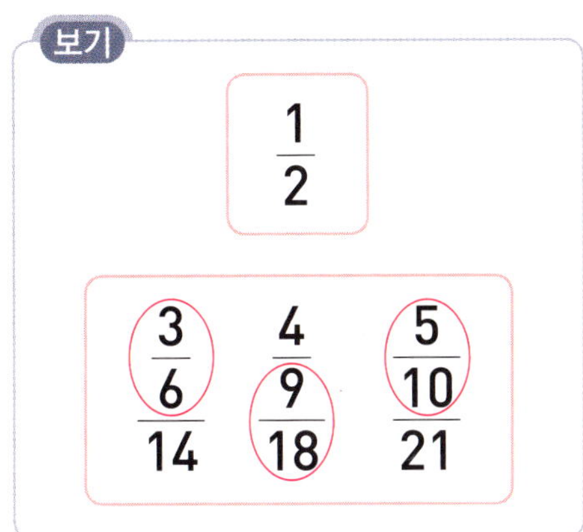

길에 쓰인 수 중 가장 큰 수를 찾고, 로봇이 가장 큰 수를 찾아가는 명령문을 완성하세요.

| | | 2.5 | 2.4 |
| | | | |
| | | | |
| | | $2\frac{3}{5}$ | |

시작하기

앞으로 ☐ 칸 가기

( 왼 , 오른 )쪽으로 90° 회전하기

앞으로 ☐ 칸 가기

2.5, 2.4, $2\frac{3}{5}$ 중 가장 큰 수를 찾아가는 명령문을 완성해요.

# ④ 분수의 덧셈과 뺄셈

**실생활에서 알아보는 재미있는 수학 이야기**

# 이번에 배울 내용을 알아볼까요?



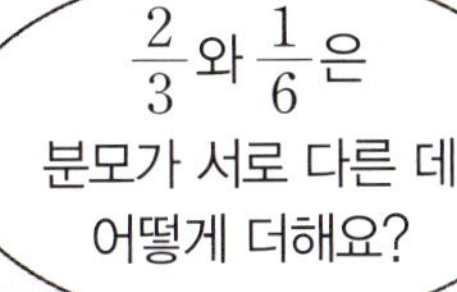

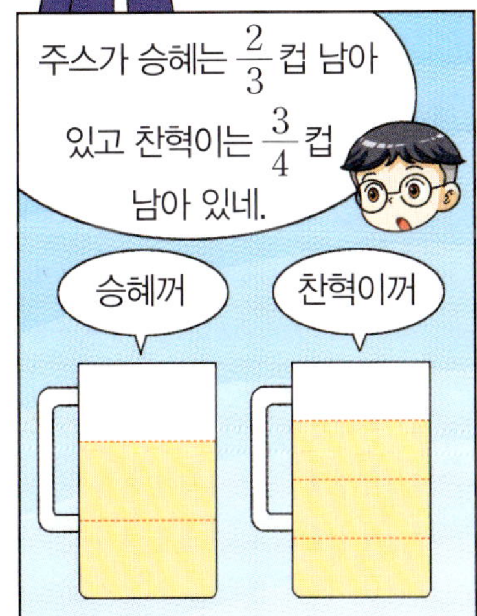

# 받아올림이 없는 진분수의 덧셈



$$\frac{1}{2} + \frac{2}{5} = \frac{1 \times 5}{2 \times 5} + \frac{2 \times 2}{5 \times 2} = \frac{5}{10} + \frac{4}{10} = \frac{9}{10}$$

2와 5의 최소공배수: 10

두 분수를 통분한 다음 **통분한 분모는 그대로 두고 분자끼리 더해요.**



**4**

계산을 하여 기약분수로 나타내어 보세요.

① $\dfrac{2}{7} + \dfrac{1}{4} = \dfrac{8}{28} + \dfrac{\boxed{\phantom{0}}}{28} = \dfrac{\boxed{\phantom{0}}}{28}$

② $\dfrac{1}{9} + \dfrac{2}{3} = \dfrac{1}{9} + \dfrac{\boxed{\phantom{0}}}{9} = \dfrac{\boxed{\phantom{0}}}{9}$

③ $\dfrac{2}{5} + \dfrac{3}{10} = \dfrac{\boxed{\phantom{0}}}{10} + \dfrac{\boxed{\phantom{0}}}{10} = \dfrac{\boxed{\phantom{0}}}{10}$

④ $\dfrac{2}{7} + \dfrac{10}{21} = \dfrac{\boxed{\phantom{0}}}{21} + \dfrac{\boxed{\phantom{0}}}{21} = \dfrac{\boxed{\phantom{0}}}{21}$

⑤ $\dfrac{3}{4} + \dfrac{1}{6} = \dfrac{\boxed{\phantom{0}}}{12} + \dfrac{\boxed{\phantom{0}}}{12} = \dfrac{\boxed{\phantom{0}}}{12}$

⑥ $\dfrac{2}{3} + \dfrac{1}{6} = \dfrac{\boxed{\phantom{0}}}{6} + \dfrac{\boxed{\phantom{0}}}{6} = \dfrac{\boxed{\phantom{0}}}{6}$

⑦ $\dfrac{3}{7} + \dfrac{3}{8} = \dfrac{\boxed{\phantom{0}}}{56} + \dfrac{\boxed{\phantom{0}}}{56} = \dfrac{\boxed{\phantom{0}}}{56}$

⑧ $\dfrac{3}{5} + \dfrac{1}{8} = \dfrac{\boxed{\phantom{0}}}{40} + \dfrac{\boxed{\phantom{0}}}{40} = \dfrac{\boxed{\phantom{0}}}{40}$

## 기초 계산 연습



⑨ $\dfrac{1}{8} + \dfrac{2}{3} = \dfrac{\square}{24} + \dfrac{\square}{24} = \dfrac{\square}{24}$

⑩ $\dfrac{4}{9} + \dfrac{1}{3} = \dfrac{\square}{9} + \dfrac{\square}{9} = \dfrac{\square}{9}$

⑪ $\dfrac{4}{9} + \dfrac{1}{5} = \dfrac{\square}{45} + \dfrac{\square}{45} = \dfrac{\square}{45}$

⑫ $\dfrac{5}{6} + \dfrac{2}{15} = \dfrac{\square}{30} + \dfrac{\square}{30} = \dfrac{\square}{30}$

⑬ $\dfrac{2}{5} + \dfrac{3}{7} = \dfrac{\square}{35} + \dfrac{\square}{35} = \dfrac{\square}{35}$

⑭ $\dfrac{3}{8} + \dfrac{1}{6} = \dfrac{\square}{24} + \dfrac{\square}{24} = \dfrac{\square}{24}$

⑮ $\dfrac{1}{2} + \dfrac{3}{8}$

⑯ $\dfrac{2}{9} + \dfrac{2}{3}$

⑰ $\dfrac{3}{4} + \dfrac{3}{16}$

⑱ $\dfrac{1}{3} + \dfrac{5}{12}$

⑲ $\dfrac{1}{12} + \dfrac{3}{16}$

⑳ $\dfrac{2}{5} + \dfrac{3}{10}$

㉑ $\dfrac{2}{15} + \dfrac{3}{10}$

㉒ $\dfrac{5}{12} + \dfrac{2}{9}$

# 받아올림이 없는 진분수의 덧셈

 두 분수의 합을 빈 곳에 기약분수로 써넣으세요.

**1**
$$\dfrac{1}{8} \quad \dfrac{5}{6}$$

**2**
$$\dfrac{4}{15} \quad \dfrac{5}{12}$$

**3**
$$\dfrac{4}{7} \quad \dfrac{2}{5}$$

**4**
$$\dfrac{7}{24} \quad \dfrac{5}{16}$$

빈 곳에 알맞은 기약분수를 써넣으세요.

**5**
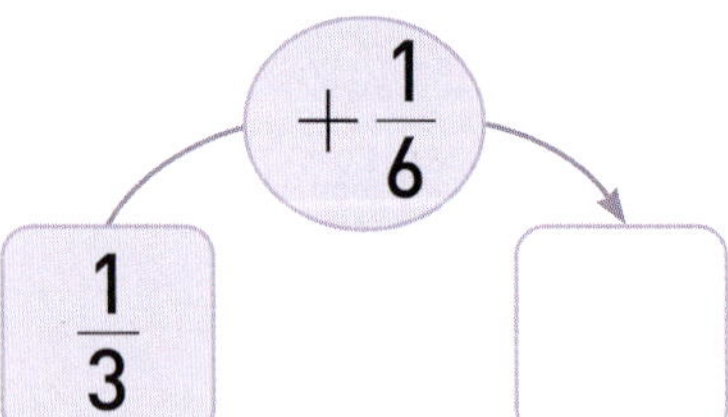

**6**
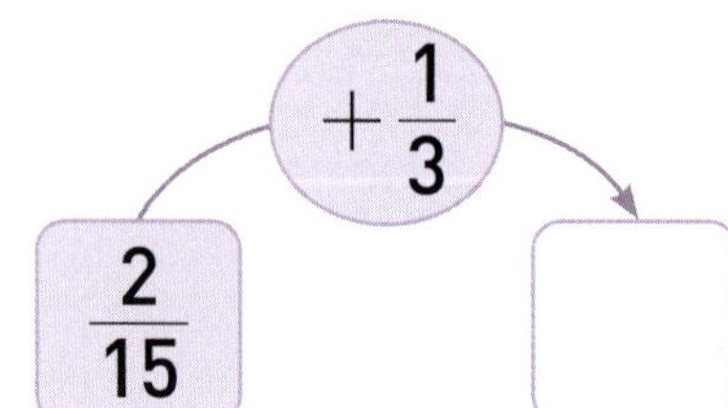

**7**
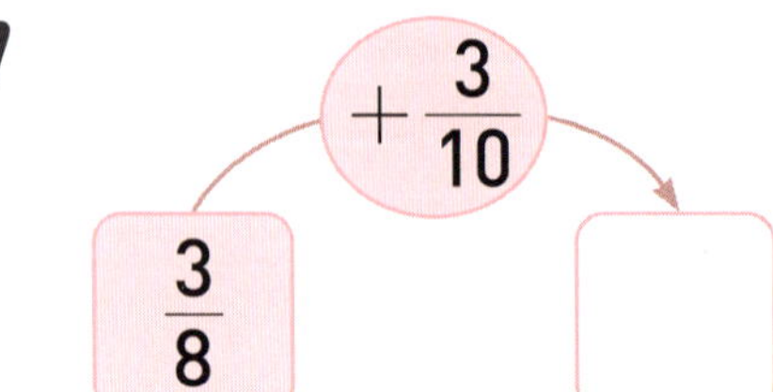

**8**
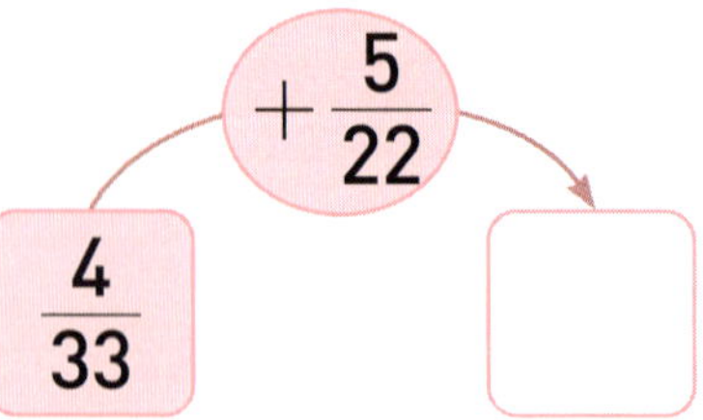

**9**
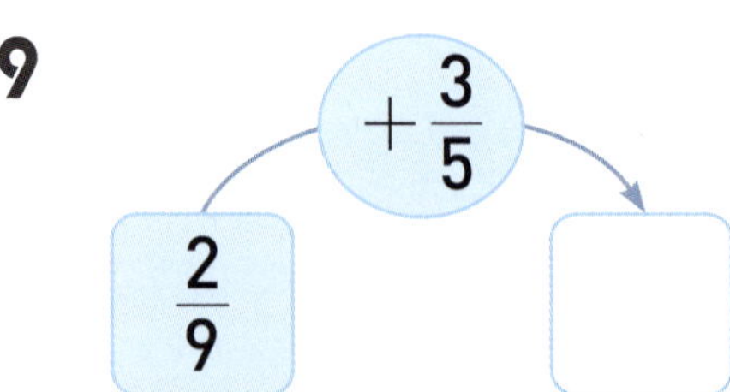

**10**
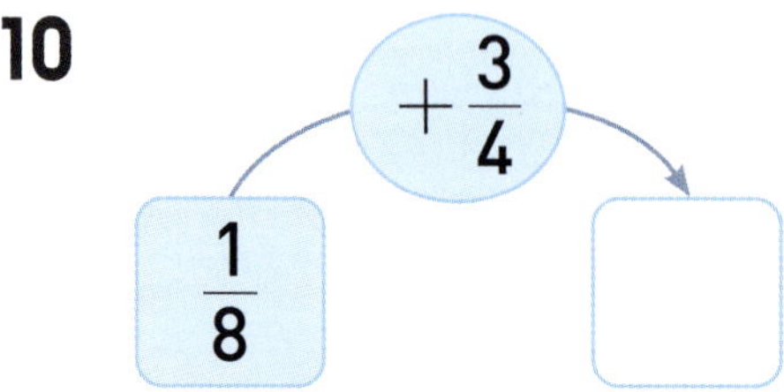



**4** 분수의 덧셈과 뺄셈

## 플러스 계산 연습

### 생활 속 계산

리본 테이프를 사용하여 선물 상자를 포장했습니다. 사용한 리본 테이프의 길이를 기약분수로 나타내어 보세요.

**11**

 + 

사용한 길이: $\dfrac{3}{14}$ m　　사용한 길이: $\dfrac{4}{7}$ m

$$\dfrac{3}{14} + \dfrac{4}{7} = \boxed{\phantom{00}} \ (\text{m})$$

**12**

 +

사용한 길이: $\dfrac{5}{28}$ m　　사용한 길이: $\dfrac{8}{21}$ m

$$\dfrac{5}{28} + \boxed{\phantom{00}} = \boxed{\phantom{00}} \ (\text{m})$$

**13**

 + 

사용한 길이: $\dfrac{5}{18}$ m　　사용한 길이: $\dfrac{1}{6}$ m

$$\boxed{\phantom{00}} + \boxed{\phantom{00}} = \boxed{\phantom{00}} \ (\text{m})$$

**14**

 +

사용한 길이: $\dfrac{4}{15}$ m　　사용한 길이: $\dfrac{1}{9}$ m

$$\boxed{\phantom{00}} + \boxed{\phantom{00}} = \boxed{\phantom{00}} \ (\text{m})$$

### 문장 읽고 계산식 세우기

**15**

물을 민주가 $\dfrac{5}{9}$ L, 태준이가 $\dfrac{2}{7}$ L 마셨을 때 두 사람이 마신 물의 양은?

식　$\dfrac{5}{9} + \boxed{\phantom{00}} = \boxed{\phantom{00}} \ (\text{L})$

**16**

우유를 준서가 $\dfrac{9}{20}$ L, 홍주가 $\dfrac{5}{12}$ L 마셨을 때 두 사람이 마신 우유의 양은?

식　$\boxed{\phantom{00}} + \boxed{\phantom{00}} = \boxed{\phantom{00}} \ (\text{L})$

# 받아올림이 있는 진분수의 덧셈



$$\frac{1}{3} + \frac{4}{5} = \frac{1 \times 5}{3 \times 5} + \frac{4 \times 3}{5 \times 3} = \frac{5}{15} + \frac{12}{15} = \frac{17}{15} = 1\frac{2}{15}$$

계산 결과가 가분수이면 **대분수**로 나타냅니다.

계산을 하여 기약분수로 나타내어 보세요.

① $\dfrac{5}{6} + \dfrac{2}{5} = \dfrac{25}{30} + \dfrac{\Box}{30} = \dfrac{\Box}{30} = \Box\dfrac{\Box}{30}$

② $\dfrac{7}{8} + \dfrac{7}{12} = \dfrac{21}{24} + \dfrac{\Box}{24} = \dfrac{\Box}{24} = \Box\dfrac{\Box}{24}$

③ $\dfrac{8}{9} + \dfrac{5}{6} = \dfrac{\Box}{18} + \dfrac{\Box}{18} = \dfrac{\Box}{18} = \Box\dfrac{\Box}{18}$

④ $\dfrac{8}{15} + \dfrac{13}{20} = \dfrac{\Box}{60} + \dfrac{\Box}{60} = \dfrac{\Box}{60} = \Box\dfrac{\Box}{60}$

⑤ $\dfrac{5}{8} + \dfrac{7}{12} = \dfrac{\Box}{24} + \dfrac{\Box}{24} = \dfrac{\Box}{24} = \Box\dfrac{\Box}{24}$

## 기초 계산 연습



$6\quad \dfrac{1}{4}+\dfrac{5}{6}=\dfrac{\square}{12}+\dfrac{\square}{12}=\dfrac{\square}{12}=\square\dfrac{\square}{12}$

$7\quad \dfrac{3}{5}+\dfrac{19}{20}=\dfrac{\square}{20}+\dfrac{\square}{20}=\dfrac{\square}{20}=\square\dfrac{\square}{20}$

$8\quad \dfrac{5}{12}+\dfrac{11}{14}=\dfrac{\square}{84}+\dfrac{\square}{84}=\dfrac{\square}{84}=\square\dfrac{\square}{84}$

$9\quad \dfrac{4}{7}+\dfrac{3}{5}=\dfrac{\square}{35}+\dfrac{\square}{35}=\dfrac{\square}{35}=\square\dfrac{\square}{35}$

$10\quad \dfrac{6}{7}+\dfrac{1}{2}$

$11\quad \dfrac{6}{13}+\dfrac{2}{3}$

$12\quad \dfrac{8}{9}+\dfrac{6}{7}$

$13\quad \dfrac{9}{10}+\dfrac{2}{3}$

$14\quad \dfrac{2}{3}+\dfrac{5}{6}$

$15\quad \dfrac{4}{5}+\dfrac{1}{3}$

$16\quad \dfrac{5}{8}+\dfrac{3}{4}$

$17\quad \dfrac{13}{16}+\dfrac{5}{12}$

# 받아올림이 있는 진분수의 덧셈

빈 곳에 알맞은 기약분수를 써넣으세요.

**1** $\dfrac{4}{9}$ → $+\dfrac{5}{6}$ →

**2** $\dfrac{3}{8}$ → $+\dfrac{8}{9}$ →

**3** $\dfrac{4}{5}$ → $+\dfrac{19}{20}$ →

**4** $\dfrac{3}{4}$ → $+\dfrac{1}{3}$ →

**5** $\dfrac{5}{6}$ → $+\dfrac{3}{8}$ →

**6** $\dfrac{7}{12}$ → $+\dfrac{3}{5}$ →



☐ 안에 알맞은 기약분수를 써넣으세요.

**7** $\dfrac{7}{8}$ $\dfrac{5}{12}$

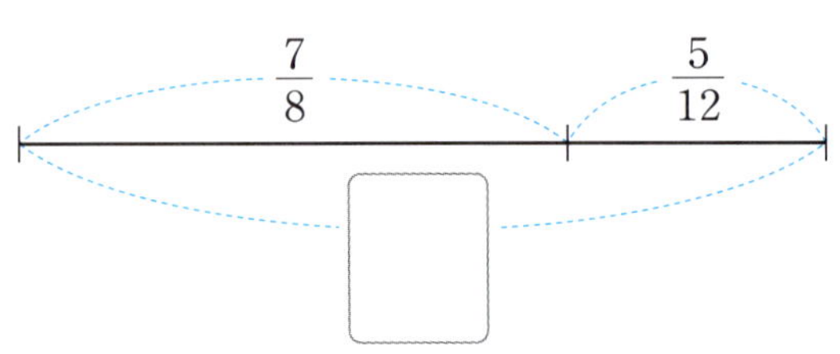

**8** $\dfrac{2}{5}$ $\dfrac{3}{4}$

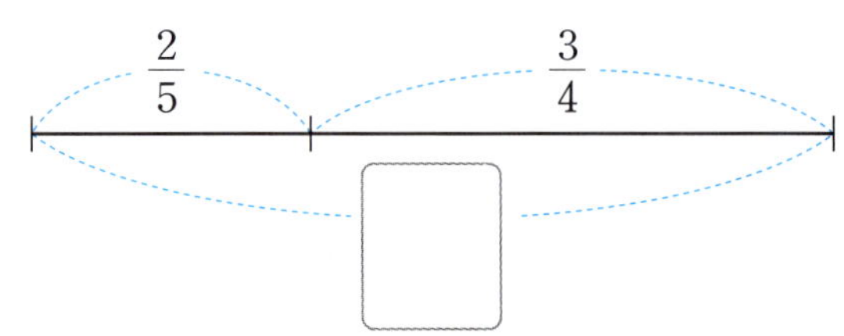

**9** $\dfrac{8}{9}$ $\dfrac{2}{3}$

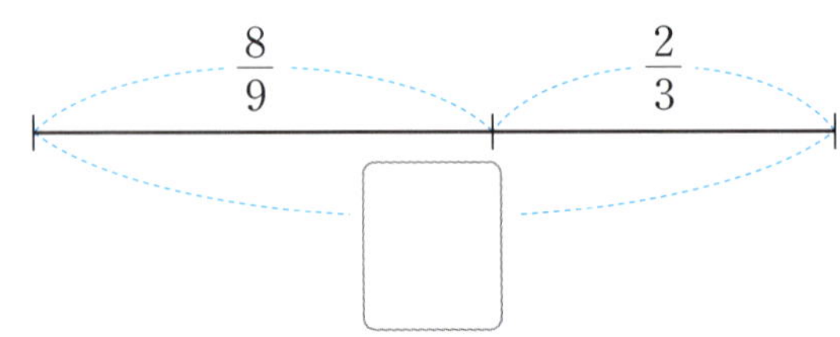

**10** $\dfrac{7}{12}$ $\dfrac{11}{20}$

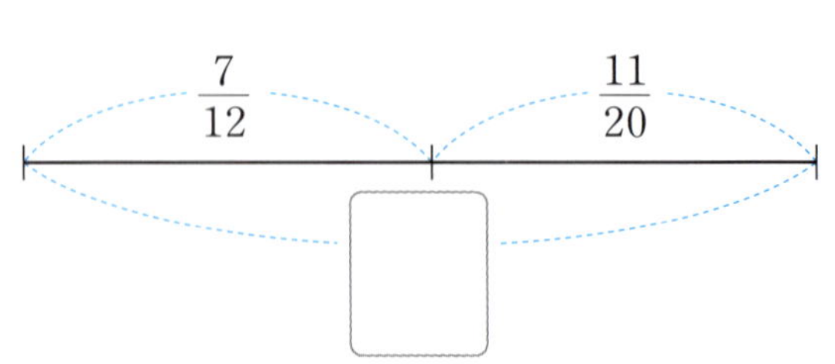

**11** $\dfrac{9}{10}$ $\dfrac{4}{5}$

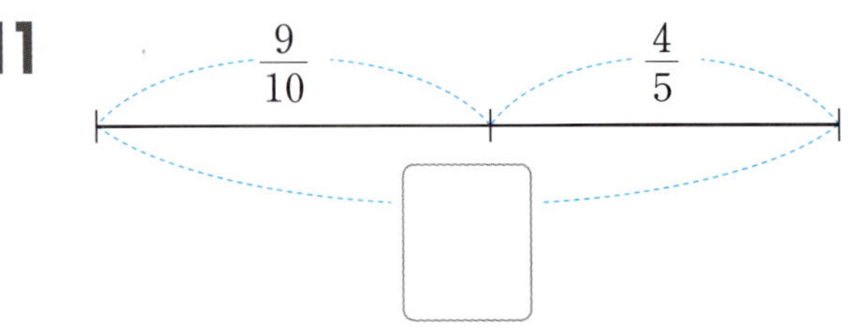

**12** $\dfrac{10}{13}$ $\dfrac{1}{4}$

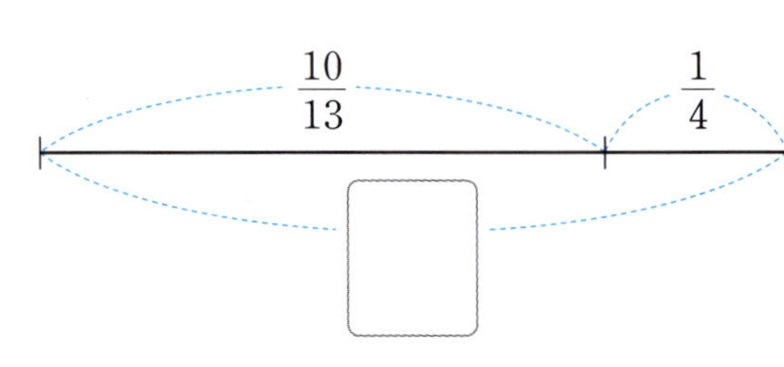

## 플러스 계산 연습

### 생활 속 계산

수조에 물을 더 부은 후 수조에 있는 전체 물의 양을 기약분수로 나타내어 보세요.

**13** 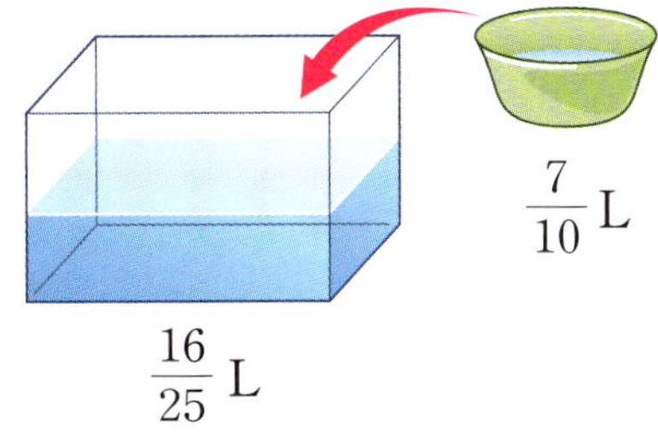


$$\dfrac{16}{25} + \dfrac{7}{10} = \boxed{\phantom{00}} \ (\text{L})$$

**14** 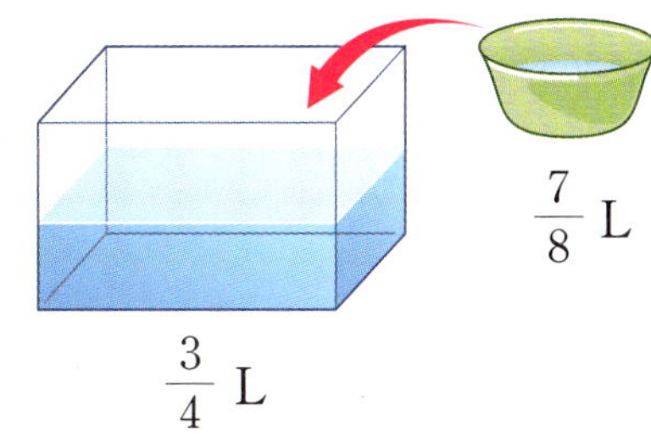


$$\dfrac{3}{4} + \dfrac{7}{8} = \boxed{\phantom{00}} \ (\text{L})$$

**15** 

$$\boxed{\phantom{00}} + \boxed{\phantom{00}} = \boxed{\phantom{00}} \ (\text{L})$$

**16** 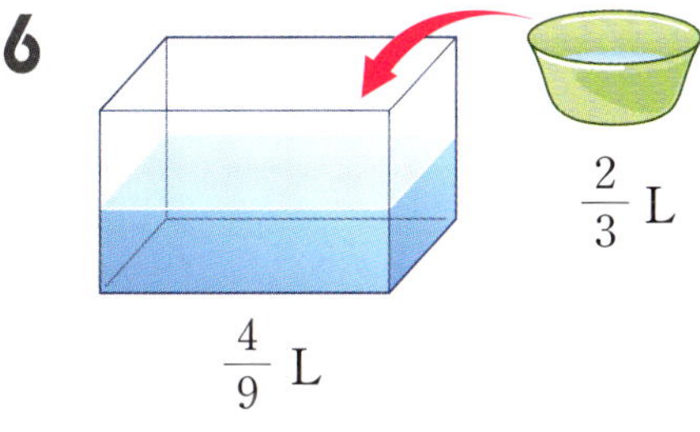


$$\boxed{\phantom{00}} + \boxed{\phantom{00}} = \boxed{\phantom{00}} \ (\text{L})$$

**4**

분수의 덧셈과 뺄셈

129

### 문장 읽고 계산식 세우기

**17** 딸기는 $\dfrac{7}{12}$ kg 따고 토마토는 딸기보다 $\dfrac{11}{15}$ kg 더 많이 땄다면 딴 토마토는 몇 kg?

식 $\quad \dfrac{7}{12} + \boxed{\phantom{00}} = \boxed{\phantom{00}} \ (\text{kg})$

**18** 매실은 $\dfrac{8}{11}$ kg 따고 키위는 매실보다 $\dfrac{2}{3}$ kg 더 많이 땄다면 딴 키위는 몇 kg?

식 $\quad \boxed{\phantom{00}} + \boxed{\phantom{00}} = \boxed{\phantom{00}} \ (\text{kg})$

# 받아올림이 없는 대분수의 덧셈

**이렇게 해결하자**

**방법 1** 자연수는 자연수끼리, 분수는 분수끼리 계산하기

$$5\frac{1}{2}+2\frac{1}{6}=5\frac{3}{6}+2\frac{1}{6}=(5+2)+\left(\frac{3}{6}+\frac{1}{6}\right)=7+\frac{4}{6}=7\frac{4}{6}=7\frac{2}{3}$$

**방법 2** 대분수를 가분수로 나타내어 계산하기

$$5\frac{1}{2}+2\frac{1}{6}=\frac{11}{2}+\frac{13}{6}=\frac{33}{6}+\frac{13}{6}=\frac{46}{6}=7\frac{4}{6}=7\frac{2}{3}$$



계산을 하여 기약분수로 나타내어 보세요.

**①** $1\dfrac{2}{3}+1\dfrac{1}{4}=1\dfrac{\Box}{12}+1\dfrac{\Box}{12}=(1+1)+\left(\dfrac{\Box}{12}+\dfrac{\Box}{12}\right)$

$\qquad=2+\dfrac{\Box}{12}=2\dfrac{\Box}{12}$



**②** $3\dfrac{1}{6}+2\dfrac{3}{4}=3\dfrac{\Box}{12}+2\dfrac{\Box}{12}=(3+2)+\left(\dfrac{\Box}{12}+\dfrac{\Box}{12}\right)$

$\qquad=5+\dfrac{\Box}{12}=5\dfrac{\Box}{12}$

**③** $1\dfrac{4}{9}+2\dfrac{1}{3}=\dfrac{13}{9}+\dfrac{\Box}{3}=\dfrac{13}{9}+\dfrac{\Box}{9}=\dfrac{\Box}{9}=3\dfrac{\Box}{9}$

**④** $3\dfrac{5}{7}+1\dfrac{5}{21}=\dfrac{\Box}{7}+\dfrac{26}{21}=\dfrac{\Box}{21}+\dfrac{26}{21}=\dfrac{\Box}{21}=\Box\dfrac{\Box}{21}$

## 기초 계산 연습



⑤ $2\dfrac{2}{5}+3\dfrac{3}{10}$

⑥ $1\dfrac{1}{8}+2\dfrac{5}{6}$

⑦ $5\dfrac{3}{7}+1\dfrac{1}{3}$

⑧ $5\dfrac{1}{5}+2\dfrac{2}{15}$

⑨ $4\dfrac{3}{10}+1\dfrac{1}{12}$

⑩ $2\dfrac{2}{9}+4\dfrac{1}{6}$

⑪ $1\dfrac{2}{7}+2\dfrac{3}{5}$

⑫ $2\dfrac{4}{11}+2\dfrac{1}{2}$

⑬ $1\dfrac{1}{4}+1\dfrac{1}{6}$

⑭ $3\dfrac{1}{9}+1\dfrac{4}{15}$

⑮ $2\dfrac{1}{7}+3\dfrac{1}{6}$

⑯ $2\dfrac{2}{9}+3\dfrac{2}{3}$

# 받아올림이 없는 대분수의 덧셈

두 분수의 합을 빈 곳에 기약분수로 써넣으세요.

**1** 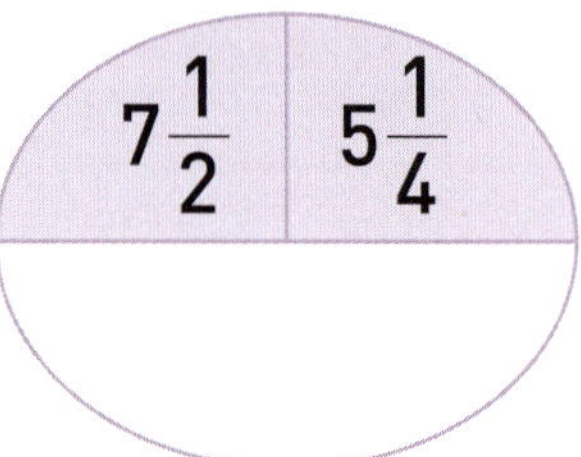

$2\dfrac{1}{4}$ | $1\dfrac{5}{12}$

**2**

$3\dfrac{1}{5}$ | $1\dfrac{4}{9}$

**3**

$7\dfrac{1}{2}$ | $5\dfrac{1}{4}$

**4**

$3\dfrac{1}{2}$ | $6\dfrac{2}{5}$

**5**

$4\dfrac{1}{2}$ | $2\dfrac{1}{3}$

**6**

$1\dfrac{1}{6}$ | $1\dfrac{1}{12}$

빈 곳에 알맞은 기약분수를 써넣으세요.

**7**

$1\dfrac{2}{5}$ | $+6\dfrac{1}{3}$

**8**

$1\dfrac{3}{8}$ | $+7\dfrac{1}{6}$

**9**

$1\dfrac{3}{4}$ | $+2\dfrac{1}{6}$

**10**

$2\dfrac{3}{10}$ | $+1\dfrac{1}{4}$



4 분수의 덧셈과 뺄셈

## 플러스 계산 연습

**생활 속 계산**

 집에서 건물을 거쳐 학교까지의 거리를 기약분수로 나타내어 보세요.

**11** 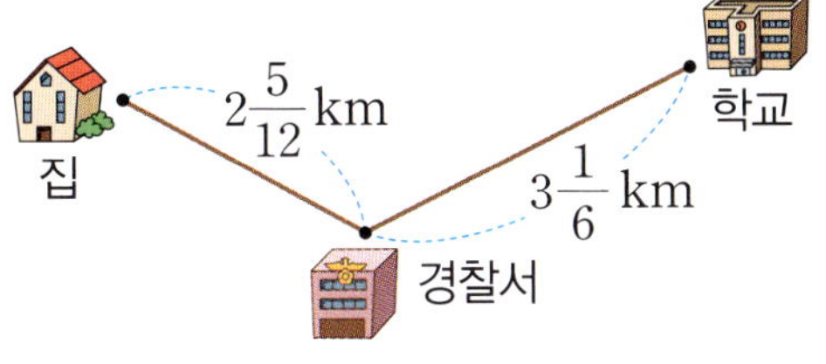


$$2\frac{5}{12} + 3\frac{1}{6} = \boxed{\phantom{00}} \ (km)$$

**12** 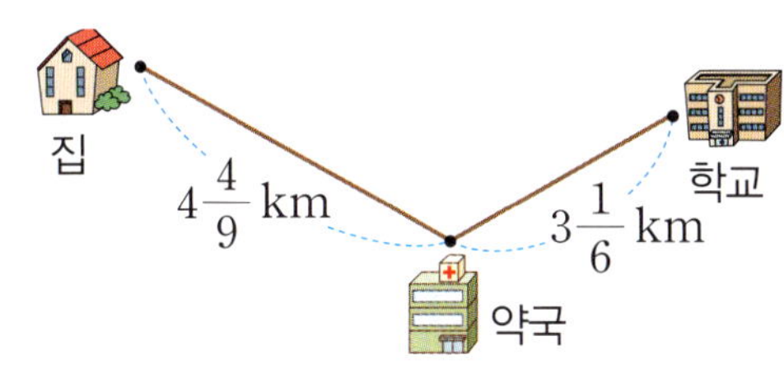


$$4\frac{4}{9} + 3\frac{1}{6} = \boxed{\phantom{00}} \ (km)$$

**13** 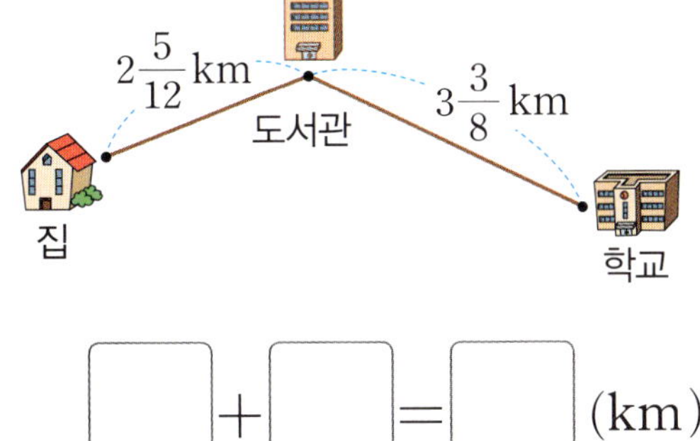


$$\boxed{\phantom{00}} + \boxed{\phantom{00}} = \boxed{\phantom{00}} \ (km)$$

**14** 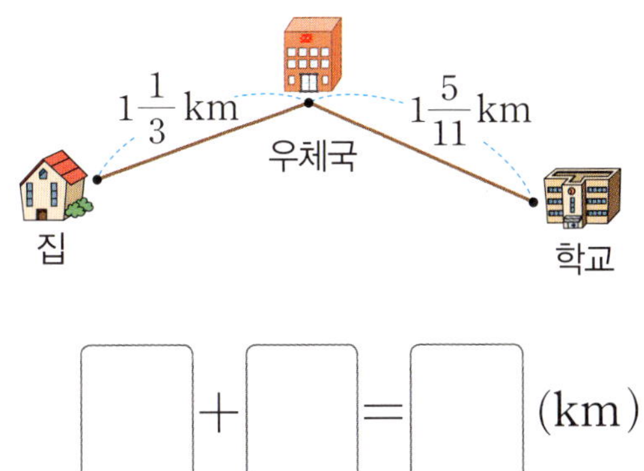


$$\boxed{\phantom{00}} + \boxed{\phantom{00}} = \boxed{\phantom{00}} \ (km)$$



**문장 읽고 계산식 세우기**

**15**
동화책을 우진이는 $1\frac{1}{2}$시간, 혜경이는 $1\frac{2}{5}$시간 읽었다면 두 사람이 동화책을 읽은 시간은?

식 $\quad 1\frac{1}{2} + \boxed{\phantom{00}} = \boxed{\phantom{00}}$ (시간)

**16**
위인전을 석훈이는 $1\frac{5}{12}$시간, 수민이는 $2\frac{3}{8}$시간 읽었다면 두 사람이 위인전을 읽은 시간은?

식 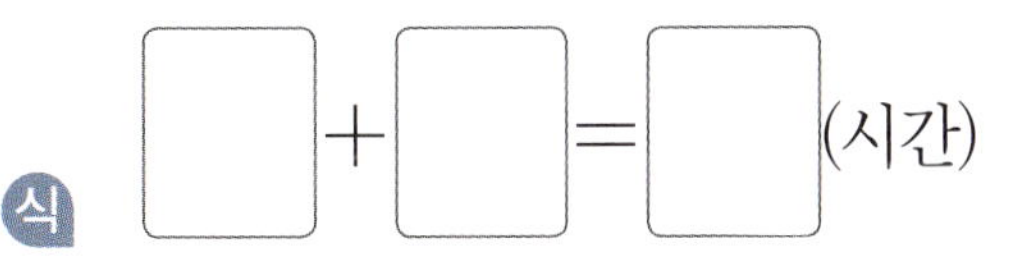 $\quad \boxed{\phantom{00}} + \boxed{\phantom{00}} = \boxed{\phantom{00}}$ (시간)

# 받아올림이 있는 대분수의 덧셈

**이렇게 해결하자**

**방법 1**  자연수는 자연수끼리, 분수는 분수끼리 계산하기

$$1\frac{3}{4}+2\frac{2}{5}=1\frac{15}{20}+2\frac{8}{20}=(1+2)+\left(\frac{15}{20}+\frac{8}{20}\right)$$

$$=3+\frac{23}{20}=3+1\frac{3}{20}=4\frac{3}{20}$$

**방법 2**  대분수를 가분수로 나타내어 계산하기

$$1\frac{3}{4}+2\frac{2}{5}=\frac{7}{4}+\frac{12}{5}=\frac{35}{20}+\frac{48}{20}=\frac{83}{20}=4\frac{3}{20}$$



계산을 하여 기약분수로 나타내어 보세요.

**①** $1\dfrac{5}{6}+1\dfrac{3}{4}=1\dfrac{10}{12}+1\dfrac{\square}{12}=(1+1)+\left(\dfrac{10}{12}+\dfrac{\square}{12}\right)$

$$=2+\dfrac{\square}{12}=2+\square\dfrac{\square}{12}=\square$$

**②** $2\dfrac{4}{5}+3\dfrac{2}{3}=2\dfrac{12}{15}+3\dfrac{\square}{15}=(2+3)+\left(\dfrac{12}{15}+\dfrac{\square}{15}\right)$

$$=5+\dfrac{\square}{15}=5+\square\dfrac{\square}{15}=\square$$

**③** $2\dfrac{1}{3}+1\dfrac{5}{6}=\dfrac{7}{3}+\dfrac{11}{6}=\dfrac{\square}{6}+\dfrac{11}{6}=\dfrac{\square}{6}=\square$

**④** $1\dfrac{1}{2}+3\dfrac{2}{3}=\dfrac{3}{2}+\dfrac{11}{3}=\dfrac{\square}{6}+\dfrac{\square}{6}=\dfrac{\square}{6}=\square$

## 기초 계산 연습



⑤ $2\dfrac{3}{4}+3\dfrac{5}{6}$

⑥ $2\dfrac{5}{9}+2\dfrac{16}{27}$

⑦ $4\dfrac{5}{8}+1\dfrac{6}{7}$

⑧ $6\dfrac{4}{9}+1\dfrac{5}{6}$

⑨ $3\dfrac{4}{5}+1\dfrac{2}{3}$

⑩ $4\dfrac{5}{6}+5\dfrac{8}{15}$

⑪ $3\dfrac{7}{10}+4\dfrac{5}{12}$

⑫ $1\dfrac{17}{30}+2\dfrac{11}{18}$

⑬ $6\dfrac{2}{3}+2\dfrac{5}{13}$

⑭ $3\dfrac{5}{6}+1\dfrac{7}{15}$

⑮ $3\dfrac{13}{14}+4\dfrac{6}{7}$

⑯ $2\dfrac{13}{28}+1\dfrac{5}{8}$

# 받아올림이 있는 대분수의 덧셈



두 분수의 합을 기약분수로 나타내어 보세요.

**1**    $2\dfrac{2}{3}$    $1\dfrac{1}{2}$

**2**    $3\dfrac{3}{4}$    $1\dfrac{7}{12}$

**3**    $3\dfrac{3}{4}$    $2\dfrac{2}{7}$

**4**    $4\dfrac{11}{18}$    $3\dfrac{5}{9}$

 ☐ 안에 알맞은 기약분수를 써넣으세요.

**5**

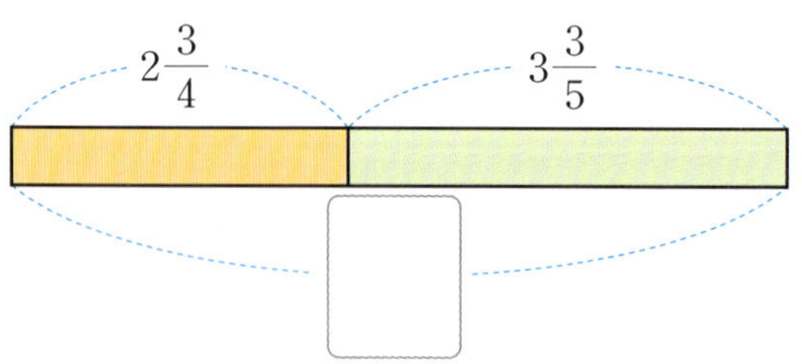


**6**

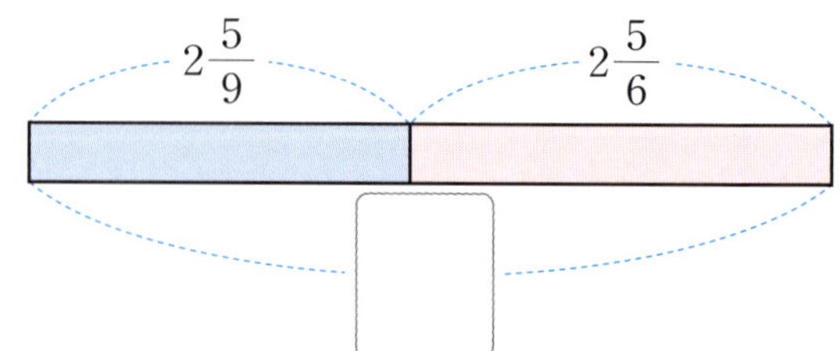


**7**

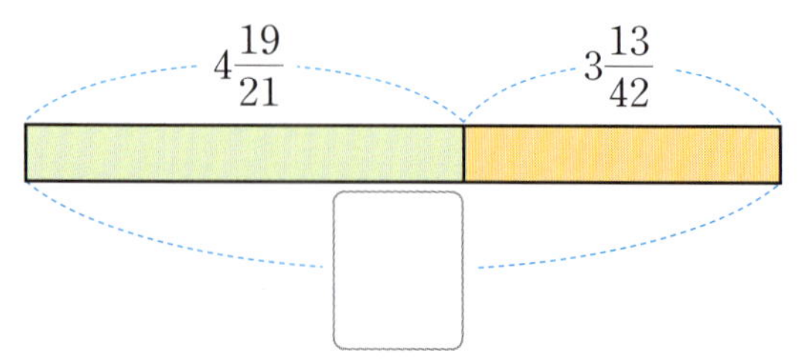


**8**

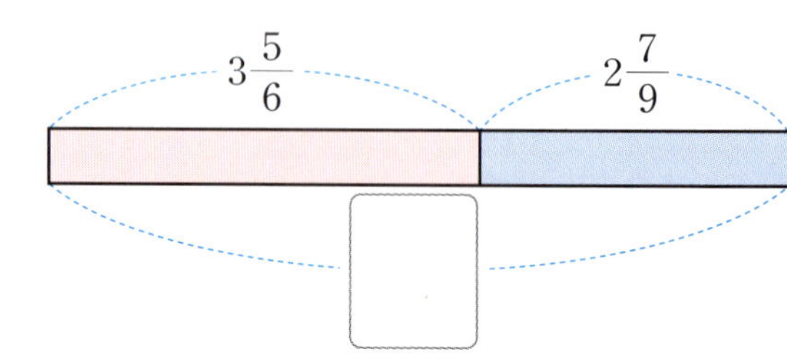

## 플러스 계산 연습



### 생활 속 계산

채소의 무게가 다음과 같습니다. 두 채소의 무게의 합을 기약분수로 나타내어 보세요.

| 채소 | 호박 | 감자 | 고구마 | 배추 |
|------|------|------|--------|------|
| 무게 | $5\frac{5}{6}$ kg | $1\frac{4}{9}$ kg | $1\frac{4}{7}$ kg | $2\frac{3}{4}$ kg |

**9** 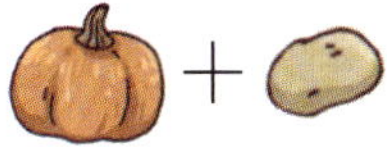

➡ $5\dfrac{5}{6} + \boxed{\phantom{00}} = \boxed{\phantom{00}}$ (kg)

**10** 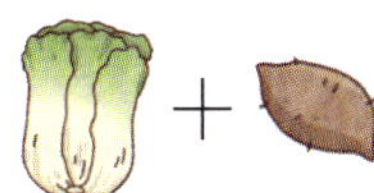

➡ $\boxed{\phantom{00}} + 1\dfrac{4}{7} = \boxed{\phantom{00}}$ (kg)

**11** 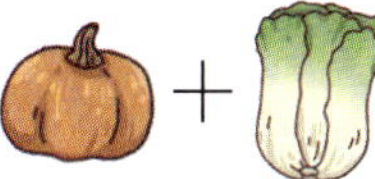

➡ $\boxed{\phantom{00}} + \boxed{\phantom{00}} = \boxed{\phantom{00}}$ (kg)

**12** 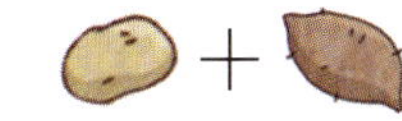

➡ $\boxed{\phantom{00}} + \boxed{\phantom{00}} = \boxed{\phantom{00}}$ (kg)

### 문장 읽고 계산식 세우기

**13** 연경이가 어제는 $1\dfrac{5}{8}$ km, 오늘은 $2\dfrac{11}{20}$ km 달렸다면 어제와 오늘 달린 거리의 합은 몇 km?

식 $\boxed{\phantom{00}} + \boxed{\phantom{00}} = \boxed{\phantom{00}}$ (km)

**14** 혜빈이가 어제는 $2\dfrac{7}{8}$ km, 오늘은 $1\dfrac{3}{5}$ km 걸었다면 어제와 오늘 걸은 거리의 합은 몇 km?

식 $\boxed{\phantom{00}} + \boxed{\phantom{00}} = \boxed{\phantom{00}}$ (km)

계산을 하여 기약분수로 나타내어 보세요.

① $\dfrac{1}{5} + \dfrac{3}{7}$

② $\dfrac{5}{8} + \dfrac{1}{4}$

③ $\dfrac{5}{6} + \dfrac{2}{5}$

④ $\dfrac{7}{10} + \dfrac{7}{15}$

⑤ $\dfrac{5}{9} + \dfrac{1}{4}$

⑥ $\dfrac{3}{8} + \dfrac{4}{9}$

⑦ $3\dfrac{2}{9} + 1\dfrac{2}{21}$

⑧ $2\dfrac{1}{6} + 1\dfrac{5}{16}$

⑨ $4\dfrac{2}{9} + 1\dfrac{1}{4}$

⑩ $2\dfrac{4}{15} + 2\dfrac{3}{10}$

⑪ $1\dfrac{5}{6} + 3\dfrac{7}{10}$

⑫ $4\dfrac{7}{10} + 2\dfrac{13}{15}$



4 분수의 덧셈과 뺄셈

두 분수의 합을 기약분수로 나타내어 보세요.

⑬ | $\dfrac{5}{8}$ | $\dfrac{9}{16}$ |

⑭ | $\dfrac{2}{5}$ | $\dfrac{11}{15}$ |

⑮ | $1\dfrac{7}{10}$ | $2\dfrac{3}{16}$ |

⑯ | $3\dfrac{3}{10}$ | $1\dfrac{5}{12}$ |

⑰ | $2\dfrac{2}{7}$ | $2\dfrac{3}{8}$ |

⑱ | $1\dfrac{11}{12}$ | $1\dfrac{4}{9}$ |

⑲ | $4\dfrac{11}{12}$ | $1\dfrac{9}{20}$ |

⑳ | $3\dfrac{9}{14}$ | $3\dfrac{13}{21}$ |

# 진분수의 뺄셈



$$\frac{8}{9} - \frac{3}{4} = \frac{8 \times 4}{9 \times 4} - \frac{3 \times 9}{4 \times 9} = \frac{32}{36} - \frac{27}{36} = \frac{5}{36}$$

9와 4의 최소공배수: 36

두 분수를 통분한 다음 통분한 분모는 그대로 두고 분자끼리 빼요.

계산을 하여 기약분수로 나타내어 보세요.

❶ $\dfrac{5}{6} - \dfrac{1}{4} = \dfrac{10}{12} - \dfrac{\Box}{12} = \dfrac{\Box}{12}$

❷ $\dfrac{2}{3} - \dfrac{3}{5} = \dfrac{10}{15} - \dfrac{\Box}{15} = \dfrac{\Box}{15}$

❸ $\dfrac{5}{8} - \dfrac{1}{2} = \dfrac{\Box}{8} - \dfrac{\Box}{8} = \dfrac{\Box}{8}$

❹ $\dfrac{3}{4} - \dfrac{1}{5} = \dfrac{\Box}{20} - \dfrac{\Box}{20} = \dfrac{\Box}{20}$

❺ $\dfrac{6}{7} - \dfrac{2}{3} = \dfrac{\Box}{21} - \dfrac{\Box}{21} = \dfrac{\Box}{21}$

❻ $\dfrac{7}{10} - \dfrac{1}{15} = \dfrac{\Box}{30} - \dfrac{\Box}{30} = \dfrac{\Box}{30}$

❼ $\dfrac{8}{9} - \dfrac{5}{12} = \dfrac{\Box}{36} - \dfrac{\Box}{36} = \dfrac{\Box}{36}$

❽ $\dfrac{11}{12} - \dfrac{5}{18} = \dfrac{\Box}{36} - \dfrac{\Box}{36} = \dfrac{\Box}{36}$

# 기초 계산 연습



▶ 정답과 해설 25쪽

**9** $\dfrac{5}{6} - \dfrac{3}{4} = \dfrac{\square}{12} - \dfrac{\square}{12} = \dfrac{\square}{12}$

**10** $\dfrac{7}{8} - \dfrac{1}{4} = \dfrac{\square}{8} - \dfrac{\square}{8} = \dfrac{\square}{8}$

**11** $\dfrac{5}{8} - \dfrac{3}{10} = \dfrac{\square}{40} - \dfrac{\square}{40} = \dfrac{\square}{40}$

**12** $\dfrac{9}{16} - \dfrac{7}{32} = \dfrac{\square}{32} - \dfrac{\square}{32} = \dfrac{\square}{32}$

**13** $\dfrac{9}{11} - \dfrac{1}{3} = \dfrac{\square}{33} - \dfrac{\square}{33} = \dfrac{\square}{33}$

**14** $\dfrac{7}{13} - \dfrac{11}{52} = \dfrac{\square}{52} - \dfrac{\square}{52} = \dfrac{\square}{52}$

**15** $\dfrac{3}{4} - \dfrac{3}{5}$

**16** $\dfrac{5}{6} - \dfrac{1}{3}$

**17** $\dfrac{1}{4} - \dfrac{1}{8}$

**18** $\dfrac{5}{8} - \dfrac{11}{32}$

**19** $\dfrac{13}{24} - \dfrac{3}{8}$

**20** $\dfrac{7}{8} - \dfrac{3}{10}$

**21** $\dfrac{17}{22} - \dfrac{14}{33}$

**22** $\dfrac{8}{9} - \dfrac{5}{18}$

# ⑤ 일차 — 진분수의 뺄셈

두 분수의 차를 빈 곳에 기약분수로 써넣으세요.

**1**
$$\dfrac{5}{6} \quad \dfrac{4}{9}$$

**2**

$$\dfrac{6}{7} \quad \dfrac{5}{14}$$

**3**
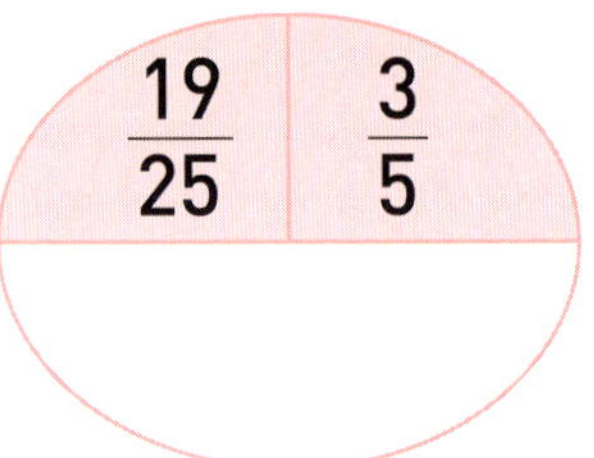
$$\dfrac{19}{25} \quad \dfrac{3}{5}$$

**4**
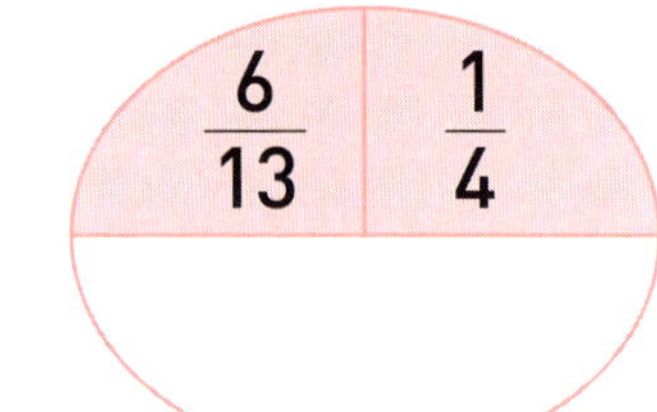
$$\dfrac{6}{13} \quad \dfrac{1}{4}$$

빈 곳에 알맞은 기약분수를 써넣으세요.

**5**
$$\dfrac{3}{8} \quad -\dfrac{1}{6} \quad \square$$

**6**
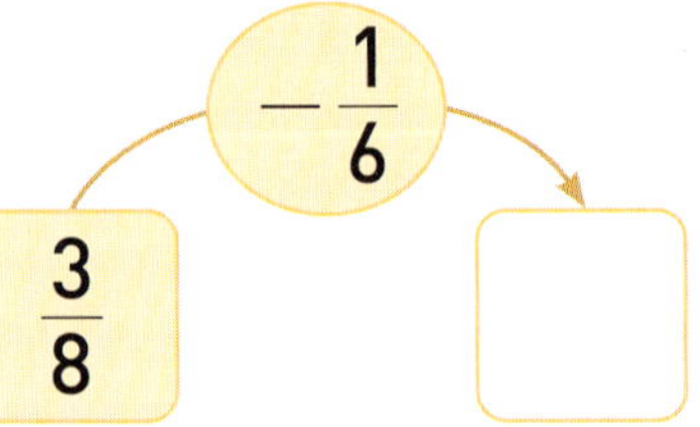
$$\dfrac{11}{12} \quad -\dfrac{3}{8} \quad \square$$

**7**
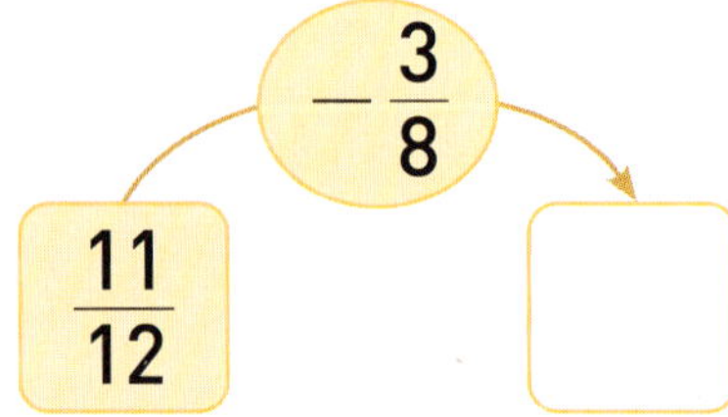
$$\dfrac{1}{6} \quad -\dfrac{1}{7} \quad \square$$

**8**
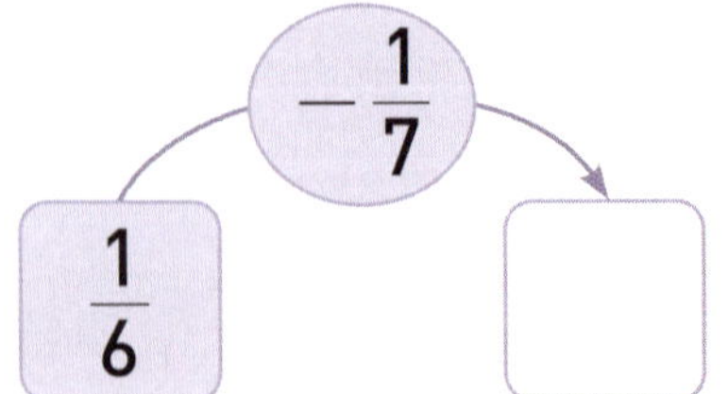
$$\dfrac{9}{10} \quad -\dfrac{1}{4} \quad \square$$

**9**
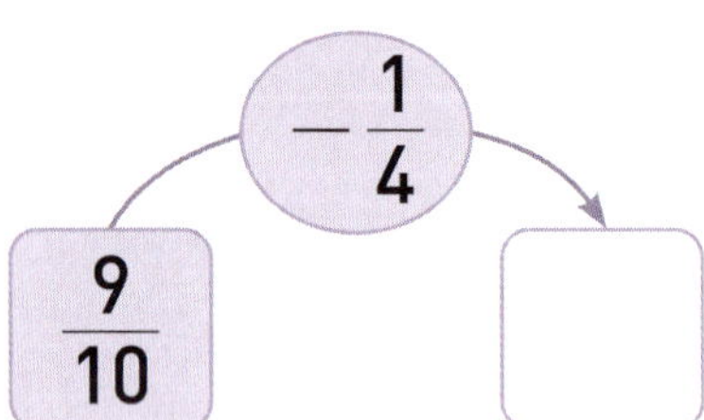
$$\dfrac{5}{14} \quad -\dfrac{1}{3} \quad \square$$

**10**
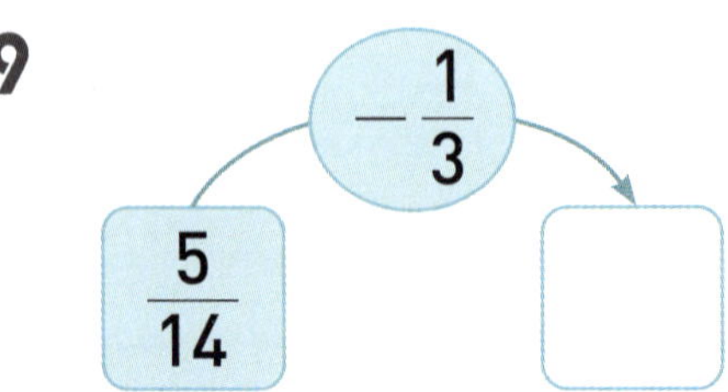
$$\dfrac{5}{7} \quad -\dfrac{2}{5} \quad \square$$

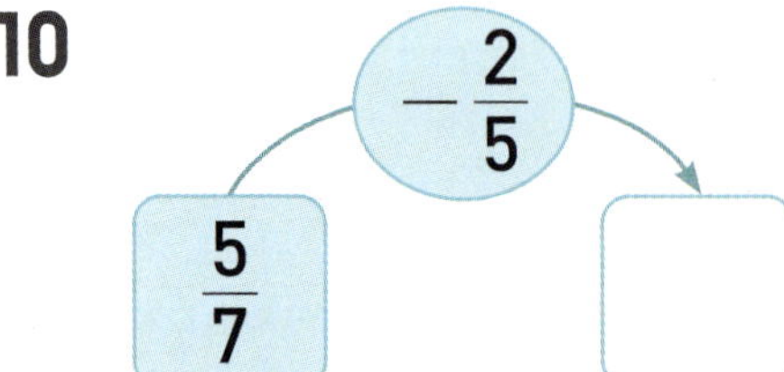

분수의 덧셈과 뺄셈

## 플러스 계산 연습



### 생활 속 계산

🐻 두 음료수 양의 차를 기약분수로 나타내어 보세요.

| 음료수 | 양(L) | 음료수 | 양(L) | 음료수 | 양(L) | 음료수 | 양(L) |
|---|---|---|---|---|---|---|---|
| 오렌지 주스 | $\dfrac{3}{4}$ | 딸기 주스 | $\dfrac{3}{8}$ | 흰 우유 | $\dfrac{2}{3}$ | 포도 주스 | $\dfrac{5}{7}$ |
| 자몽 주스 | $\dfrac{8}{9}$ | 초코 우유 | $\dfrac{9}{10}$ | 망고 주스 | $\dfrac{3}{7}$ | 채소 주스 | $\dfrac{7}{12}$ |

**11** 

➡ $\dfrac{8}{9} - \dfrac{5}{7} = \boxed{\phantom{00}}$ (L)

**12** 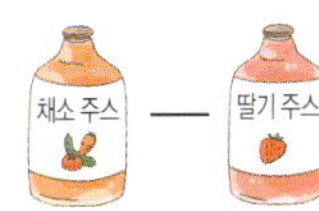

➡ $\dfrac{7}{12} - \boxed{\phantom{00}} = \boxed{\phantom{00}}$ (L)

**13** 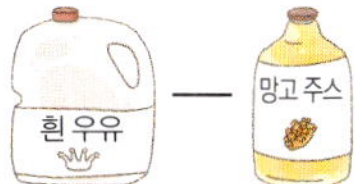

➡ $\boxed{\phantom{00}} - \boxed{\phantom{00}} = \boxed{\phantom{00}}$ (L)

**14** 

➡ $\boxed{\phantom{00}} - \boxed{\phantom{00}} = \boxed{\phantom{00}}$ (L)

### 문장 읽고 계산식 세우기

**15** 식용유 $\dfrac{10}{11}$ L 중 튀김을 만드는 데 $\dfrac{5}{7}$ L를 사용했다면 남은 식용유는 몇 L?

식　$\dfrac{10}{11} - \boxed{\phantom{00}} = \boxed{\phantom{00}}$ (L)

**16** 참기름 $\dfrac{5}{6}$ L 중 음식을 만드는 데 $\dfrac{5}{12}$ L를 사용했다면 남은 참기름은 몇 L?

식　$\boxed{\phantom{00}} - \boxed{\phantom{00}} = \boxed{\phantom{00}}$ (L)

# 받아내림이 없는 대분수의 뺄셈

이렇게 해결하자

방법 1 자연수는 자연수끼리, 분수는 분수끼리 계산하기

$$5\frac{1}{2}-2\frac{1}{3}=5\frac{3}{6}-2\frac{2}{6}=(5-2)+\left(\frac{3}{6}-\frac{2}{6}\right)=3+\frac{1}{6}=3\frac{1}{6}$$

방법 2 대분수를 가분수로 나타내어 계산하기

$$5\frac{1}{2}-2\frac{1}{3}=\frac{11}{2}-\frac{7}{3}=\frac{33}{6}-\frac{14}{6}=\frac{19}{6}=3\frac{1}{6}$$

계산 결과는 **대분수**로 나타냅니다.



계산을 하여 기약분수로 나타내어 보세요.

① $3\dfrac{1}{2}-1\dfrac{1}{5}=3\dfrac{\square}{10}-1\dfrac{\square}{10}=(3-1)+\left(\dfrac{\square}{10}-\dfrac{\square}{10}\right)$

$=2+\dfrac{\square}{10}=\square\dfrac{\square}{10}$



② $5\dfrac{4}{5}-2\dfrac{3}{7}=5\dfrac{\square}{35}-2\dfrac{\square}{35}=(5-2)+\left(\dfrac{\square}{35}-\dfrac{\square}{35}\right)$

$=3+\dfrac{\square}{35}=\square\dfrac{\square}{35}$

③ $4\dfrac{1}{2}-1\dfrac{1}{3}=\dfrac{9}{2}-\dfrac{\square}{3}=\dfrac{27}{6}-\dfrac{\square}{6}=\dfrac{\square}{6}=\square\dfrac{\square}{6}$

④ $3\dfrac{5}{6}-1\dfrac{3}{4}=\dfrac{23}{6}-\dfrac{\square}{4}=\dfrac{46}{12}-\dfrac{\square}{12}=\dfrac{\square}{12}=\square\dfrac{\square}{12}$

## 기초 계산 연습

⑤ $5\dfrac{2}{5} - 2\dfrac{1}{6}$

⑥ $6\dfrac{3}{4} - 3\dfrac{7}{20}$

⑦ $4\dfrac{5}{6} - 1\dfrac{3}{20}$

⑧ $7\dfrac{7}{11} - 5\dfrac{1}{4}$

⑨ $2\dfrac{17}{32} - 1\dfrac{1}{8}$

⑩ $9\dfrac{7}{15} - 6\dfrac{3}{10}$

⑪ $5\dfrac{1}{2} - 1\dfrac{2}{7}$

⑫ $3\dfrac{1}{5} - 1\dfrac{1}{8}$

⑬ $3\dfrac{7}{8} - 1\dfrac{7}{12}$

⑭ $4\dfrac{7}{8} - 2\dfrac{1}{2}$

⑮ $2\dfrac{5}{6} - 1\dfrac{4}{15}$

⑯ $6\dfrac{1}{3} - 2\dfrac{1}{4}$

# 6 일차

## 받아내림이 없는 대분수의 뺄셈

 두 분수의 차를 기약분수로 나타내어 보세요.

**1**
$$5\frac{7}{9} \quad 3\frac{5}{12}$$

**2**
$$5\frac{7}{11} \quad 2\frac{2}{5}$$

**3**
$$7\frac{2}{3} \quad 2\frac{1}{7}$$

**4**
$$3\frac{7}{12} \quad 2\frac{1}{10}$$

 ☐ 안에 알맞은 기약분수를 써넣으세요.

**5**
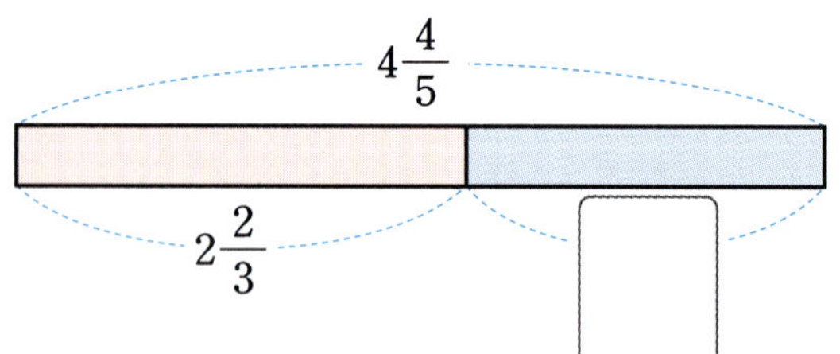


**6**
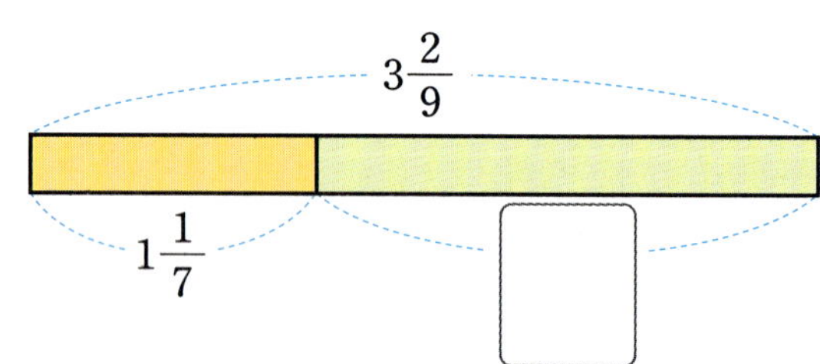


**7**
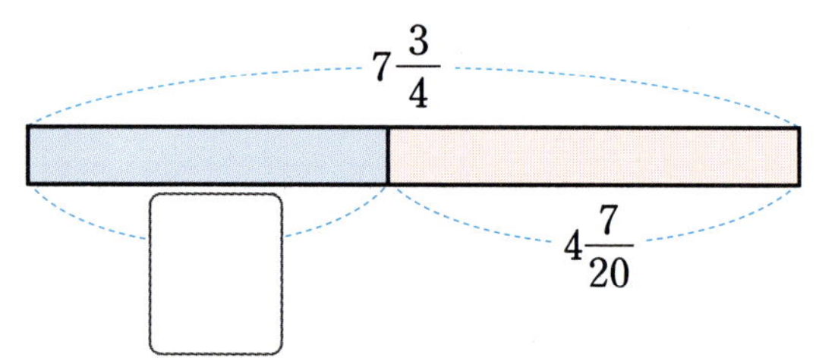


**8**
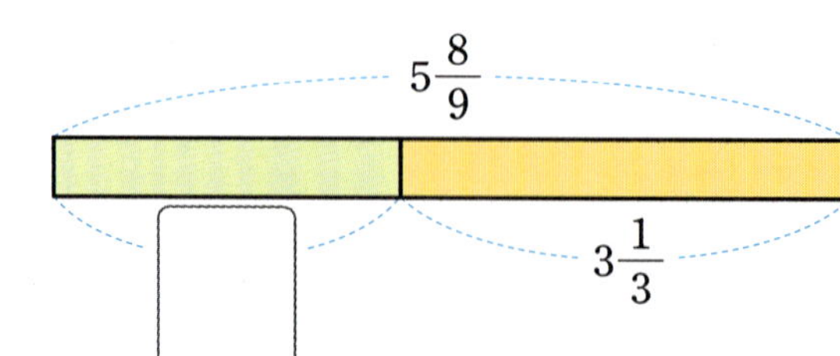

## 플러스 계산 연습



### 생활 속 계산

리본 테이프를 사용하여 선물 상자를 포장했습니다. 사용하고 남은 리본 테이프의 길이를 기약분수로 나타내어 보세요.

**9**

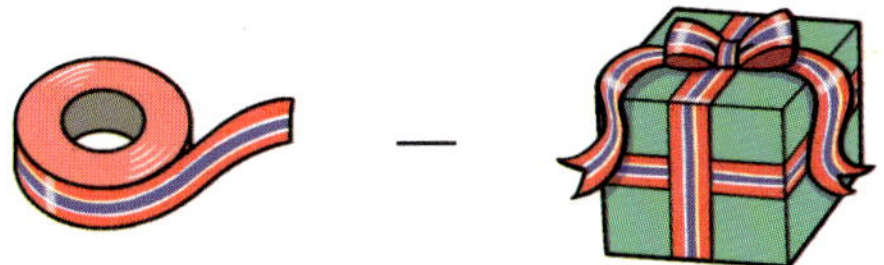

길이: $3\dfrac{5}{7}$ m　　사용한 길이: $2\dfrac{4}{9}$ m

$$3\dfrac{5}{7}-\boxed{\phantom{00}}=\boxed{\phantom{00}}\ \text{(m)}$$

**10**

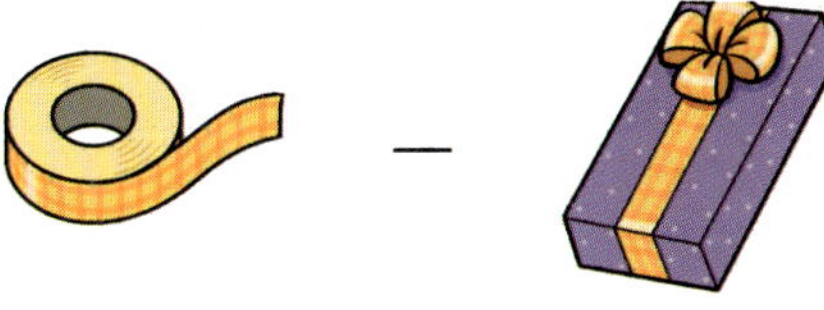

길이: $5\dfrac{5}{8}$ m　　사용한 길이: $1\dfrac{3}{10}$ m

$$\boxed{\phantom{00}}-1\dfrac{3}{10}=\boxed{\phantom{00}}\ \text{(m)}$$

**11**

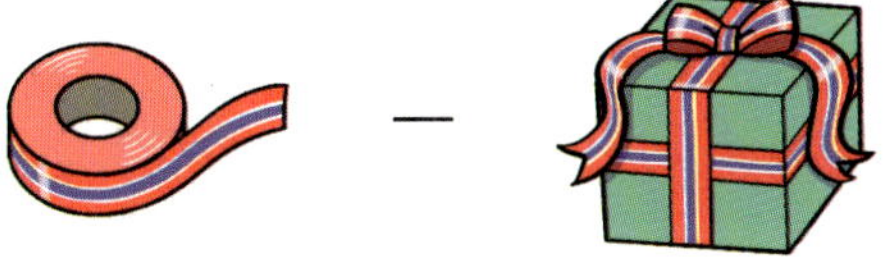

길이: $6\dfrac{7}{11}$ m　　사용한 길이: $4\dfrac{1}{3}$ m

$$\boxed{\phantom{00}}-\boxed{\phantom{00}}=\boxed{\phantom{00}}\ \text{(m)}$$

**12**

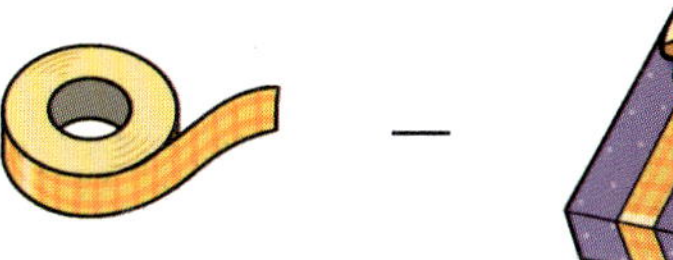

길이: $4\dfrac{1}{2}$ m　　사용한 길이: $1\dfrac{9}{25}$ m

$$\boxed{\phantom{00}}-\boxed{\phantom{00}}=\boxed{\phantom{00}}\ \text{(m)}$$

### 문장 읽고 계산식 세우기

**13**

우유 $2\dfrac{11}{18}$ L 중에서 $1\dfrac{3}{8}$ L를 마셨다면 남은 우유는 몇 L?

식　$2\dfrac{11}{18}-\boxed{\phantom{00}}=\boxed{\phantom{00}}$ (L)

**14**

밀가루 $3\dfrac{5}{6}$ kg 중에서 $1\dfrac{5}{24}$ kg을 사용했다면 남은 밀가루는 몇 kg?

식　$\boxed{\phantom{00}}-\boxed{\phantom{00}}=\boxed{\phantom{00}}$ (kg)

# 받아내림이 있는 대분수의 뺄셈



**방법 1** 자연수는 자연수끼리, 분수는 분수끼리 계산하기

$$5\frac{1}{2}-2\frac{4}{5}=5\frac{5}{10}-2\frac{8}{10}=4\frac{15}{10}-2\frac{8}{10}$$

분수끼리 뺄 수 없으면 자연수에서 1을 받아내림합니다.

$$=(4-2)+\left(\frac{15}{10}-\frac{8}{10}\right)=2+\frac{7}{10}=2\frac{7}{10}$$

**방법 2** 대분수를 가분수로 나타내어 계산하기

$$5\frac{1}{2}-2\frac{4}{5}=\frac{11}{2}-\frac{14}{5}=\frac{55}{10}-\frac{28}{10}=\frac{27}{10}=2\frac{7}{10}$$

계산 결과는 대분수로 나타냅니다.



계산을 하여 기약분수로 나타내어 보세요.

**1** $5\dfrac{1}{6}-3\dfrac{4}{9}=5\dfrac{3}{18}-3\dfrac{8}{18}=4\dfrac{\boxed{\phantom{0}}}{18}-3\dfrac{8}{18}$

$$=(4-3)+\left(\frac{\boxed{\phantom{0}}}{18}-\frac{\boxed{\phantom{0}}}{18}\right)=1+\frac{\boxed{\phantom{0}}}{18}=\boxed{\phantom{0}}$$

**2** $4\dfrac{2}{5}-1\dfrac{2}{3}=4\dfrac{6}{15}-1\dfrac{10}{15}=3\dfrac{\boxed{\phantom{0}}}{15}-1\dfrac{10}{15}$

$$=(3-1)+\left(\frac{\boxed{\phantom{0}}}{15}-\frac{\boxed{\phantom{0}}}{15}\right)=2+\frac{\boxed{\phantom{0}}}{15}=\boxed{\phantom{0}}$$

**3** $4\dfrac{1}{2}-1\dfrac{2}{3}=\dfrac{9}{2}-\dfrac{\boxed{\phantom{0}}}{3}=\dfrac{27}{6}-\dfrac{\boxed{\phantom{0}}}{6}=\dfrac{\boxed{\phantom{0}}}{6}=\boxed{\phantom{0}}$

**4** $3\dfrac{2}{5}-1\dfrac{4}{7}=\dfrac{17}{5}-\dfrac{\boxed{\phantom{0}}}{7}=\dfrac{\boxed{\phantom{0}}}{35}-\dfrac{\boxed{\phantom{0}}}{35}=\dfrac{\boxed{\phantom{0}}}{35}=\boxed{\phantom{0}}$

## 기초 계산 연습

⑤ $6\dfrac{1}{5}-3\dfrac{1}{2}$

⑥ $8\dfrac{2}{3}-5\dfrac{4}{5}$

⑦ $7\dfrac{1}{6}-4\dfrac{1}{2}$

⑧ $5\dfrac{2}{7}-3\dfrac{4}{9}$

⑨ $8\dfrac{2}{5}-4\dfrac{5}{9}$

⑩ $9\dfrac{1}{3}-6\dfrac{7}{12}$

⑪ $3\dfrac{1}{4}-1\dfrac{9}{14}$

⑫ $4\dfrac{3}{10}-2\dfrac{8}{9}$

⑬ $7\dfrac{1}{6}-3\dfrac{5}{8}$

⑭ $6\dfrac{2}{5}-2\dfrac{3}{7}$

⑮ $5\dfrac{1}{3}-1\dfrac{4}{9}$

⑯ $8\dfrac{1}{2}-2\dfrac{7}{9}$

# 받아내림이 있는 대분수의 뺄셈

**7** 일차

🐻 두 분수의 차를 빈 곳에 기약분수로 써넣으세요.

**1** $7\frac{5}{8}$ | $3\frac{3}{4}$

**2** $6\frac{5}{16}$ | $2\frac{19}{24}$

**3** $5\frac{2}{9}$ | $1\frac{13}{18}$

**4** $4\frac{4}{11}$ | $2\frac{7}{9}$

🐻 빈 곳에 알맞은 기약분수를 써넣으세요.

**5** $8\frac{3}{4}$ | $-4\frac{19}{20}$

**6** $5\frac{7}{22}$ | $-2\frac{2}{3}$

**7** $3\frac{2}{7}$ | $-1\frac{2}{3}$

**8** $4\frac{5}{12}$ | $-2\frac{19}{24}$

**9** $3\frac{1}{9}$ | $-1\frac{5}{6}$

**10** $7\frac{1}{3}$ | $-3\frac{2}{5}$

플러스 계산 연습

제한 시간 15분

## 생활 속 계산

 두 곡식의 무게의 차를 기약분수로 나타내어 보세요.

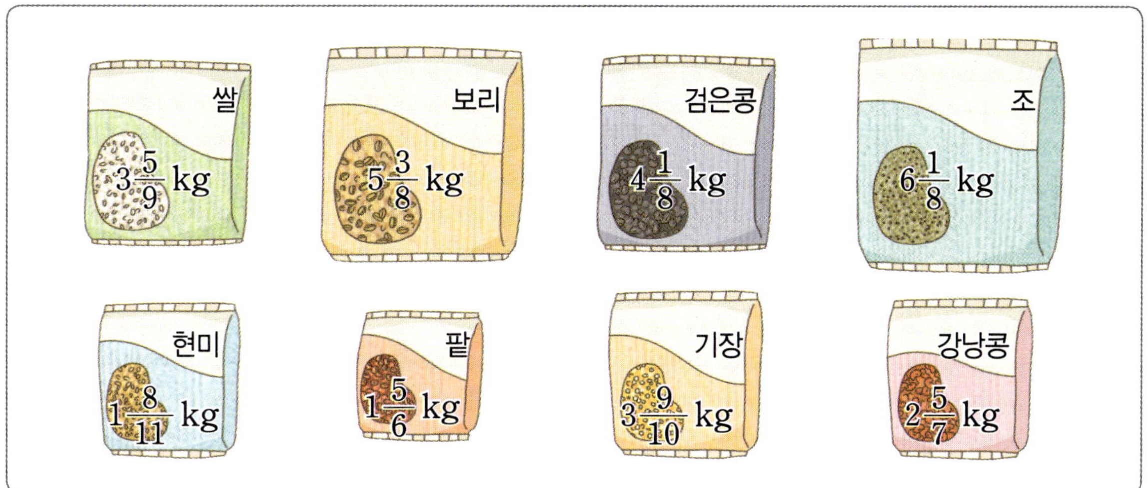


**11** (보리) ― (기장)

$$5\dfrac{3}{8} - 3\dfrac{9}{10} = \boxed{\phantom{0}} \text{(kg)}$$

**12** (쌀) ― (현미)

$$3\dfrac{5}{9} - 1\dfrac{8}{11} = \boxed{\phantom{0}} \text{(kg)}$$

**13** (검은콩) ― (강낭콩)

$$\boxed{\phantom{0}} - \boxed{\phantom{0}} = \boxed{\phantom{0}} \text{(kg)}$$

**14** (조) ― (팥)

$$\boxed{\phantom{0}} - \boxed{\phantom{0}} = \boxed{\phantom{0}} \text{(kg)}$$

## 문장 읽고 계산식 세우기

**15** 길이가 $4\dfrac{7}{8}$ m인 파란색 끈과 $1\dfrac{29}{32}$ m인 보라색 끈이 있습니다. 두 끈의 길이의 차는 몇 m?

식 $\quad 4\dfrac{7}{8} - \boxed{\phantom{0}} = \boxed{\phantom{0}} \text{(m)}$

**16** 길이가 $6\dfrac{1}{4}$ m인 나무막대와 $3\dfrac{8}{9}$ m인 나무막대가 있습니다. 두 나무막대의 길이의 차는 몇 m?

식 $\quad \boxed{\phantom{0}} - \boxed{\phantom{0}} = \boxed{\phantom{0}} \text{(m)}$

# 세 분수의 덧셈



**방법 1** 두 분수씩 통분하여 차례로 계산하기

$$\frac{1}{5}+1\frac{2}{3}+\frac{1}{15}=\left(\frac{3}{15}+1\frac{10}{15}\right)+\frac{1}{15}$$

$$=1\frac{13}{15}+\frac{1}{15}=1\frac{14}{15}$$

**방법 2** 세 분수를 한꺼번에 통분하여 계산하기

$$\frac{1}{5}+1\frac{2}{3}+\frac{1}{15}=\frac{3}{15}+1\frac{10}{15}+\frac{1}{15}=1\frac{14}{15}$$



계산을 하여 기약분수로 나타내어 보세요.

**❶** $\dfrac{1}{2}+\dfrac{1}{4}+\dfrac{3}{8}=\left(\dfrac{\square}{4}+\dfrac{1}{4}\right)+\dfrac{3}{8}=\dfrac{\square}{4}+\dfrac{3}{8}$

$$=\dfrac{\square}{8}+\dfrac{3}{8}=\dfrac{\square}{8}=\square$$



**❷** $\dfrac{2}{9}+\dfrac{3}{8}+1\dfrac{1}{12}=\left(\dfrac{\square}{72}+\dfrac{\square}{72}\right)+1\dfrac{1}{12}=\dfrac{\square}{72}+1\dfrac{1}{12}$

$$=\dfrac{\square}{72}+1\dfrac{\square}{72}=1\dfrac{\square}{72}$$

**❸** $\dfrac{1}{10}+\dfrac{2}{5}+\dfrac{7}{20}=\dfrac{\square}{20}+\dfrac{\square}{20}+\dfrac{\square}{20}=\dfrac{\square}{20}$

**❹** $3\dfrac{1}{6}+1\dfrac{2}{3}+\dfrac{1}{9}=3\dfrac{\square}{18}+1\dfrac{\square}{18}+\dfrac{\square}{18}=4\dfrac{\square}{18}$

▶ 정답과 해설 26쪽

⑤ $\dfrac{13}{15} + \dfrac{1}{6} + \dfrac{2}{5}$

⑥ $\dfrac{1}{2} + \dfrac{2}{3} + \dfrac{1}{5}$

⑦ $\dfrac{7}{10} + \dfrac{3}{4} + \dfrac{2}{5}$

⑧ $\dfrac{1}{6} + 1\dfrac{5}{12} + \dfrac{2}{3}$

⑨ $1\dfrac{3}{8} + 1\dfrac{1}{2} + \dfrac{5}{16}$

⑩ $\dfrac{7}{8} + \dfrac{1}{12} + 1\dfrac{1}{3}$

⑪ $1\dfrac{1}{9} + 1\dfrac{1}{3} + \dfrac{5}{18}$

⑫ $1\dfrac{2}{3} + \dfrac{1}{2} + 1\dfrac{3}{7}$

⑬ $\dfrac{4}{9} + 1\dfrac{2}{5} + 1\dfrac{1}{2}$

⑭ $1\dfrac{1}{6} + 1\dfrac{1}{2} + 2\dfrac{2}{7}$

⑮ $3\dfrac{5}{6} + 1\dfrac{1}{5} + 2\dfrac{7}{12}$

⑯ $2\dfrac{5}{12} + 1\dfrac{1}{6} + 1\dfrac{5}{18}$

# 세 분수의 덧셈



**1**
$$\frac{5}{12} \qquad 2\frac{1}{6} \qquad \frac{3}{8}$$

**2**
$$1\frac{1}{2} \qquad \frac{2}{3} \qquad 1\frac{2}{5}$$

**3**
$$\frac{4}{15} \qquad \frac{2}{5} \qquad \frac{5}{6}$$

**4**
$$\frac{3}{10} \qquad 1\frac{3}{4} \qquad \frac{5}{6}$$



□ 안에 알맞은 기약분수를 써넣으세요.

**5**
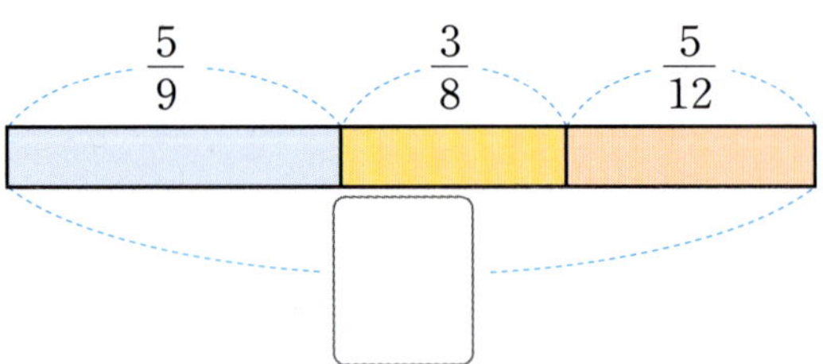


**6**
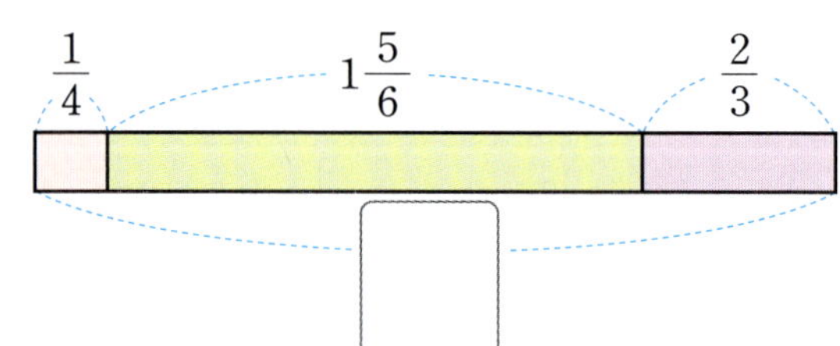


**7**
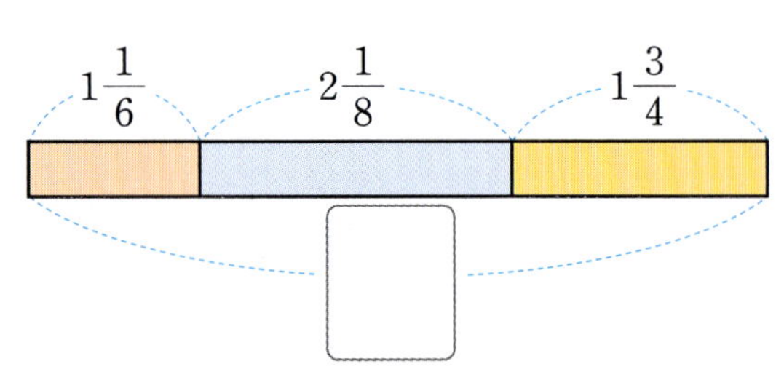


**8**
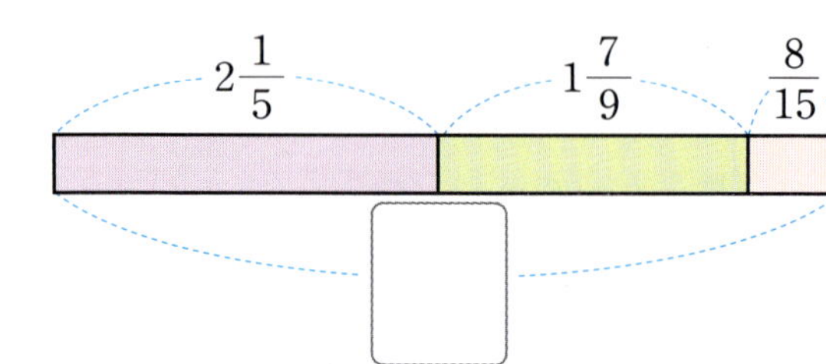

## 플러스 계산 연습



### 생활 속 계산

민준이의 빈 가방과 그 안에 들어 있는 학용품의 무게입니다. 무게의 합을 기약분수로 나타내어 보세요.

| 민준 | $2\frac{1}{4}$ kg | $\frac{7}{12}$ kg | $\frac{3}{8}$ kg | $1\frac{5}{6}$ kg | $\frac{1}{12}$ kg |
|---|---|---|---|---|---|

**9** 🎒 + ⚾ + 🎒 ➜ $2\frac{1}{4} + \frac{3}{8} + \frac{1}{12} = \boxed{\phantom{00}}$ (kg)

**10** 📒 + 📘 + ⚾ ➜ $\frac{7}{12} + \boxed{\phantom{0}} + \boxed{\phantom{0}} = \boxed{\phantom{0}}$ (kg)



### 문장 읽고 계산식 세우기

**11** 빨간 공의 무게는 $\frac{1}{3}$ g이고, 파란 공의 무게는 $\frac{3}{5}$ g, 초록 공의 무게는 $\frac{5}{6}$ g 일 때 세 공의 무게의 합은 몇 g?

식  $\frac{1}{3} + \boxed{\phantom{0}} + \boxed{\phantom{0}} = \boxed{\phantom{0}}$ (g)

**12** 오늘 수학 공부를 $\frac{5}{6}$ 시간, 영어 공부를 $\frac{2}{3}$ 시간, 국어 공부를 $\frac{3}{4}$ 시간했습니다. 오늘 공부한 시간은 몇 시간?

식  $\frac{5}{6} + \boxed{\phantom{0}} + \boxed{\phantom{0}} = \boxed{\phantom{0}}$ (시간)

# 세 분수의 뺄셈



**방법 1** 두 분수씩 통분하여 차례로 계산하기

$$\frac{4}{5} - \frac{1}{2} - \frac{1}{10} = \left( \frac{8}{10} - \frac{5}{10} \right) - \frac{1}{10} = \frac{3}{10} - \frac{1}{10} = \frac{2}{10} = \frac{1}{5}$$

**방법 2** 세 분수를 한꺼번에 통분하여 계산하기

$$\frac{4}{5} - \frac{1}{2} - \frac{1}{10} = \frac{8}{10} - \frac{5}{10} - \frac{1}{10} = \frac{2}{10} = \frac{1}{5}$$



계산을 하여 기약분수로 나타내어 보세요.

**①** $\dfrac{3}{4} - \dfrac{1}{6} - \dfrac{3}{8} = \left( \dfrac{9}{12} - \dfrac{\square}{12} \right) - \dfrac{3}{8} = \dfrac{\square}{12} - \dfrac{3}{8}$

$= \dfrac{\square}{24} - \dfrac{9}{24} = \dfrac{\square}{24}$

**②** $2\dfrac{7}{10} - \dfrac{2}{5} - \dfrac{3}{20} = \left( 2\dfrac{7}{10} - \dfrac{\square}{10} \right) - \dfrac{3}{20} = 2\dfrac{\square}{10} - \dfrac{3}{20}$

$= 2\dfrac{\square}{20} - \dfrac{3}{20} = 2\dfrac{\square}{20}$

**③** $\dfrac{5}{7} - \dfrac{1}{2} - \dfrac{1}{10} = \dfrac{\square}{70} - \dfrac{\square}{70} - \dfrac{\square}{70} = \dfrac{\square}{70} = \square$

**④** $\dfrac{5}{8} - \dfrac{1}{9} - \dfrac{1}{4} = \dfrac{\square}{72} - \dfrac{\square}{72} - \dfrac{\square}{72} = \dfrac{\square}{72}$

⑤ $\dfrac{7}{8} - \dfrac{1}{4} - \dfrac{2}{9}$

⑥ $\dfrac{7}{9} - \dfrac{2}{5} - \dfrac{1}{3}$

⑦ $\dfrac{5}{6} - \dfrac{1}{12} - \dfrac{3}{8}$

⑧ $\dfrac{3}{4} - \dfrac{5}{12} - \dfrac{1}{10}$

⑨ $3\dfrac{2}{5} - \dfrac{1}{2} - \dfrac{7}{10}$

⑩ $2\dfrac{5}{6} - \dfrac{2}{3} - \dfrac{3}{4}$

⑪ $5\dfrac{1}{2} - 1\dfrac{1}{4} - \dfrac{3}{11}$

⑫ $5\dfrac{9}{10} - 2\dfrac{4}{5} - \dfrac{5}{12}$

⑬ $6\dfrac{7}{9} - 2\dfrac{1}{3} - 2\dfrac{5}{6}$

⑭ $4\dfrac{4}{5} - 1\dfrac{4}{15} - 1\dfrac{2}{3}$

⑮ $7\dfrac{7}{9} - 1\dfrac{1}{2} - 1\dfrac{2}{5}$

⑯ $5\dfrac{5}{6} - 1\dfrac{3}{20} - 1\dfrac{7}{12}$

# 9 일차

# 세 분수의 뺄셈

빈 곳에 알맞은 기약분수를 써넣으세요.

**1** 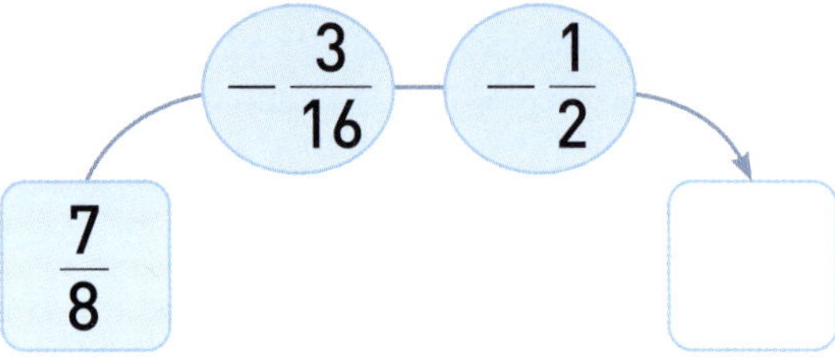

**2** 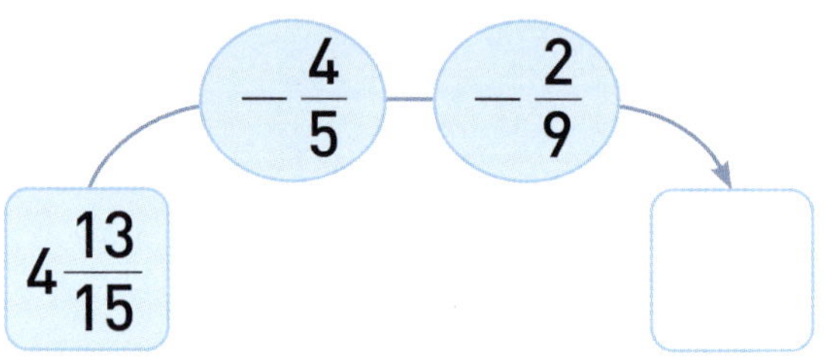

**3** 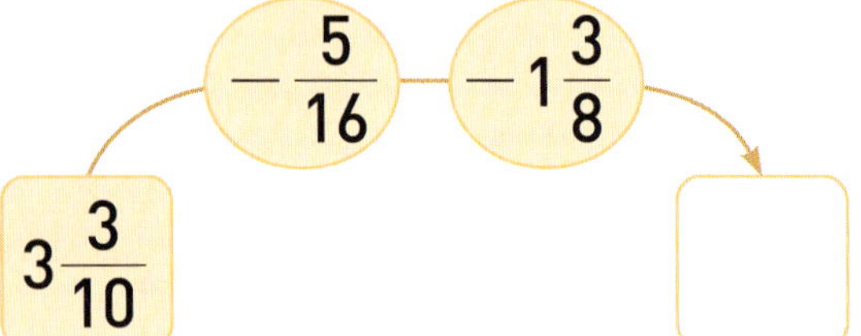

**4** 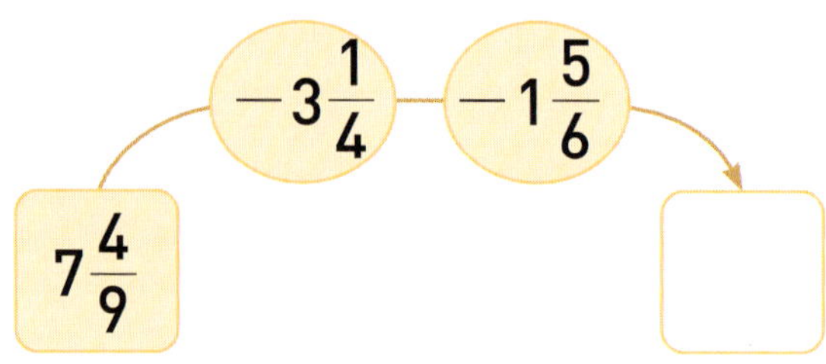

**5** 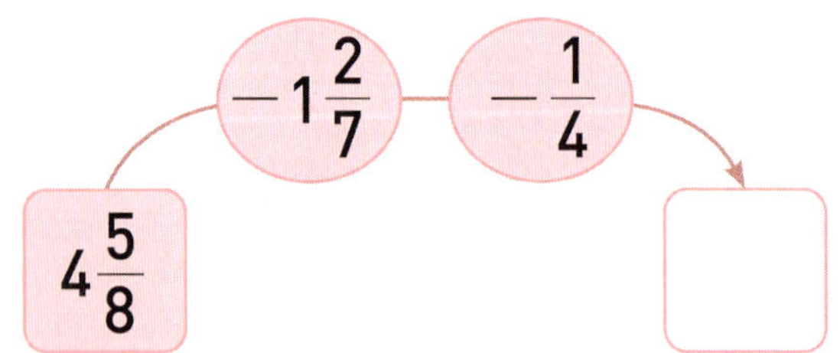

**6** 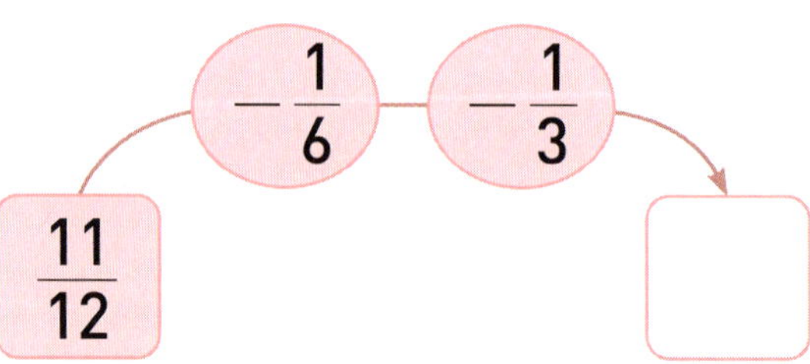

같은색 화살표를 따라가며 계산을 하여 계산 결과를 기약분수로 나타내어 보세요.

**7** 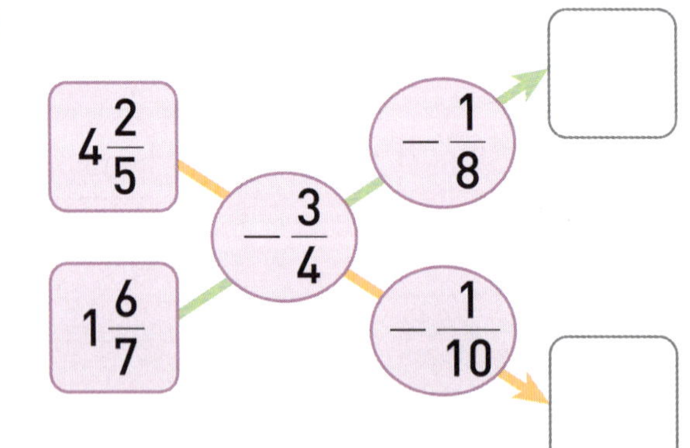

**8** 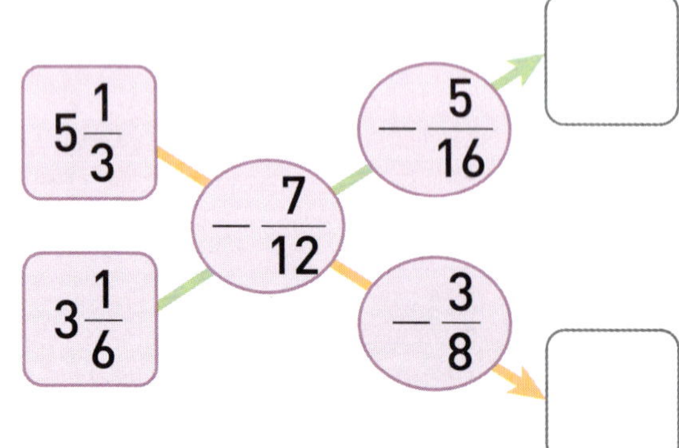

## 플러스 계산 연습



### 생활 속 계산

사다리를 타면서 계산하여 빈 곳에 알맞은 기약분수를 써넣으세요.

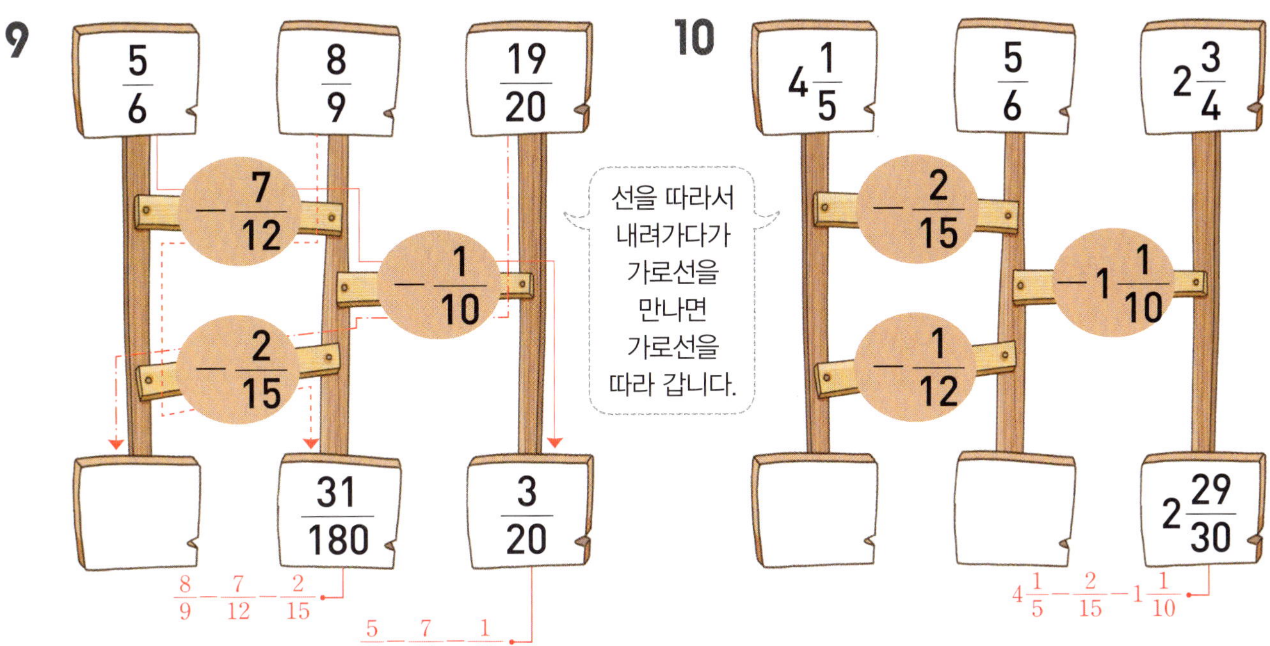


### 문장 읽고 계산식 세우기

**11** 병에 보리차가 $\dfrac{4}{5}$ L 들어 있었습니다. 그중에서 승우가 $\dfrac{4}{15}$ L, 서준이가 $\dfrac{2}{9}$ L를 마셨다면 병에 남은 보리차는 몇 L?

식  $\dfrac{4}{5} - \boxed{\phantom{0}} - \boxed{\phantom{0}} = \boxed{\phantom{0}}$ (L)

**12** 병에 녹차가 $\dfrac{7}{8}$ L 들어 있었습니다. 그중에서 수지가 $\dfrac{3}{16}$ L, 민호가 $\dfrac{1}{2}$ L를 마셨다면 병에 남은 녹차는 몇 L?

식  $\boxed{\phantom{0}} - \dfrac{3}{16} - \boxed{\phantom{0}} = \boxed{\phantom{0}}$ (L)

# 세 분수의 계산



**방법 1** 두 분수씩 통분하여 차례로 계산하기

$$1\frac{5}{6}+\frac{1}{5}-\frac{4}{15}=\left(1\frac{25}{30}+\frac{6}{30}\right)-\frac{4}{15}=1\frac{31}{30}-\frac{4}{15}$$

$$=1\frac{31}{30}-\frac{8}{30}=1\frac{23}{30}$$

분수끼리 뺄 수 없으면 자연수에서
1을 받아내림합니다.

**방법 2** 세 분수를 한꺼번에 통분하여 계산하기

$$1\frac{5}{6}+\frac{1}{5}-\frac{4}{15}=1\frac{25}{30}+\frac{6}{30}-\frac{8}{30}=1\frac{31}{30}-\frac{8}{30}=1\frac{23}{30}$$

계산을 하여 기약분수로 나타내어 보세요.

**①** $\dfrac{4}{9}+\dfrac{5}{6}-\dfrac{1}{4}=\left(\dfrac{\square}{18}+\dfrac{\square}{18}\right)-\dfrac{1}{4}=\dfrac{\square}{18}-\dfrac{1}{4}$

$$=\dfrac{\square}{36}-\dfrac{9}{36}=\dfrac{\square}{36}=\boxed{\phantom{x}}$$

**②** $1\dfrac{2}{7}+2\dfrac{1}{4}-\dfrac{1}{2}=\left(1\dfrac{\square}{28}+2\dfrac{\square}{28}\right)-\dfrac{1}{2}=3\dfrac{\square}{28}-\dfrac{1}{2}$

$$=3\dfrac{\square}{28}-\dfrac{\square}{28}=\boxed{\phantom{x}}\dfrac{\square}{28}$$

**③** $3\dfrac{7}{9}-1\dfrac{1}{3}+1\dfrac{3}{4}=\left(3\dfrac{\square}{9}-1\dfrac{\square}{9}\right)+1\dfrac{3}{4}=\boxed{\phantom{x}}\dfrac{\square}{9}+1\dfrac{3}{4}$

$$=2\dfrac{\square}{36}+1\dfrac{\square}{36}=3\dfrac{\square}{36}=\boxed{\phantom{x}}$$

## 기초 계산 연습



④ $\dfrac{7}{9} + \dfrac{1}{2} - \dfrac{5}{6}$

⑤ $\dfrac{9}{10} - \dfrac{1}{6} + \dfrac{2}{3}$

⑥ $\dfrac{5}{6} + \dfrac{3}{8} - 1\dfrac{1}{12}$

⑦ $\dfrac{11}{12} + \dfrac{3}{4} - \dfrac{1}{8}$

⑧ $\dfrac{8}{9} - \dfrac{1}{12} + 2\dfrac{5}{6}$

⑨ $\dfrac{5}{8} - \dfrac{5}{12} + 1\dfrac{3}{4}$

⑩ $3\dfrac{3}{7} + 2\dfrac{4}{5} - 1\dfrac{6}{35}$

⑪ $2\dfrac{5}{6} + 2\dfrac{3}{4} - 1\dfrac{1}{8}$

⑫ $6\dfrac{2}{9} - 1\dfrac{7}{15} + 3\dfrac{2}{5}$

⑬ $5\dfrac{7}{15} - 2\dfrac{9}{10} + 1\dfrac{2}{3}$

⑭ $4\dfrac{1}{3} - 3\dfrac{3}{4} + 3\dfrac{5}{6}$

⑮ $2\dfrac{3}{5} - 1\dfrac{1}{2} + 2\dfrac{7}{10}$

# 세 분수의 계산

보기와 같이 계산해 보세요.

**보기**

$$\frac{6}{7} - \frac{1}{3} + \frac{1}{2} = \left(\frac{18}{21} - \frac{7}{21}\right) + \frac{1}{2} = \frac{11}{21} + \frac{1}{2} = \frac{22}{42} + \frac{21}{42} = \frac{43}{42} = 1\frac{1}{42}$$

**1**   $5\frac{5}{12} - 2\frac{1}{9} + \frac{3}{4}$

**2**   $4\frac{5}{6} + \frac{7}{9} - \frac{2}{3}$



보기와 같이 계산해 보세요.

**보기**

$$2\frac{2}{9} + 1\frac{1}{6} - \frac{5}{18} = 2\frac{4}{18} + 2\frac{3}{18} - \frac{5}{18} = 4\frac{7}{18} - \frac{5}{18} = 4\frac{\overset{1}{\cancel{2}}}{\underset{9}{\cancel{18}}} = 4\frac{1}{9}$$



**3**   $3\frac{7}{9} + 2\frac{1}{3} - \frac{7}{18}$

**4**   $1\frac{4}{5} - \frac{1}{4} + 1\frac{1}{2}$

 빈 곳에 알맞은 기약분수를 써넣으세요.

**5**

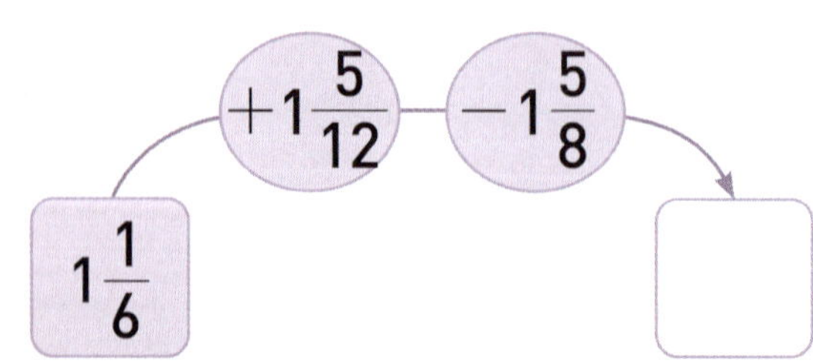


**6**

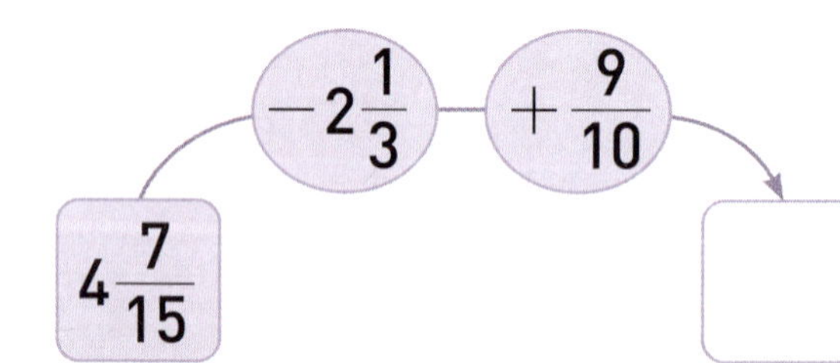

## 플러스 계산 연습



### 생활 속 계산

곡식의 무게를 보고 계산하여 기약분수로 나타내어 보세요.

**7** (쌀)＋(보리)－(감자) ➡ $6\dfrac{8}{9}+2\dfrac{2}{3}-4\dfrac{3}{10}=\boxed{\phantom{00}}$ ( kg )

**8** (콩)－(보리)＋(당근) ➡ $5\dfrac{6}{7}-\boxed{\phantom{0}}+\boxed{\phantom{0}}=\boxed{\phantom{0}}$ ( kg )



### 문장 읽고 계산식 세우기

**9** 빨간색 물감 $2\dfrac{2}{9}$ L와 파란색 물감 $1\dfrac{4}{15}$ L를 섞어서 만든 물감 중 $\dfrac{3}{5}$ L를 사용했다면 남은 물감의 양은 몇 L?

식 $2\dfrac{2}{9}+\boxed{\phantom{0}}-\boxed{\phantom{0}}=\boxed{\phantom{0}}$ (L)

**10** 체리가 $2\dfrac{6}{7}$ kg 있었는데 그중에서 $\dfrac{9}{28}$ kg을 먹고 $\dfrac{7}{8}$ kg을 더 사 왔다면 지금 있는 체리는 몇 kg?

식 $2\dfrac{6}{7}-\boxed{\phantom{0}}+\boxed{\phantom{0}}=\boxed{\phantom{0}}$ (kg)

🐻 계산을 하여 기약분수로 나타내어 보세요.

① $\dfrac{3}{7} - \dfrac{2}{9}$

② $\dfrac{7}{8} - \dfrac{1}{6}$

③ $\dfrac{7}{8} - \dfrac{5}{6}$

④ $7\dfrac{1}{3} - 1\dfrac{2}{5}$

⑤ $2\dfrac{5}{6} - 1\dfrac{5}{9}$

⑥ $2\dfrac{5}{6} - \dfrac{4}{5}$

⑦ $4\dfrac{7}{12} - 1\dfrac{3}{8}$

⑧ $3\dfrac{2}{5} - 2\dfrac{11}{15}$

⑨ $\dfrac{1}{2} + 2\dfrac{2}{7} + 1\dfrac{1}{6}$

⑩ $5\dfrac{8}{9} - 2\dfrac{1}{3} - 2\dfrac{5}{6}$

⑪ $\dfrac{5}{6} + 2\dfrac{5}{8} - \dfrac{7}{12}$

⑫ $\dfrac{7}{9} - \dfrac{1}{3} + 1\dfrac{1}{6}$

🐻 빈 곳에 알맞은 기약분수를 써넣으세요.

⑬ 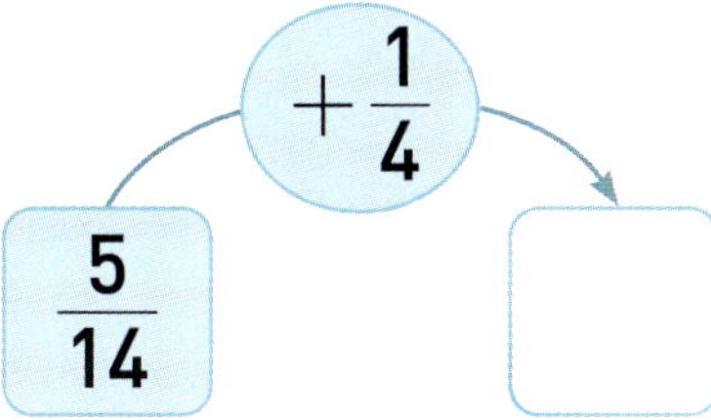

⑭ 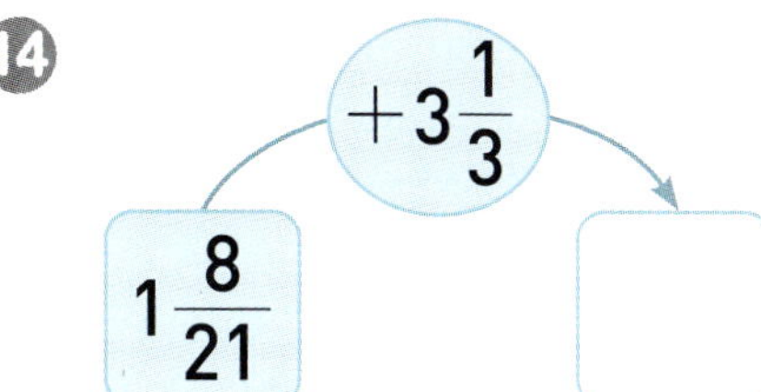

⑮ 

⑯ 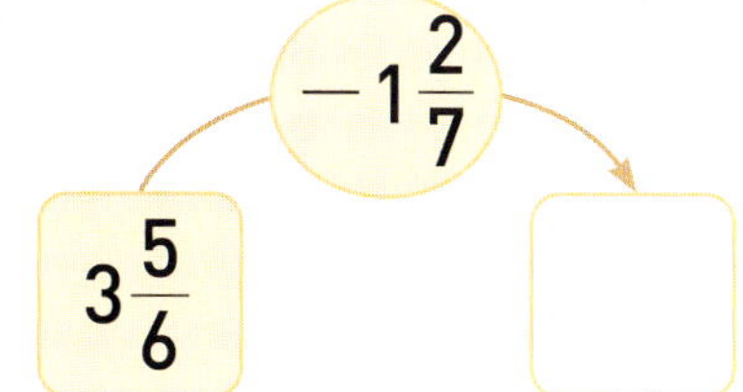

⑰ 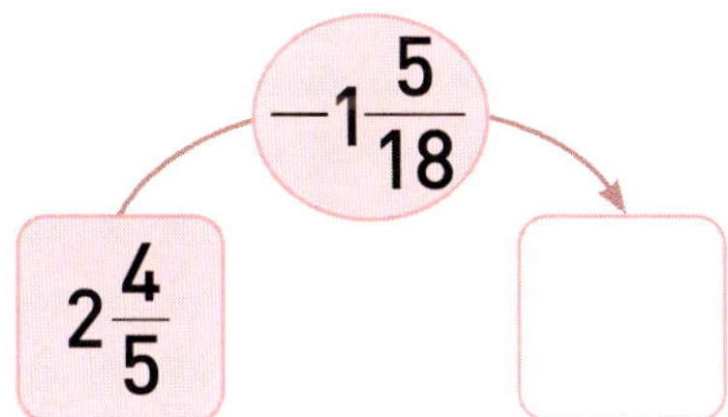

⑱ 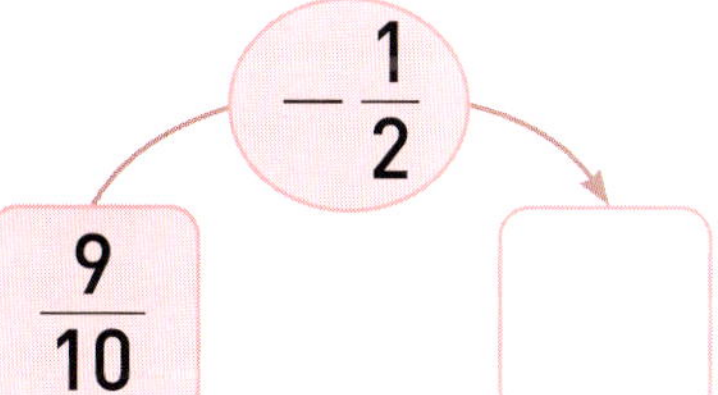

⑲ 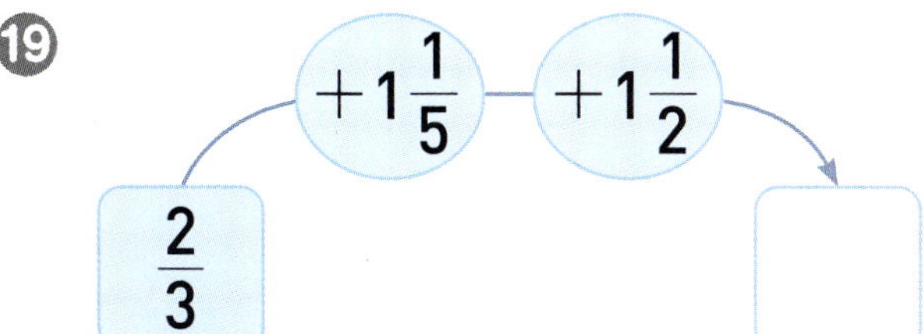

⑳ 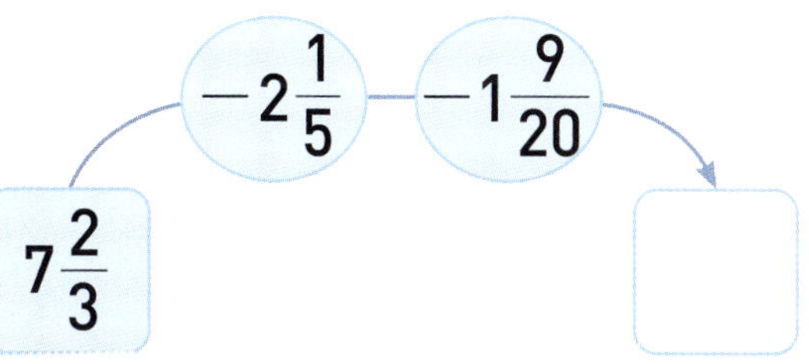

4
분수의 덧셈과 뺄셈

165

# 문장제 문제 도전하기

**1**   $\dfrac{1}{4} + \dfrac{2}{3} = \boxed{\phantom{0}}$

→ 포도 주스 $\dfrac{1}{4}$ L와 딸기 주스 $\dfrac{2}{3}$ L가 있습니다.
포도 주스와 딸기 주스의 양은 모두 몇 L일까요?

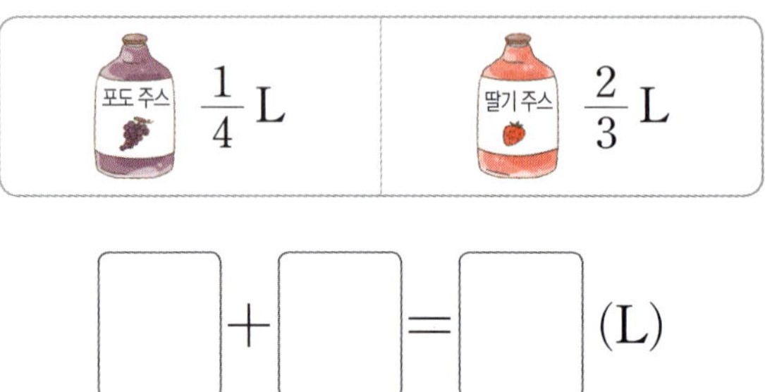


$\boxed{\phantom{0}} + \boxed{\phantom{0}} = \boxed{\phantom{0}}$ (L)

**2**   $7\dfrac{2}{9} + 1\dfrac{5}{12} = \boxed{\phantom{0}}$

→ 수박의 무게는 $7\dfrac{2}{9}$ kg이고, 파인애플의 무게는 $1\dfrac{5}{12}$ kg입니다. 수박과 파인애플의 무게의 합은 몇 kg 일까요?

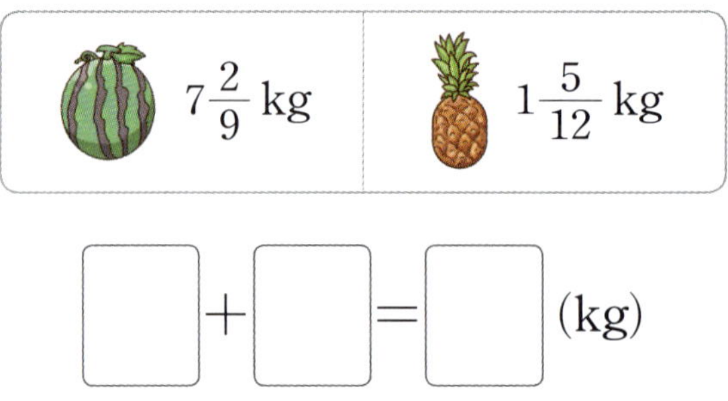


$\boxed{\phantom{0}} + \boxed{\phantom{0}} = \boxed{\phantom{0}}$ (kg)

**3**   $2\dfrac{1}{9} + 4\dfrac{5}{12} + 1\dfrac{5}{6} = \boxed{\phantom{0}}$

→ 리본 끈의 길이가 빨간색은 $2\dfrac{1}{9}$ m, 노란색은 $4\dfrac{5}{12}$ m, 파란색은 $1\dfrac{5}{6}$ m입니다. 세 리본 끈의 길이의 합은 몇 m일까요?

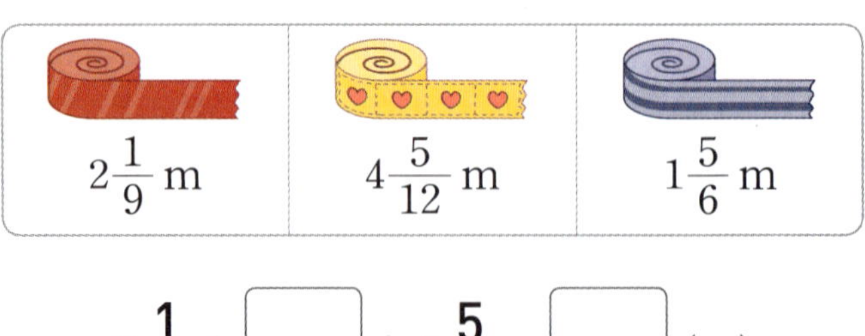


$2\dfrac{1}{9} + \boxed{\phantom{0}} + 1\dfrac{5}{6} = \boxed{\phantom{0}}$ (m)

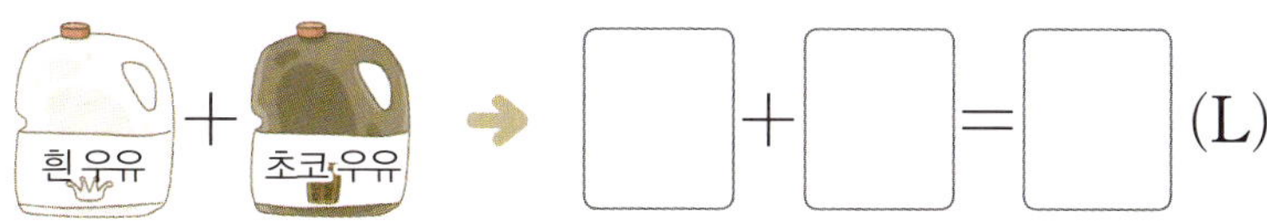


**4** 흰 우유(  ) $\dfrac{5}{8}$ L와 초코 우유(  ) $\dfrac{1}{2}$ L를 마셨습니다.

모두 몇 L의 우유를 마셨을까요?

$$\boxed{\phantom{00}} + \boxed{\phantom{00}} = \boxed{\phantom{00}} \ \text{(L)}$$

**5** 오전 동안 완두콩(  ) $5\dfrac{7}{9}$ kg과 강낭콩(  ) $2\dfrac{2}{3}$ kg을 팔았습니다.

오전 동안 판매한 완두콩과 강낭콩의 무게는 모두 몇 kg일까요?

$$\boxed{\phantom{00}} + \boxed{\phantom{00}} = \boxed{\phantom{00}} \ \text{(kg)}$$

**6** 상자에 호박(  ) $6\dfrac{1}{5}$ kg, 감자(  ) $2\dfrac{4}{9}$ kg, 고구마(  ) $1\dfrac{1}{6}$ kg이 들어 있습니다. 상자에 들어 있는 채소의 무게는 모두 몇 kg일까요?

$$\boxed{\phantom{00}} + \boxed{\phantom{00}} + \boxed{\phantom{00}} = \boxed{\phantom{00}} \ \text{(kg)}$$

# 문장제 문제 도전하기

**7**   $\dfrac{9}{10} - \dfrac{3}{4} = \boxed{\phantom{00}}$

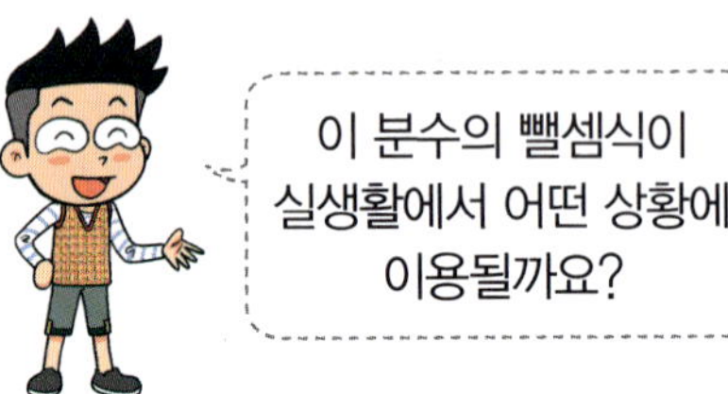


➡ 망고 주스 $\dfrac{9}{10}$ L와 자몽 주스 $\dfrac{3}{4}$ L가 있습니다.
망고 주스는 자몽 주스보다 몇 L 더 많을까요?

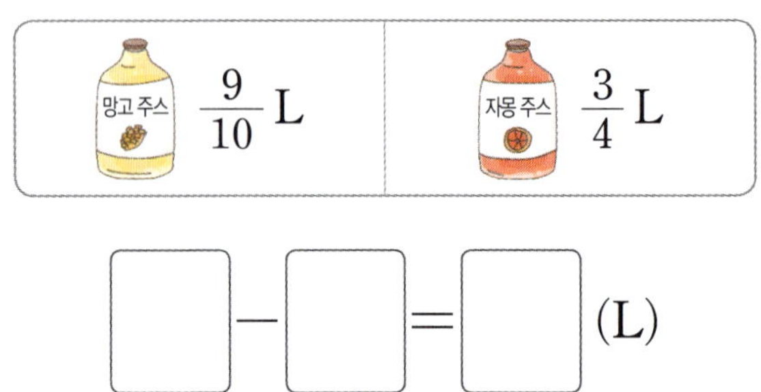


$\boxed{\phantom{00}} - \boxed{\phantom{00}} = \boxed{\phantom{00}}$ (L)



**8**   $6\dfrac{1}{5} - 3\dfrac{3}{4} = \boxed{\phantom{00}}$

➡ 무게가 호박은 $6\dfrac{1}{5}$ kg이고, 배추는 $3\dfrac{3}{4}$ kg입니다. 호박은 배추보다 몇 kg 더 무거울까요?

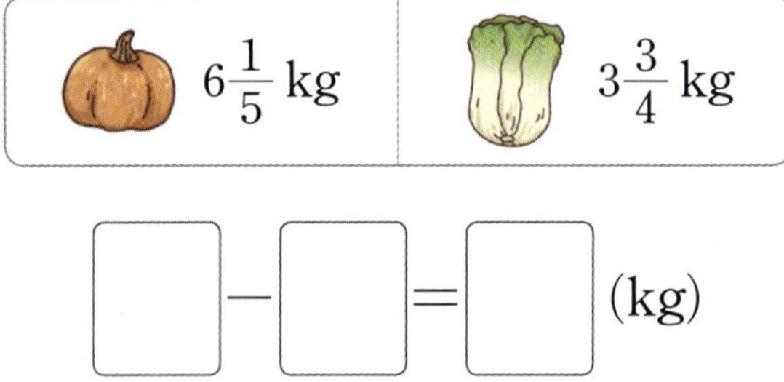


$\boxed{\phantom{00}} - \boxed{\phantom{00}} = \boxed{\phantom{00}}$ (kg)

**9**   $8\dfrac{5}{14} - \dfrac{8}{21} - 3\dfrac{5}{6} = \boxed{\phantom{00}}$

➡ 당근이 $8\dfrac{5}{14}$ kg 있습니다. 그중에서 말에게 $\dfrac{8}{21}$ kg, 코끼리에게 $3\dfrac{5}{6}$ kg을 주었습니다. 남은 당근은 몇 kg일까요?

$8\dfrac{5}{14} - \dfrac{8}{21} - \boxed{\phantom{00}} = \boxed{\phantom{00}}$ (kg)

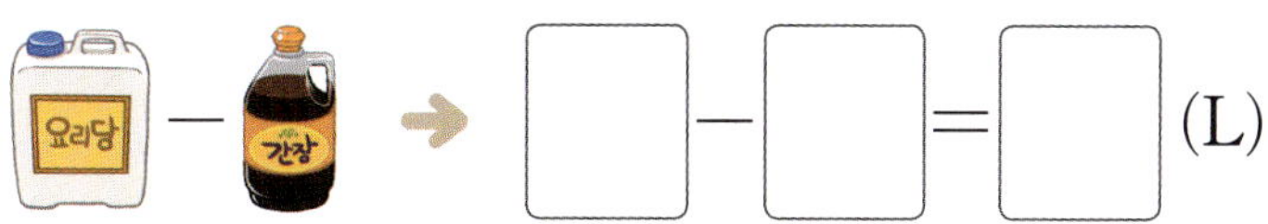


**10** 요리를 하는 데 요리당( 요리당 ) $\dfrac{6}{7}$ L와 간장( 간장 ) $\dfrac{5}{6}$ L를 사용하였습니다.

요리당은 간장보다 몇 L 더 많이 사용했을까요?

요리당 $-$ 간장 $\rightarrow$ $\boxed{\phantom{0}}-\boxed{\phantom{0}}=\boxed{\phantom{0}}$ (L)

**11** 주말 농장에서 감( 🟠 ) $3\dfrac{3}{4}$ kg을 따고, 토마토( 🍅 ) $1\dfrac{4}{9}$ kg을 땄습니다.

감은 토마토보다 몇 kg 더 많이 땄을까요?

감 $-$ 토마토 $\rightarrow$ $\boxed{\phantom{0}}-\boxed{\phantom{0}}=\boxed{\phantom{0}}$ (kg)

**12** 밀가루( 밀가루 ) $6\dfrac{7}{18}$ kg이 있습니다.

베이글( 🥯 )을 만드는 데 $\dfrac{2}{9}$ kg을 사용하고 소세지 빵( 🥐 )을 만드는 데 $1\dfrac{2}{27}$

kg을 사용했다면 남은 밀가루는 몇 kg일까요?

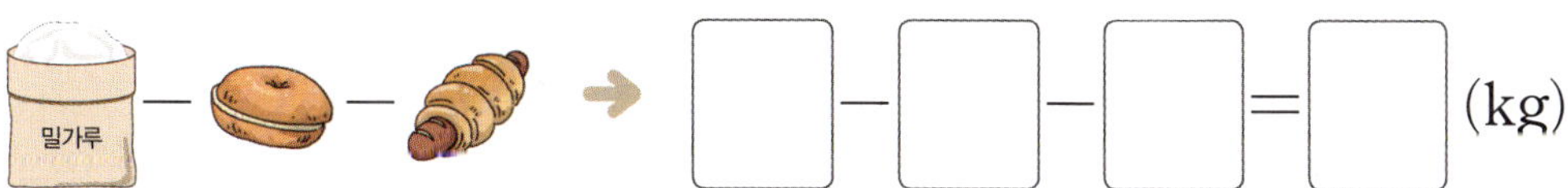

밀가루 $-$ 🥯 $-$ 🥐 $\rightarrow$ $\boxed{\phantom{0}}-\boxed{\phantom{0}}-\boxed{\phantom{0}}=\boxed{\phantom{0}}$ (kg)

# 창의·융합·코딩·도전하기

## 페인트를 섞어 새로운 색을 만들자!

호준이와 수민이는 서로 다른 색의 페인트를 섞어서 새로운 색의 페인트를 만들려고 합니다.

 **2** 보기 와 같이 로봇이 두 분수를 비교하여 계산을 합니다. 로봇이 말하는 기약분수를 알맞게 써넣으세요.

보기

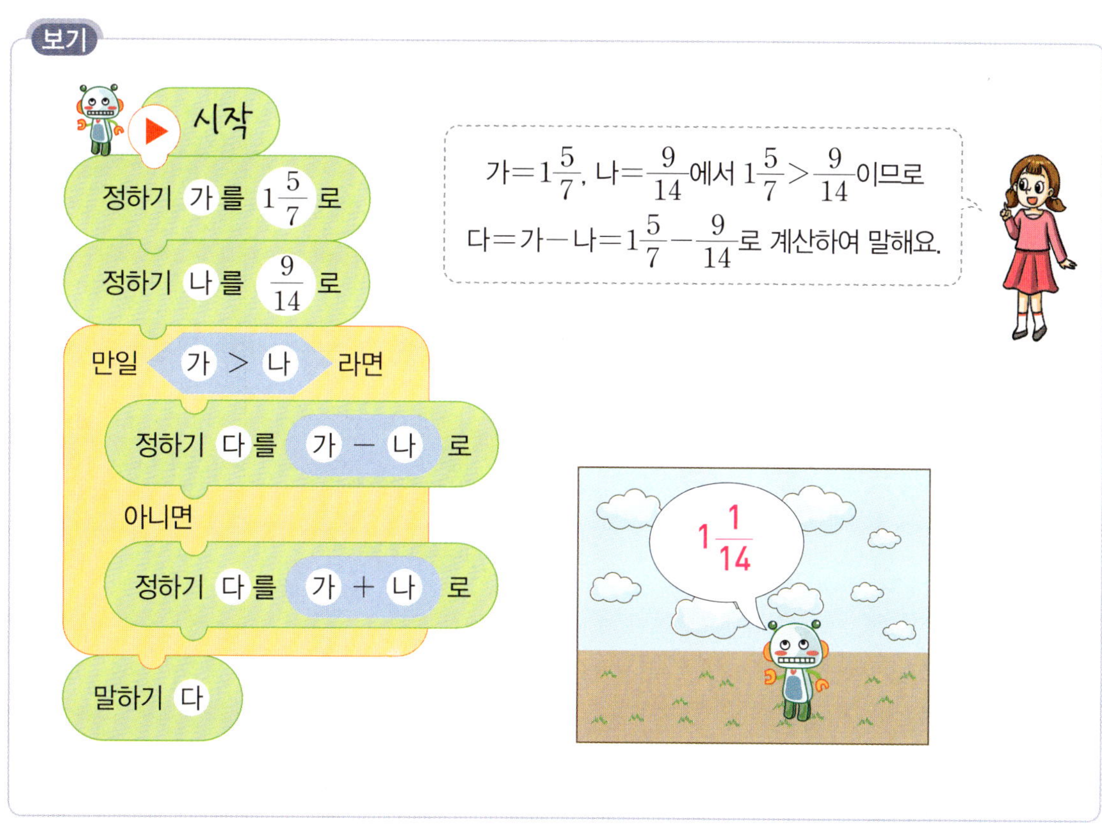


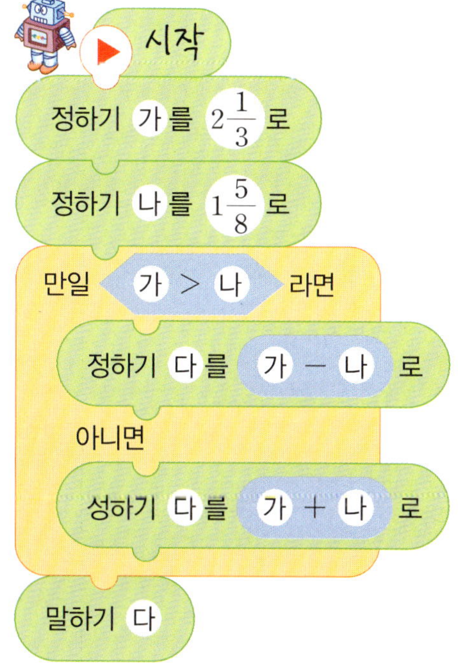

디지털학습 1위 밀크T

# 성적 향상에 강한 밀크T

키즈부터 고등까지
전학년, 전과목 무제한 수강

초등 교과 학습 전문 최정예 강사진

국·영·수 수준별 심화학습

최상위권으로 만드는 독보적 콘텐츠

우리 아이만을 위한 정교한 AI 1:1 맞춤학습

1:1 초밀착 관리 시스템

※디지털학습 소비자 조사 기준 (2024.08 기준) 한국갤럽조사연구소

www.milkt.co.kr  |  1577-1533

성적이 오르는 공부법
무료체험 후 결정하세요!

# #차원이_다른_클라쓰
# #강의전문교재
# #초등교재

## 수학교재

### ● 수학리더 시리즈
- 수학리더 [연산]     예비초~6학년/A·B단계
- 수학리더 [개념]     1~6학년/학기별
- 수학리더 [기본]     1~6학년/학기별
- 수학리더 [유형]     1~6학년/학기별
- 수학리더 [기본+응용]     1~6학년/학기별
- 수학리더 [응용·심화]     1~6학년/학기별
- 수학리더 [최상위]     3~6학년/학기별

### ● 독해가 힘이다 시리즈 *문제해결력
- 수학도 독해가 힘이다     1~6학년/학기별
- 초등 문해력 독해가 힘이다 문장제 수학편     1~6학년/단계별

### ● 수학의 힘 시리즈
- 수학의 힘     1~2학년/학기별
- 수학의 힘 알파[실력]     3~6학년/학기별
- 수학의 힘 베타[유형]     3~6학년/학기별

### ● Go! 매쓰 시리즈
- Go! 매쓰(Start) *교과서 개념     1~6학년/학기별
- Go! 매쓰(Run A/B/C) *교과서+사고력     1~6학년/학기별
- Go! 매쓰(Jump) *유형 사고력     1~6학년/학기별

### ● 계산박사     1~12단계

### ● 수학 더 익힘     1~6학년/학기별

## 월간교재

### ● NEW 해법수학     1~6학년

### ● 해법수학 단원평가 마스터     1~6학년/학기별

### ● 월간 무등생평가     1~6학년

## 전과목교재

### ● 리더 시리즈
- 국어     1~6학년/학기별
- 사회     3~6학년/학기별
- 과학     3~6학년/학기별

# 해법 전략

수학리더
연산
5A

- 혼자서도 이해할 수 있는 친절한 문제 풀이
- OX퀴즈로 계산 원리 다시 알아보기

천재교육

# 해법전략
## 포인트 **3**가지

▶ 혼자서도 이해할 수 있는 친절한 문제 풀이

▶ 참고, 주의 등 자세한 풀이 제시

▶ OX퀴즈로 계산 원리 다시 알아보기

# 정답과 해설



## 1 자연수의 혼합 계산

### ✳ 개념 ⭕✖ 퀴즈

옳으면 ⭕에, 틀리면 ✖에 ◯표 하세요.

52−(25+13)의 계산 결과는
14입니다.

⭕　　　　✖

정답은 7쪽에서 확인하세요.

---

### 1 일차　기초 계산 연습　　6~7쪽

1 (계산 순서대로) 61, 44, 44
2 (계산 순서대로) 31, 42, 42
3 (계산 순서대로) 38, 47, 47
4 (계산 순서대로) 79, 2, 2
5 (계산 순서대로) 51, 40, 40
6 (계산 순서대로) 51, 10, 10
7 (계산 순서대로) 61, 67, 67
8 (계산 순서대로) 78, 21, 21
9 (계산 순서대로) 58, 50, 50
10 (계산 순서대로) 35, 11, 11
11 (계산 순서대로) 4, 32, 32
12 (계산 순서대로) 55, 16, 16
13 (계산 순서대로) 24, 29, 29
14 (계산 순서대로) 43, 16, 16
15 53, 13, 40
16 52, 22, 30
17 34, 7, 41
18 54, 26, 28

15 $47+6-13=40$
　　53
　　40

18 $54-(17+9)=28$
　　　26
　　28

---

### 1 일차　플러스 계산 연습　　8~9쪽

| | |
|---|---|
| 1 9 | 2 22 |
| 3 45 | 4 21 |
| 5 42 | 6 22 |
| 7 64 ; 56 | 8 45 ; 27 |
| 9 53 ; 35 | 10 87 ; 59 |
| 11 1 | 12 22 |
| 13 9 | 14 15 |
| 15 19, 2, 55 | 16 34, 16, 33 |
| 17 41, 19, 17, 5 | 18 20, 13, 4, 3 |

1 $21+6-18=9$
　　27
　　9

2 $43-(17+4)=22$
　　　21
　　22

3 $37-8+16=45$
　　29
　　45

4 $53-(25+7)=21$
　　　32
　　21

5 $65+11-34=42$
　　76
　　42

6 $89-(12+55)=22$
　　　67
　　22

7 $77-17+4=64$　　$77-(17+4)=56$
　　60　　　　　　　　　21
　　64　　　　　　　　56

8 $60-24+9=45$　　$60-(24+9)=27$
　　36　　　　　　　　33
　　45　　　　　　　27

**9** $81-37+9=53$　　$81-(37+9)=35$
　　44　　　　　　　　46
　　　53　　　　　　　　35

**10** $79-6+14=87$　　$79-(6+14)=59$
　　73　　　　　　　　20
　　　87　　　　　　　　59

**11** $5+8-12=1$　　**12** $18-8+12=22$
　　13　　　　　　　　10
　　　1　　　　　　　　22

**13** $12-8+5=9$　　**14** $8+12-5=15$
　　4　　　　　　　　20
　　　9　　　　　　　　15

**15** $72-19+2=55$　　**16** $15+34-16=33$
　　53　　　　　　　　49
　　　55　　　　　　　　33





## 2 일차　기초 계산 연습　10~11쪽

❶ (계산 순서대로) 5, 20, 20
❷ (계산 순서대로) 2, 32, 32
❸ (계산 순서대로) 90, 10, 10
❹ (계산 순서대로) 24, 4, 4
❺ (계산 순서대로) 20, 140, 140
❻ (계산 순서대로) 4, 12, 12
❼ (계산 순서대로) 176, 44, 44
❽ (계산 순서대로) 35, 3, 3
❾ (계산 순서대로) 72, 8, 8
❿ (계산 순서대로) 24, 3, 3
⓫ (계산 순서대로) 6, 72, 72
⓬ (계산 순서대로) 2, 52, 52
⓭ (계산 순서대로) 84, 28, 28
⓮ (계산 순서대로) 6, 13, 13
⓯ 5, 13, 65
⓰ 64, 32, 2
⓱ 120, 4, 30
⓲ 17, 2, 34

## 2 일차　플러스 계산 연습　12~13쪽

**1** $8\times40\div5=64$　　**2** $75\div(5\times3)=5$
　① 320　　　　　　　　① 15
　② 64　　　　　　　　② 5

**3** $126\div(14\times3)=3$　　**4** 88
　① 42　　　　　　　　**5** 5
　② 3　　　　　　　　**6** 48
　　　　　　　　　　　**7** 205

**8** 9　　　　　　**9** 3
**10** 600　　　　　**11** 3600
**12** 1300　　　　　**13** 800
**14** 78, 6, 3, 39　　**15** 36, 2, 9, 8
**16** 84, 7, 2, 6　　**17** 96, 3, 8, 4

**12** $7800\div(2\times3)=1300$
　　　　　6
　　　1300

**13** $9600\div(3\times4)=800$
　　　　　12
　　　800

## 3 일차　기초 계산 연습　14~15쪽

❶ (계산 순서대로) 18, 37, 25, 25
❷ (계산 순서대로) 12, 24, 41, 41
❸ (계산 순서대로) 32, 49, 52, 52
❹ (계산 순서대로) 18, 90, 48, 48
❺ (계산 순서대로) 56, 72, 19, 19
❻ (계산 순서대로) 13, 39, 18, 18
❼ (계산 순서대로) 252, 284, 209, 209
❽ (계산 순서대로) 18, 36, 52, 52
❾ $65+21-14\times4=30$
　　86　　56
　　　　30
❿ (계산 순서대로) 24, 26, 65, 65
⓫ 30, 166, 196, 82, 114
⓬ 21, 5, 105, 46, 59

## ③ 일차 · 플러스 계산 연습    16~17쪽

**1** $63-7\times5+4=32$
① 35
② 28
③ 32

**2** $125-6\times12+9=62$
① 72
② 53
③ 62

**3** $75+4\times(19-6)=127$
① 13
② 52
③ 127

**4** $32\times(16-11)+15=175$
① 5
② 160
③ 175

**5** $18+(88-21\times4)=22$
① 84
② 4
③ 22

**6** 66      **7** 36
**8** 37      **9** 77
**10** 1200      **11** 340
**12** 62, 5, 9, 4, 6      **13** 32, 6, 7, 5, 69
**14** 18, 13, 9, 6, 51      **15** 12, 6, 13, 5, 108

**6** $96-7\times6+12=66$
42
54
66

**7** $75-21\times2+3=36$
42
33
36

**참고**
덧셈, 뺄셈, 곱셈이 섞여 있는 식에서는 곱셈을 먼저 계산합니다.

**8** $(12+14)\times2-15=37$
26
52
37

**9** $55+(70-3\times16)=77$
48
22
77

**10** $5000-700\times2-2400=1200$
1400
3600
1200

**11** $4500-(1280\times2+800\times2)=340$
2560   1600
4160
340

## ④ 일차 · 기초 계산 연습    18~19쪽

**①** (계산 순서대로) 2, 24, 28, 28
**②** (계산 순서대로) 24, 8, 44, 44
**③** (계산 순서대로) 23, 36, 26, 26
**④** (계산 순서대로) 4, 9, 21, 21
**⑤** $54+13-63\div9=\boxed{60}$
   67    7
   60
**⑥** (계산 순서대로) 56, 8, 5, 5
**⑦** (계산 순서대로) 4, 41, 108, 108
**⑧** (계산 순서대로) 49, 7, 1, 1
**⑨** $24+15-72\div24=\boxed{36}$
   39    3
   36
**⑩** (계산 순서대로) 70, 7, 37, 37
**⑪** 16, 9, 65, 9, 56
**⑫** 72, 9, 8, 6, 14

정답과 해설

## 4 일차 — 플러스 계산 연습    20~21쪽

**1** $16+21\div3-7=16$
① 7
② 23
③ 16

**2** $65-81\div9+3=59$
① 9
② 56
③ 59

**3** $12+39\div(19-6)=15$
① 13
② 3
③ 15

**4** $42+(37-5)\div2=58$
① 32
② 16
③ 58

**5** $84\div(18+43-58)=28$
① 61
② 3
③ 28

**6** 79     **7** 28
**8** 22     **9** 4
**10** 1700     **11** 500
**12** 69, 3, 11, 8, 26     **13** 35, 9, 2, 16, 6
**14** 87, 16, 10, 9, 9

**6** $80+4-30\div6=79$
84   5
79

**7** $32+56\div8-11=28$
7
39
28

참고
덧셈, 뺄셈, 나눗셈이 섞여 있는 식에서는 나눗셈을 먼저 계산
합니다.

**8** $(58-22)\div4+13=22$
36
9
22

**9** $48-(27+51\div3)=4$
17
44
4

**10** $5000-(3000+900\div3)=1700$
300
3300
1700

**11** $4000-(2700+3200\div4)=500$
800
3500
500

**14** $(87-16+10)\div9=9$
71
81
9

## 5 일차 — 기초 계산 연습    22~23쪽

❶ $63\div3+18\times2-12=\boxed{45}$
$\boxed{21}$   $\boxed{36}$
$\boxed{57}$
$\boxed{45}$

❷ $92\div23+3\times(15-4)=\boxed{37}$
$\boxed{4}$   $\boxed{11}$
$\boxed{33}$
$\boxed{37}$

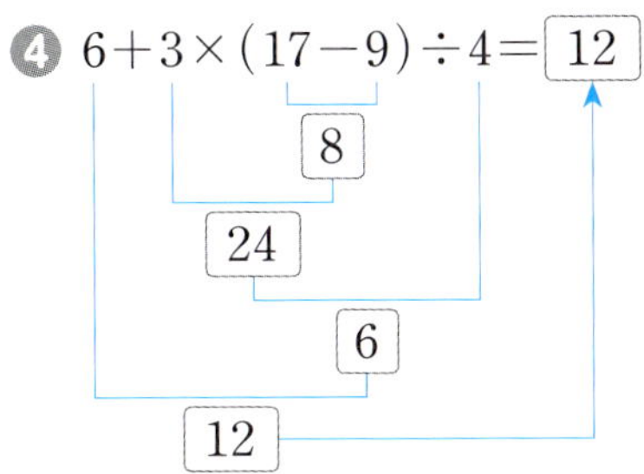

❸ $45-70\div5+6\times7=\boxed{73}$

$14$ $42$
$31$
$73$

❹ $6+3\times(17-9)\div4=\boxed{12}$

$8$
$24$
$6$
$12$

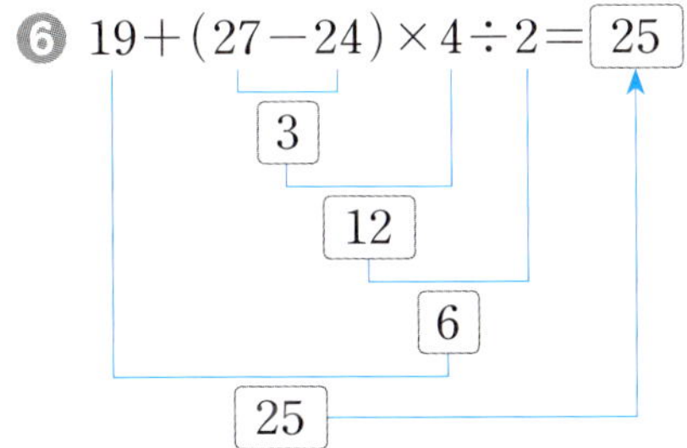

❺ $15-60\div5+4\times8=\boxed{35}$

$12$ $32$
$3$
$35$

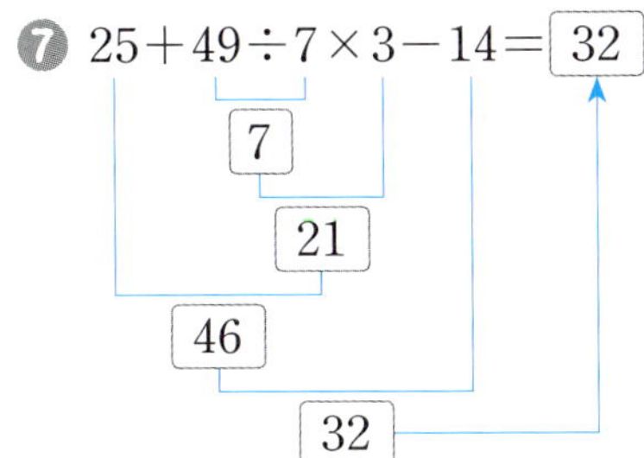

❻ $19+(27-24)\times4\div2=\boxed{25}$

$3$
$12$
$6$
$25$

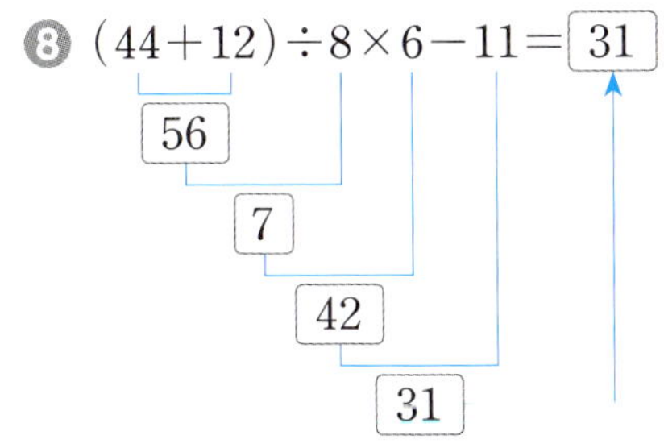

❼ $25+49\div7\times3-14=\boxed{32}$

$7$
$21$
$46$
$32$

❽ $(44+12)\div8\times6-11=\boxed{31}$

$56$
$7$
$42$
$31$

❾ 10, 21, 3, 10, 7, 16, 7, 9

❿ 2, 27, 26, 54, 26, 54, 3, 51

참고

덧셈, 뺄셈, 곱셈, 나눗셈이 섞여 있는 식은 곱셈과 나눗셈을
먼저 계산합니다.



**1** $52-35+15\times4\div12=22$

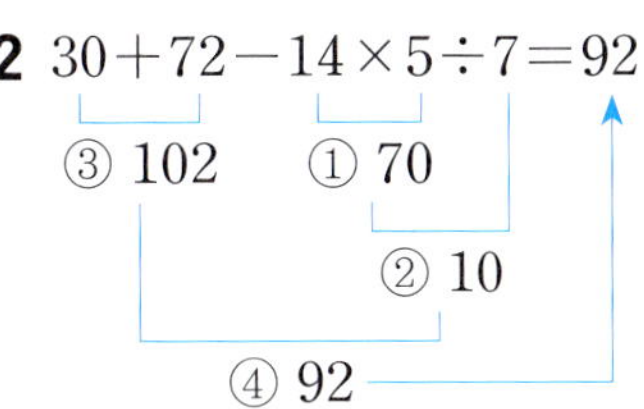

③ 17   ① 60
② 5
④ 22

**2** $30+72-14\times5\div7=92$

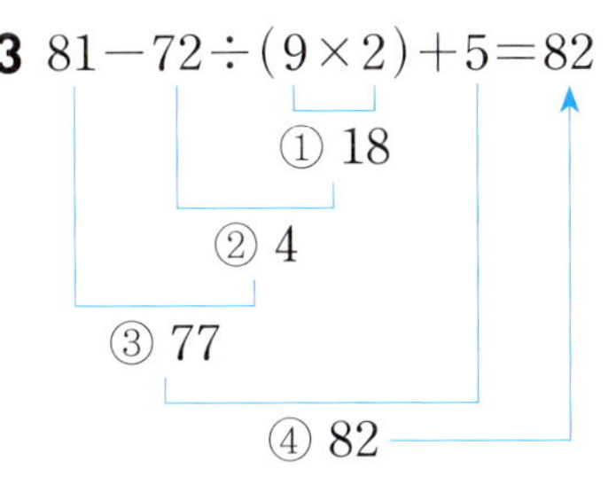

③ 102   ① 70
② 10
④ 92

**3** $81-72\div(9\times2)+5=82$

① 18
② 4
③ 77
④ 82

**4** $3\times72\div8+(21-12)=36$

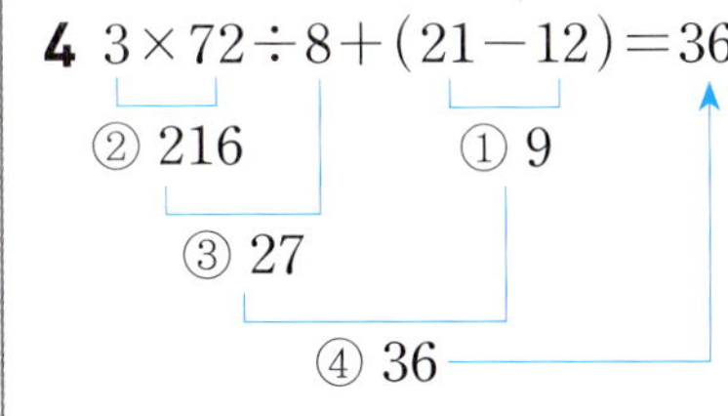

② 216   ① 9
③ 27
④ 36

**5** $(36-3)\div11\times(3+4)=21$

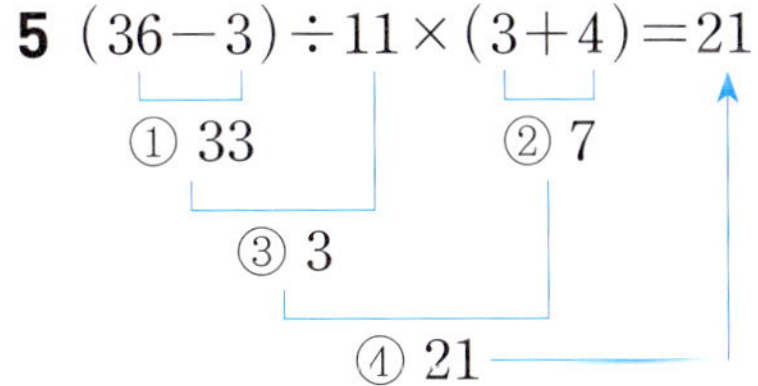

① 33   ② 7
③ 3
④ 21

| | | | |
|---|---|---|---|
| **6** 10 | | **7** 12 | |
| **8** 40 | | **9** 46 | |
| **10** 208 | | **11** 732 | |

**12** 88, 4, 3, 7, 12, 13

**13** 34, 15, 2, 64, 4, 54

**6** $63\div9+15-4\times3=10$

$7$   $12$
$22$
$10$

**7** $42\div6+3\times7-16=12$

$7$   $21$
$28$
$12$

정답과 해설

5

**8** $48 \div (14 - 10) \times 3 + 4 = 40$

$14 - 10 = 4$
$48 \div 4 = 12$
$12 \times 3 = 36$
$36 + 4 = 40$

**9** $100 - (16 + 2) \times (72 \div 24) = 46$

$16 + 2 = 18$
$72 \div 24 = 3$
$18 \times 3 = 54$
$100 - 54 = 46$



| | |
|---|---|
| ❶ 45 | ❷ 56 |
| ❸ 77 | ❹ 4 |
| ❺ 72 | ❻ 114 |
| ❼ 21 | ❽ 30 |
| ❾ 29 | ❿ 29 |
| ⓫ 23 | ⓬ 17 |
| ⓭ 47 | ⓮ 62 |
| ⓯ 64 | ⓰ 34 |
| ⓱ 2 | ⓲ 24 |
| ⓳ 27 | ⓴ 61 |



**❶** $52 - 13 + 6 = 45$

$52 - 13 = 39$
$39 + 6 = 45$

**❷** $81 - (16 + 9) = 56$

$16 + 9 = 25$
$81 - 25 = 56$

**❸** $88 \div 8 \times 7 = 77$

$88 \div 8 = 11$
$11 \times 7 = 77$

**❹** $84 \div (7 \times 3) = 4$

$7 \times 3 = 21$
$84 \div 21 = 4$

**❺** $74 - 2 \times 5 + 8 = 72$

$2 \times 5 = 10$
$74 - 10 = 64$
$64 + 8 = 72$

**❻** $34 + (19 - 3) \times 5 = 114$

$19 - 3 = 16$
$16 \times 5 = 80$
$34 + 80 = 114$

**❼** $20 + 56 \div 8 - 6 = 21$

$56 \div 8 = 7$
$20 + 7 = 27$
$27 - 6 = 21$

**❽** $(66 - 28) \div 2 + 11 = 30$

$66 - 28 = 38$
$38 \div 2 = 19$
$19 + 11 = 30$

**❾** $28 + 45 \div 9 \times 3 - 14 = 29$

$45 \div 9 = 5$
$5 \times 3 = 15$
$28 + 15 = 43$
$43 - 14 = 29$

**❿** $15 + 2 \times (37 - 9) \div 4 = 29$

$37 - 9 = 28$
$2 \times 28 = 56$
$56 \div 4 = 14$
$15 + 14 = 29$

**⓫** $30 + 20 - 45 \div 5 \times 3 = 23$

$30 + 20 = 50$
$45 \div 5 = 9$
$9 \times 3 = 27$
$50 - 27 = 23$

**⓬** $25 - 56 \div (10 + 4) \times 2 = 17$

$10 + 4 = 14$
$56 \div 14 = 4$
$4 \times 2 = 8$
$25 - 8 = 17$

**⓭** $93 - (29 + 17) = 47$

$29 + 17 = 46$
$93 - 46 = 47$

**⓮** $81 - 47 + 28 = 62$

$81 - 47 = 34$
$34 + 28 = 62$

⑮ $77-(46+19)\div5=64$

$\quad\quad\quad\quad\quad 65$

$\quad\quad\quad\quad\quad\quad 13$

$\quad\quad\quad\quad 64$

⑯ $48\div3+36-2\times9=34$

$\quad 16 \quad\quad\quad 18$

$\quad\quad 52$

$\quad\quad\quad 34$

⑰ $94\div(90-17\times3+8)=2$

$\quad\quad\quad\quad 51$

$\quad\quad\quad 39$

$\quad\quad\quad\quad 47$

$\quad\quad 2$

⑱ $168-(24+12)\times4=24$

$\quad\quad\quad 36$

$\quad\quad\quad\quad 144$

$\quad\quad\quad 24$

⑲ $75-(40\div2\times2+8)=27$

$\quad\quad\quad 20$

$\quad\quad\quad\quad 40$

$\quad\quad\quad\quad\quad 48$

$\quad\quad\quad 27$

⑳ $2\times34-91\div(4+9)=61$

$\quad 68 \quad\quad\quad 13$

$\quad\quad\quad 7$

$\quad\quad 61$



**1** $500$ ; $2000, 700, 800, 500$ ; $500$

**2** $25$ ; $10, 5, 2, 25$ ; $25$

**3** $5$ ; $60, 6, 2, 5$ ; $5$

**4** $40, 3, 5, 3, 16$

**5** $5000, 1400, 4800, 6, 2800$

**6** $6000, 1500, 3, 4500, 5, 600$

---

**1** $2000-(700+800)=500$

$\quad\quad\quad\quad 1500$

$\quad\quad 500$

**4** $40-(3+5)\times3=16$

$\quad\quad\quad\quad 8$

$\quad\quad\quad\quad\quad 24$

$\quad\quad\quad 16$

**5** $5000-(1400+4800\div6)=2800$

$\quad\quad\quad\quad\quad\quad 800$

$\quad\quad\quad\quad\quad 2200$

$\quad\quad\quad\quad 2800$

**6** $6000-(1500\times3+4500\div5)=600$

$\quad\quad\quad\quad\quad 4500 \quad\quad\quad 900$

$\quad\quad\quad\quad\quad\quad 5400$

$\quad\quad\quad\quad 600$



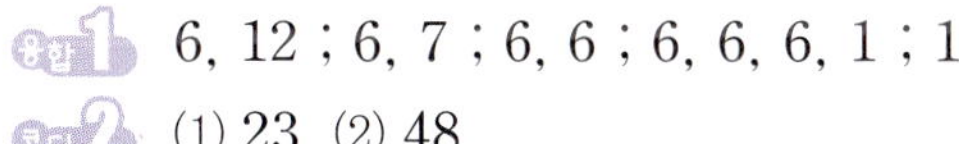

융합 **1** $6, 12$ ; $6, 7$ ; $6, 6$ ; $6, 6, 6, 1$ ; $1$

코딩 **2** (1) $23$　(2) $48$

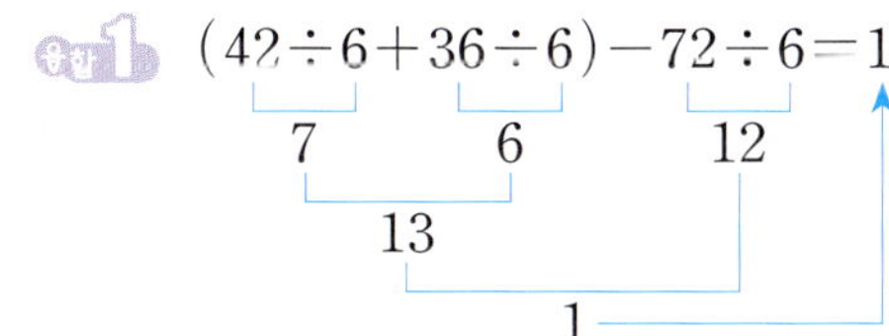

융합 **1** $(42\div6+36\div6)-72\div6=1$

$\quad\quad 7 \quad\quad\quad 6 \quad\quad\quad 12$

$\quad\quad\quad 13$

$\quad\quad\quad\quad\quad 1$

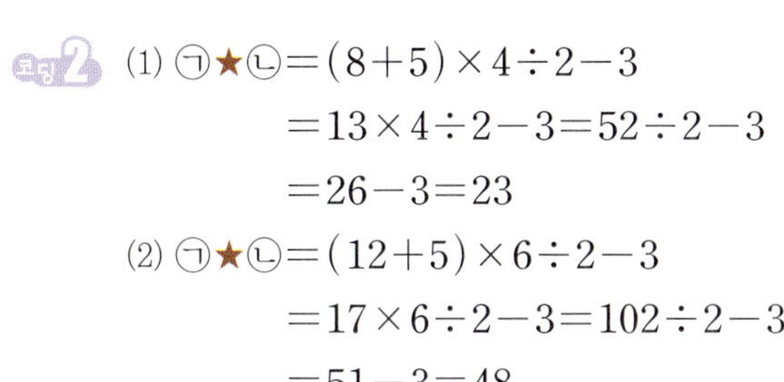

코딩 **2** (1) $\bigcirc\bigstar\bigcirc=(8+5)\times4\div2-3$

$\quad\quad\quad\quad =13\times4\div2-3=52\div2-3$

$\quad\quad\quad\quad =26-3=23$

(2) $\bigcirc\bigstar\bigcirc=(12+5)\times6\div2-3$

$\quad\quad\quad\quad =17\times6\div2-3=102\div2-3$

$\quad\quad\quad\quad -51-3=48$

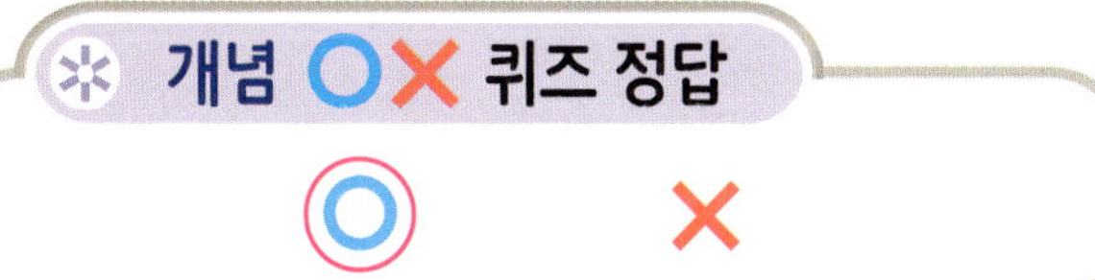

## 2 약수와 배수

옳으면 ○에, 틀리면 ✕에 ○표 하세요.

정답은 13쪽에서 확인하세요.

### 1일차 기초 계산 연습 34~35쪽

❶ 4, 8 ; 1, 2, 4, 8  ❷ 7, 14 ; 1, 2, 7, 14
❸ 5, 15 ; 1, 3, 5, 15  ❹ 7, 21 ; 1, 3, 7, 21
❺ 4, 6, 12 ; 1, 2, 3, 4, 6, 12
❻ 6, 9, 18 ; 1, 2, 3, 6, 9, 18
❼ 5, 25 ; 1, 5, 25  ❽ 3, 9 ; 1, 3, 9
❾ 11, 22 ; 1, 2, 11, 22
❿ 7, 35 ; 1, 5, 7, 35
⓫ 5, 10, 20 ; 1, 2, 4, 5, 10, 20
⓬ 9, 15, 45 ; 1, 3, 5, 9, 15, 45
⓭ 8, 16, 32 ; 1, 2, 4, 8, 16, 32
⓮ 7, 14, 28 ; 1, 2, 4, 7, 14, 28

### 1일차 플러스 계산 연습 36~37쪽

**1** 1, 2, 4  **2** 1, 7
**3** 1, 2, 5, 10  **4** 1, 2, 4, 8, 16
**5** 1, 23  **6** 1, 3, 11, 33
**7** 1, 19 ; 2개
**8** 1, 2, 3, 5, 6, 10, 15, 30 ; 8개
**9** 1, 2, 4, 5, 8, 10, 20, 40 ; 8개
**10** 1, 2, 4, 11, 22, 44 ; 6개
**11** 2개, 4개, 8개에 ○표
**12** 2개, 3개, 4개, 6개에 ○표
**13** 3개, 9개에 ○표
**14** 2개, 3개, 6개, 12개에 ○표
**15** 4  **16** 4
**17** 8  **18** 3

**7** $19÷1=19$, $19÷19=1$ ➡ 19의 약수: 1, 19

**8** $30÷1=30$, $30÷2=15$, $30÷3=10$,
$30÷5=6$, $30÷6=5$, $30÷10=3$, $30÷15=2$,
$30÷30=1$
➡ 30의 약수: 1, 2, 3, 5, 6, 10, 15, 30

**9** $40÷1=40$, $40÷2=20$, $40÷4=10$,
$40÷5=8$, $40÷8=5$, $40÷10=4$, $40÷20=2$,
$40÷40=1$
➡ 40의 약수: 1, 2, 4, 5, 8, 10, 20, 40

**10** $44÷1=44$, $44÷2=22$, $44÷4=11$,
$44÷11=4$, $44÷22=2$, $44÷44=1$
➡ 44의 약수: 1, 2, 4, 11, 22, 44

**11** 사과 8개를 똑같이 나누어 담을 수 있는 봉지 수는
8의 약수와 같습니다. ➡ 8의 약수: 1, 2, 4, 8

**12** 12의 약수: 1, 2, 3, 4, 6, 12

**13** 27의 약수: 1, 3, 9, 27

**14** 24의 약수: 1, 2, 3, 4, 6, 8, 12, 24

**15** 26의 약수: 1, 2, 13, 26 ➡ 4개

**16** 34의 약수: 1, 2, 17, 34 ➡ 4개

**17** 42의 약수: 1, 2, 3, 6, 7, 14, 21, 42 ➡ 8개

**18** 49의 약수: 1, 7, 49 ➡ 3개

### 2일차 기초 계산 연습 38~39쪽

❶ 9, 12 ; 3, 6, 9, 12
❷ 12, 16 ; 4, 8, 12, 16
❸ 14, 21, 28 ; 7, 14, 21, 28
❹ 18, 27, 36 ; 9, 18, 27, 36
❺ 22, 33, 44 ; 11, 22, 33, 44
❻ 24, 36, 48 ; 12, 24, 36, 48
❼ 20, 30, 40 ; 10, 20, 30, 40
❽ 26, 39, 52 ; 13, 26, 39, 52
❾ 28, 42, 56 ; 14, 28, 42, 56
❿ 15, 30, 45, 60 ; 15, 30, 45, 60
⓫ 20, 40, 60, 80 ; 20, 40, 60, 80
⓬ 22, 44, 66, 88 ; 22, 44, 66, 88
⓭ 16, 32, 48, 64 ; 16, 32, 48, 64
⓮ 17, 34, 51, 68 ; 17, 34, 51, 68

## 2일차 플러스 계산 연습 40~41쪽

**1** 5, 10, 15, 20, 25  **2** 8, 16, 24, 32, 40

**3** 19, 38, 57, 76, 95  **4** 21, 42, 63, 84, 105

**5** 6, 12, 18, 24  **6** 23, 46, 69, 92

**7** 25, 50, 75, 100  **8** 30, 60, 90, 120

**9** 32, 64, 96, 128  **10** 40, 80, 120, 160

**11**

**12** 18, 36, 54  **13** 24, 48, 72

**14** 28, 56, 84  **15** 45, 90, 135

**16** 50, 100, 150  **17** 100, 200, 300

**12** $18\times1=18$, $18\times2=36$, $18\times3=54$

**13** $24\times1=24$, $24\times2=48$, $24\times3=72$

**14** $28\times1=28$, $28\times2=56$, $28\times3=84$

**15** $45\times1=45$, $45\times2=90$, $45\times3=135$

**16** $50\times1=50$, $50\times2=100$, $50\times3=150$

**17** $100\times1=100$, $100\times2=200$, $100\times3=300$

## 3일차 기초 계산 연습 42~43쪽

**①** 1, 2 ; 2  **②** 1, 2 ; 2

**③** 1, 3 ; 3  **④** 1, 2, 4 ; 4

**⑤** 1, 5 ; 5  **⑥** 1, 3, 9 ; 9

**⑦** 1, 3, 9, 27 ; 1, 3, 5, 9, 15, 45 ; 1, 3, 9 ; 9

**⑧** 1, 2, 3, 6 ; 1, 3, 5, 15 ; 1, 3 ; 3

**⑨** 1, 2, 7, 14 ; 1, 5, 7, 35 ; 1, 7 ; 7

**⑩** 1, 2, 4 ; 1, 2, 3, 6, 9, 18 ; 1, 2 ; 2

**⑪** 1, 2, 4, 5, 10, 20 ; 1, 2, 3, 5, 6, 10, 15, 30 ; 1, 2, 5, 10 ; 10

**⑫** 1, 2, 3, 6 ; 1, 2, 4, 8 ; 1, 2 ; 2

**⑬** 1, 2, 3, 4, 6, 12 ; 1, 2, 4, 7, 14, 28 ; 1, 2, 4 ; 4

**⑭** 1, 2, 4, 8, 16 ; 1, 2, 3, 4, 6, 8, 12, 24 ; 1, 2, 4, 8 ; 8

## 3일차 플러스 계산 연습 44~45쪽

**1** 1, 2, 4, 8, 16, 32 ; 1, 2, 3, 4, 6, 9, 12, 18, 36 ; 1, 2, 4

**2** 1, 5, 25 ; 1, 5, 11, 55 ; 1, 5

**3** 1, 3, 7, 21 ; 1, 5, 7, 35 ; 1, 7

**4** 1, 2, 4 ; 1, 2, 4, 11, 22, 44 ; 1, 2, 4

**5** 1, 3, 5, 15 ; 15  **6** 1, 2 ; 2

**7** 1, 2, 3, 6, 9, 18 ; 18

**8** 1, 3 ; 3  **9** 1, 2, 7, 14 ; 14

**10** 1, 3 ; 3  **11**

**12** 1, 2  **13** 1, 2, 7, 14

**14** 1, 3  **15** 1, 2, 4

**16** 5  **17** 15

**5** 15의 약수: ①, ③, ⑤, ⑮
  45의 약수: ①, ③, ⑤, 9, ⑮, 45

**6** 16의 약수: ①, ②, 4, 8, 16
  42의 약수: ①, ②, 3, 6, 7, 14, 21, 42

**7** 54의 약수: ①, ②, ③, ⑥, ⑨, ⑱, 27, 54
  72의 약수: ①, ②, ③, 4, ⑥, 8, ⑨, 12, ⑱, 24, 36, 72

**8** 9의 약수: ①, ③, 9
  48의 약수: ①, 2, ③, 4, 6, 8, 12, 16, 24, 48

**9** 14의 약수: ①, ②, ⑦, ⑭
  56의 약수: ①, ②, 4, ⑦, 8, ⑭, 28, 56

**10** 24의 약수: ①, 2, ③, 4, 6, 8, 12, 24
  81의 약수: ①, ③, 9, 27, 81

**11** • 6의 약수: ①, ②, ③, ⑥
  12의 약수: ①, ②, ③, 4, ⑥, 12
  ➜ 6과 12의 최대공약수: 6
  • 12의 약수: ①, ②, 3, ④, 6, 12
  20의 약수: ①, ②, ④, 5, 10, 20
  ➜ 12와 20의 최대공약수: 4
  • 16의 약수: ①, ②, ④, ⑧, ⑯
  32의 약수: ①, ②, ④, ⑧, ⑯, 32
  ➜ 16과 32의 최대공약수: 16
  • 48의 약수: ①, ②, 3, 4, 6, 8, 12, 16, 24, 48
  14의 약수: ①, ②, 7, 14
  ➜ 48과 14의 최대공약수: 2

**12** 4의 약수: ①, ②, 4
　　6의 약수: ①, ②, 3, 6

**13** 14의 약수: ①, ②, ⑦, ⑭
　　42의 약수: ①, ②, 3, 6, ⑦, ⑭, 21, 42

**14** 9의 약수: ①, ③, 9
　　21의 약수: ①, ③, 7, 21

**15** 16의 약수: ①, ②, ④, 8, 16
　　20의 약수: ①, ②, ④, 5, 10, 20

**16** 5의 약수: ①, ⑤
　　10의 약수: ①, 2, ⑤, 10

**17** 30의 약수: ①, 2, ③, ⑤, 6, 10, ⑮, 30
　　75의 약수: ①, ③, ⑤, ⑮, 25, 75

### ④ 일차　기초 계산 연습　46~47쪽

❶ 3, 9　　❷ 2, 4
❸ 7, 14　　❹ 3, 6
❺ 2, 10　　❻ 2, 6
❼ 3 ; 7 ; 3, 3, 9　　❽ 2, 2 ; 5 ; 2, 2, 4
❾ 7 ; 7 ; 3, 7, 21　　❿ 3 ; 3 ; 2, 3, 6
⓫ 5 ; 7 ; 2, 5, 10　　⓬ 7 ; 7 ; 2, 7, 14
⓭ 2 ; 3 ; 2, 2, 4　　⓮ 3 ; 3 ; 2, 3, 3, 18



### ④ 일차　플러스 계산 연습　48~49쪽

**1** $30=2\times3\times5$ ; $70=2\times5\times7$ ; $2\times5=10$

**2** $40=2\times2\times2\times5$ ;
　　$56=2\times2\times2\times7$ ; $2\times2\times2=8$

**3** $48=2\times2\times2\times2\times3$ ;
　　$72=2\times2\times2\times3\times3$ ; $2\times2\times2\times3=24$

**4** 4　　**5** 4　　**6** 9
**7** 6　　**8** 12　　**9** 14
**10** 6　　**11** 28　　**12** 9
**13** 9　　**14** 9　　**15** 16
**16** 8　　**17** 10　　**18** 16
**19** 21

**10** $48=2\times2\times2\times2\times3$
　　$42=2\times3\times7$
　　➜ 최대공약수: $2\times3=6$

**11** $84=2\times2\times3\times7$
　　$56=2\times2\times2\times7$
　　➜ 최대공약수: $2\times2\times7=28$

**12** $63=3\times3\times7$
　　$72=2\times2\times2\times3\times3$
　　➜ 최대공약수: $3\times3=9$

**13** $81=3\times3\times3\times3$
　　$45=3\times3\times5$
　　➜ 최대공약수: $3\times3=9$

**14** $72=2\times2\times2\times3\times3$
　　$81=3\times3\times3\times3$
　　➜ 최대공약수: $3\times3=9$

**15** $48=2\times2\times2\times2\times3$
　　$64=2\times2\times2\times2\times2\times2$
　　➜ 최대공약수: $2\times2\times2\times2=16$

**18** $16=2\times2\times2\times2$
　　$80=2\times2\times2\times2\times5$
　　➜ 최대공약수: $2\times2\times2\times2=16$

**19** $21=3\times7$
　　$63=3\times3\times7$
　　➜ 최대공약수: $3\times7=21$

### ⑤ 일차　기초 계산 연습　50~51쪽

❶ 5, 10　　❷ 3, 9
❸ 3, 6　　❹ 5, 15
❺ 2, 2 ; 2, 2, 8　　❻ 2, 2 ; 2, 2, 8
❼ 5, 1, 2 ; 5, 25　　❽ 3, 2, 5 ; 3, 9

❾ 2) 50　20
　　5) 25　10
　　　 5　　2
　　; $2\times5=10$

❿ 2) 20　24
　　2) 10　12
　　　 5　　6
　　; $2\times2=4$

⓫ 2) 48　60
　　2) 24　30
　　3) 12　15
　　　 4　　5
　　; $2\times2\times3=12$

⓬ 3) 21　63
　　7)　7　21
　　　 1　　3
　　; $3\times7=21$

## 5 일차 — 플러스 계산 연습 · 52~53쪽

**1** 2) 40  28
   2) 20  14
      10   7
   ; 2×2=4

**2** 5) 50  75
   5) 10  15
       2   3
   ; 5×5=25

**3** 3) 90  81
   3) 30  27
      10   9
   ; 3×3=9

| **4** 14 | **5** 24 | **6** 12 |
| **7** 4 | **8** 4 | **9** 12 |
| **10** 10 | **11** 6 | **12** 2 |
| **13** 8 | **14** 2 | **15** 2 |
| **16** 18 | **17** 21 | **18** 30 |
| **19** 9 | | |

**10** 2) 40  50
    5) 20  25
        4   5  → 최대공약수: 2×5=10

**11** 2) 24  54
    3) 12  27
        4   9  → 최대공약수: 2×3=6

**12** 2) 54  70
       27  35  → 최대공약수: 2

**13** 2) 48  40
    2) 24  20
    2) 12  10
        6   5  → 최대공약수: 2×2×2=8

**14** 2) 24  70
       12  35  → 최대공약수: 2

**15** 2) 50  48
       25  24  → 최대공약수: 2

**18** 2) 30  90
    3) 15  45
    5)  5  15
        1   3  → 최대공약수: 2×3×5=30

**19** 3) 45  81
    3) 15  27
        5   9  → 최대공약수: 3×3=9

## 6 일차 — 기초 계산 연습 · 54~55쪽

**1** 4, 8 ; 4
**2** 6, 12 ; 6
**3** 12, 24 ; 12
**4** 6, 12 ; 6
**5** 10, 20 ; 10
**6** 30, 60 ; 30
**7** 2, 4, 6, 8, 10 ; 8, 16, 24, 32, 40 ; 8, 16, 24 ; 8
**8** 4, 8, 12, 16, 20 ; 5, 10, 15, 20, 25 ; 20, 40, 60 ; 20
**9** 7, 14, 21, 28, 35 ; 14, 28, 42, 56, 70 ; 14, 28, 42 ; 14
**10** 6, 12, 18, 24, 30 ; 12, 24, 36, 48, 60 ; 12, 24, 36 ; 12
**11** 15, 30, 45, 60, 75 ; 9, 18, 27, 36, 45 ; 45, 90, 135 ; 45
**12** 12, 24, 36, 48, 60 ; 18, 36, 54, 72, 90 ; 36, 72, 108 ; 36
**13** 14, 28, 42, 56, 70 ; 28, 56, 84, 112, 140 ; 28, 56, 84 ; 28
**14** 20, 40, 60, 80, 100 ; 10, 20, 30, 40, 50 ; 20, 40, 60 ; 20

## 6 일차 — 플러스 계산 연습 · 56~57쪽

**1** 10, 20, 30, 40, 50 ; 6, 12, 18, 24, 30 ; 30, 60, 90
**2** 8, 16, 24, 32, 40 ; 6, 12, 18, 24, 30 ; 24, 48, 72
**3** 14, 28, 42, 56, 70 ; 21, 42, 63, 84, 105 ; 42, 84, 126
**4** 20, 40, 60, 80, 100 ; 40, 80, 120, 160, 200 ; 40, 80, 120

| **5** 30, 60, 90 ; 30 | **6** 10, 20, 30 ; 10 |
| **7** 8, 16, 24 ; 8 | **8** 20, 40, 60 ; 20 |
| **9** 9, 18, 27 ; 9 | **10** 24, 48, 72 ; 24 |
| **11** 20 | **12** 12 |
| **13** 60 | **14** 18 |
| **15** 16 | **16** 30 |
| **17** 24 | **18** 42 |

**11** 4의 배수: 4, 8, 12, 16, ⑳, 24……
10의 배수: 10, ⑳, 30……
→ 4와 10의 최소공배수: 20

**12** 2의 배수: 2, 4, 6, 8, 10, ⑫, 14, 16……
12의 배수: ⑫, 24, 36……
→ 2와 12의 최소공배수: 12

**13** 20의 배수: 20, 40, ㉠, 80, 100……
30의 배수: 30, ㉠, 90……
→ 20과 30의 최소공배수: 60

**14** 6의 배수: 6, 12, ⑱, 24, 30, 36……
9의 배수: 9, ⑱, 27, 36……
→ 6과 9의 최소공배수: 18

**12** $6=2\times3$, $22=2\times11$
→ 6과 22의 최소공배수: $2\times3\times11=66$

**13** $8=2\times2\times2$, $14=2\times7$
→ 8과 14의 최소공배수: $2\times2\times2\times7=56$

### 7일차 기초 계산 연습 58~59쪽

① 3, 27  ② 2, 48
③ 2, 70  ④ 2, 90
⑤ 5, 70  ⑥ 5, 105
⑦ 5 ; 7 ; 5, 7, 140  ⑧ 11 ; 11 ; 11, 132
⑨ 5 ; 5 ; 5, 150  ⑩ 7 ; 7 ; 7, 84
⑪ 3 ; 5 ; 3, 5, 135  ⑫ 2 ; 7 ; 2, 7, 28
⑬ 2 ; 3 ; 2, 3, 24  ⑭ 7 ; 3 ; 7, 2, 84

### 8일차 기초 계산 연습 62~63쪽

① 7, 175  ② 4, 60
③ 2, 5, 60  ④ 5, 4, 180
⑤ 3 ; 3, 270  ⑥ 2 ; 2, 180
⑦ 3, 8 ; 3, 8, 120  ⑧ 5, 16 ; 5, 16, 400

⑨
```
3) 36  27
3) 12   9
      4   3   ; 3×3×4×3=108
```

⑩
```
 2) 44  88
 2) 22  44
11) 11  22
       1   2   ; 2×2×11×1×2=88
```

⑪
```
2) 40  32
2) 20  16
2) 10   8
      5   4   ; 2×2×2×5×4=160
```

⑫
```
2) 30  70
5) 15  35
      3   7   ; 2×5×3×7=210
```

### 7일차 플러스 계산 연습 60~61쪽

**1** $12=2\times2\times3$ ; $18=2\times3\times3$ ;
$2\times3\times2\times3=36$

**2** $24=2\times2\times2\times3$ ; $16=2\times2\times2\times2$ ;
$2\times2\times2\times3\times2=48$

**3** $50=2\times5\times5$ ; $20=2\times2\times5$ ;
$2\times5\times5\times2=100$

**4** 72  **5** 90
**6** 180  **7** 280
**8** 252  **9** 308
**10** 18  **11** 60
**12** 66  **13** 56
**14** 72  **15** 200
**16** 130  **17** 42

### 8일차 플러스 계산 연습 64~65쪽

**1**
```
2) 24  40
2) 12  20
2)  6  10
      3   5   ; 2×2×2×3×5=120
```

**2**
```
2) 32  20
2) 16  10
      8   5   ; 2×2×8×5=160
```

**3**
```
2) 60  36
2) 30  18
3) 15   9
      5   3
; 2×2×3×5×3=180
```

**4** 72
**5** 56
**6** 42
**7** 110

**8** 210  **9** 84  **10** 80 ; 80
**11** 42 ; 42  **12** 24  **13** 49
**14** 80  **15** 75

**10** 
$$\begin{array}{r|cc} 2) & 20 & 16 \\ 2) & 10 & 8 \\ \hline & 5 & 4 \end{array}$$
➡ 최소공배수: $2 \times 2 \times 5 \times 4 = 80$

**11** 
$$\begin{array}{r|cc} 3) & 42 & 21 \\ 7) & 14 & 7 \\ \hline & 2 & 1 \end{array}$$
➡ 최소공배수: $3 \times 7 \times 2 \times 1 = 42$

**12** 
$$\begin{array}{r|cc} 2) & 6 & 8 \\ \hline & 3 & 4 \end{array}$$
➡ 최소공배수: $2 \times 3 \times 4 = 24$

**13** 
$$\begin{array}{r|cc} 7) & 7 & 49 \\ \hline & 1 & 7 \end{array}$$
➡ 최소공배수: $7 \times 1 \times 7 = 49$

---



❶ 1, 3, 9, 27 ❷ 1, 2, 19, 38
❸ 1, 3, 11, 33 ❹ 1, 2, 5, 10, 25, 50
❺ 1, 3, 5, 15, 25, 75 ❻ 1, 29
❼ 26, 52, 78 ❽ 34, 68, 102
❾ 27, 54, 81 ❿ 70, 140, 210
⓫ 1, 2, 4, 8 ⓬ 1, 2, 7, 14
⓭ 28, 56, 84 ⓮ 27, 54, 81
⓯ 6 ⓰ 9
⓱ 14 ⓲ 5
⓳ 192 ⓴ 40

**⓯** 
$$\begin{array}{r|cc} 2) & 54 & 24 \\ 3) & 27 & 12 \\ \hline & 9 & 4 \end{array}$$
➡ 최대공약수: $2 \times 3 = 6$

**⓰** 
$$\begin{array}{r|cc} 3) & 18 & 27 \\ 3) & 6 & 9 \\ \hline & 2 & 3 \end{array}$$
➡ 최대공약수: $3 \times 3 = 9$

**⓱** 
$$\begin{array}{r|cc} 2) & 70 & 28 \\ 7) & 35 & 14 \\ \hline & 5 & 2 \end{array}$$
➡ 최대공약수: $2 \times 7 = 14$

**⓲** 
$$\begin{array}{r|cc} 5) & 40 & 35 \\ \hline & 8 & 7 \end{array}$$
➡ 최대공약수: 5

**⓳** 
$$\begin{array}{r|cc} 2) & 6 & 64 \\ \hline & 3 & 32 \end{array}$$
➡ 최소공배수: $2 \times 3 \times 32 = 192$

**⓴** 
$$\begin{array}{r|cc} 2) & 8 & 40 \\ 2) & 4 & 20 \\ 2) & 2 & 10 \\ \hline & 1 & 5 \end{array}$$
➡ 최소공배수:
$2 \times 2 \times 2 \times 1 \times 5 = 40$

---



**1** 3, 3, 18 ; 18
**2** 3, 3, 2, 54 ; 54
**3** 5, 3, 45 ; 45
**4** 
$$\begin{array}{r|cc} 2) & 56 & 48 \\ 2) & 28 & 24 \\ 2) & 14 & 12 \\ \hline & 7 & 6 \end{array}$$ ; 8

**5** 
$$\begin{array}{r|cc} 3) & 6 & 9 \\ \hline & 2 & 3 \end{array}$$ ; 18

**6** 
$$\begin{array}{r|cc} 7) & 7 & 14 \\ \hline & 1 & 2 \end{array}$$ ; 14

---



창의**1**　4, 8, 12, 16, 20, 24, 28, 32, 36, 40에 ○표,
9, 18, 27, 36에 △표 ; 36

코딩**2**　9

---

✽ 개념 ○✕ 퀴즈 정답

○　　　✕

4＝2×2이므로 4는 2의 배수입니다.

정답과 해설

13

## 3 약분과 통분

### ✳ 개념 ⭕❌ 퀴즈

옳으면 ⭕에, 틀리면 ❌에 ⭕표 하세요.

$\dfrac{15}{25}$ 를 기약분수로 나타내면 $\dfrac{2}{5}$ 입니다.

정답은 21쪽에서 확인하세요.

---

**1** 일차　기초 계산 연습　　74~75쪽

| | |
|---|---|
| ❶ 6 ; 3 | ❷ 2 ; 14 |
| ❸ 4 ; 4 | ❹ 20 ; 4 |
| ❺ 3 ; 24 | ❻ 5 ; 5 |
| ❼ 12 ; 6 | ❽ 5 ; 20 |
| ❾ 28 ; 7 | ❿ 4 |
| ⓫ 24 | ⓬ 18 |
| ⓭ 12 | ⓮ 42 |
| ⓯ 21 | ⓰ 33 |
| ⓱ 14 | ⓲ 72 |
| ⓳ 12 | ⓴ 21 |
| ㉑ 35 | ㉒ 39 |
| ㉓ 16 | |

---

**1** 일차　플러스 계산 연습　　76~77쪽

**1** $\dfrac{6}{10}$ , $\dfrac{9}{15}$ 　　**2** $\dfrac{12}{14}$ , $\dfrac{18}{21}$

**3** $\dfrac{16}{18}$ , $\dfrac{24}{27}$ 　　**4** $\dfrac{8}{22}$ , $\dfrac{12}{33}$

**5** $\dfrac{5}{9}$ 에 ×표　　**6** $\dfrac{21}{24}$ 에 ×표

**7** $\dfrac{14}{27}$ 에 ×표　　**8** $\dfrac{12}{20}$ 에 ×표

**9** $\dfrac{22}{33}$ 에 ×표　　**10** $\dfrac{12}{24}$ 에 ×표

**11** 3　　**12** 4

**13** 6　　**14** 3

**15** 20　　**16** 20

**17** 33　　**18** 75

---

**3** $\dfrac{8}{9}=\dfrac{8\times2}{9\times2}=\dfrac{16}{18}$ , $\dfrac{8}{9}=\dfrac{8\times3}{9\times3}=\dfrac{24}{27}$

**4** $\dfrac{4}{11}=\dfrac{4\times2}{11\times2}=\dfrac{8}{22}$ , $\dfrac{4}{11}=\dfrac{4\times3}{11\times3}=\dfrac{12}{33}$

**11** $\dfrac{1}{2}=\dfrac{3}{6}$ 이므로 지후는 3조각을 먹어야 합니다.

**12** $\dfrac{2}{5}=\dfrac{4}{10}$ 이므로 지후는 4조각을 먹어야 합니다.

**13** $\dfrac{2}{3}=\dfrac{6}{9}$ 이므로 지후는 6조각을 먹어야 합니다.

**14** $\dfrac{1}{4}=\dfrac{3}{12}$ 이므로 지후는 3조각을 먹어야 합니다.

---

**2** 일차　기초 계산 연습　　78~79쪽

| | |
|---|---|
| ❶ 4 ; 2 | ❷ 3 ; 12 |
| ❸ 5 ; 4 | ❹ 3 ; 6 |
| ❺ 5 ; 6 | ❻ 5 ; 5 |
| ❼ 3 ; 5 | ❽ 4 ; 6 |
| ❾ 9 ; 2 | ❿ 4 |
| ⓫ 6 | ⓬ 4 |
| ⓭ 4 | ⓮ 4 |
| ⓯ 8 | ⓰ 6 |
| ⓱ 5 | ⓲ 4 |
| ⓳ 6 | ⓴ 9 |
| ㉑ 6 | ㉒ 5 |
| ㉓ 3 | |

**⓳** $\dfrac{36}{54}=\dfrac{36\div6}{54\div6}=\dfrac{6}{9}$

**⓴** $\dfrac{32}{72}=\dfrac{32\div8}{72\div8}=\dfrac{4}{9}$

**㉑** $\dfrac{24}{36}=\dfrac{24\div4}{36\div4}=\dfrac{6}{9}$

**㉒** $\dfrac{25}{50}=\dfrac{25\div5}{50\div5}=\dfrac{5}{10}$

**㉓** $\dfrac{27}{81}=\dfrac{27\div9}{81\div9}=\dfrac{3}{9}$

## 2 일차 · 플러스 계산 연습　80~81쪽

**1** $\dfrac{6}{12}$, $\dfrac{4}{8}$　**2** $\dfrac{15}{18}$, $\dfrac{10}{12}$

**3** $\dfrac{12}{22}$, $\dfrac{6}{11}$　**4** $\dfrac{15}{25}$, $\dfrac{6}{10}$

**5** $\dfrac{3}{5}$에 $\times$표　**6** $\dfrac{15}{28}$에 $\times$표

**7** $\dfrac{6}{12}$에 $\times$표　**8** $\dfrac{15}{24}$에 $\times$표

**9** $\dfrac{9}{10}$에 $\times$표　**10** $\dfrac{8}{12}$에 $\times$표

**11** 2　**12** 3

**13** 3　**14** 2

**15** 2　**16** 5

**17** 12　**18** 9

**11** $\dfrac{4}{8}=\dfrac{4\div2}{8\div2}=\dfrac{2}{4}$ 이므로 성훈이는 2조각을 먹어야 합니다.

**12** $\dfrac{6}{12}=\dfrac{6\div2}{12\div2}=\dfrac{3}{6}$ 이므로 성훈이는 3조각을 먹어야 합니다.

**13** $\dfrac{12}{16}=\dfrac{12\div4}{16\div4}=\dfrac{3}{4}$ 이므로 성훈이는 3조각을 먹어야 합니다.

**14** $\dfrac{4}{10}=\dfrac{4\div2}{10\div2}=\dfrac{2}{5}$ 이므로 성훈이는 2조각을 먹어야 합니다.

## 3 일차 · 기초 계산 연습　82~83쪽

**①** $\dfrac{2}{3}$　**②** $\dfrac{3}{5}$

**③** 6, $\dfrac{4}{5}$　**④** 4, $\dfrac{6}{12}$

**⑤** 2, $\dfrac{4}{8}$　**⑥** 7, $\dfrac{3}{4}$

**⑦** 5, $\dfrac{2}{3}$　**⑧** 6, $\dfrac{2}{6}$

**⑨** 5　**⑩** 5　**⑪** 4

**⑫** 8　**⑬** 12　**⑭** 2

**⑮** 4　**⑯** 6　**⑰** 8

**⑱** 8　**⑲** 21　**⑳** 4

**㉑** 8　**㉒** 9

## 3 일차 · 플러스 계산 연습　84~85쪽

**1** 15, 10, 5　**2** 2, 1

**3** 3, 1　**4** 21, 14, 7

**5** $\dfrac{2}{5}$, $\dfrac{5}{8}$　**6** $\dfrac{5}{8}$, $\dfrac{7}{10}$

**7** $\dfrac{9}{10}$, $\dfrac{6}{14}$　**8** $\dfrac{5}{8}$, $\dfrac{7}{10}$

**9** 3, 2, 1　**10** 6, 4, 2

**11** 20, 8, 4　**12** 12, 6, 3

**13** $\dfrac{2}{10}$　**14** $\dfrac{1}{2}$

**15** $\dfrac{4}{10}$　**16** $\dfrac{5}{10}$

**5** $\dfrac{4}{10}=\dfrac{4\div2}{10\div2}=\dfrac{2}{5}$, $\dfrac{10}{16}=\dfrac{10\div2}{16\div2}=\dfrac{5}{8}$

**6** $\dfrac{20}{32}=\dfrac{20\div4}{32\div4}=\dfrac{5}{8}$, $\dfrac{28}{40}=\dfrac{28\div4}{40\div4}=\dfrac{7}{10}$

**7** $\dfrac{45}{50}=\dfrac{45\div5}{50\div5}=\dfrac{9}{10}$, $\dfrac{30}{70}=\dfrac{30\div5}{70\div5}=\dfrac{6}{14}$

**8** $\dfrac{35}{56}=\dfrac{35\div7}{56\div7}=\dfrac{5}{8}$, $\dfrac{49}{70}=\dfrac{49\div7}{70\div7}=\dfrac{7}{10}$

**9** $\dfrac{6}{12}=\dfrac{6\div2}{12\div2}=\dfrac{3}{6}$, $\dfrac{6}{12}=\dfrac{6\div3}{12\div3}=\dfrac{2}{4}$,

$\dfrac{6}{12}=\dfrac{6\div6}{12\div6}=\dfrac{1}{2}$

**10** $\dfrac{12}{18}=\dfrac{12\div2}{18\div2}=\dfrac{6}{9}$, $\dfrac{12}{18}=\dfrac{12\div3}{18\div3}=\dfrac{4}{6}$,

$\dfrac{12}{18}=\dfrac{12\div6}{18\div6}=\dfrac{2}{3}$

**11** $\dfrac{40}{50}=\dfrac{40\div2}{50\div2}=\dfrac{20}{25}$, $\dfrac{40}{50}=\dfrac{40\div5}{50\div5}=\dfrac{8}{10}$,

$\dfrac{40}{50}=\dfrac{40\div10}{50\div10}=\dfrac{4}{5}$

**12** $\dfrac{24}{40}=\dfrac{24\div2}{40\div2}=\dfrac{12}{20}$, $\dfrac{24}{40}=\dfrac{24\div4}{40\div4}=\dfrac{6}{10}$,

$\dfrac{24}{40}=\dfrac{24\div8}{40\div8}=\dfrac{3}{5}$

**14** $\dfrac{7}{14}=\dfrac{7\div7}{14\div7}=\dfrac{1}{2}$

**15** $\dfrac{12}{30}=\dfrac{12\div3}{30\div3}=\dfrac{4}{10}$

**16** $\dfrac{25}{50}=\dfrac{25\div5}{50\div5}=\dfrac{5}{10}$

## 4 일차 　기초 계산 연습　86~87쪽

❶ 6, $\dfrac{6}{24} = \dfrac{6 \div \boxed{6}}{24 \div \boxed{6}} = \dfrac{\boxed{1}}{\boxed{4}}$

❷ 4, $\dfrac{8}{12} = \dfrac{8 \div \boxed{4}}{12 \div \boxed{4}} = \dfrac{\boxed{2}}{\boxed{3}}$

❸ 7, $\dfrac{14}{35} = \dfrac{14 \div \boxed{7}}{35 \div \boxed{7}} = \dfrac{\boxed{2}}{\boxed{5}}$

❹ 8, $\dfrac{8}{16} = \dfrac{8 \div \boxed{8}}{16 \div \boxed{8}} = \dfrac{\boxed{1}}{\boxed{2}}$

❺ 5, $\dfrac{25}{55} = \dfrac{25 \div \boxed{5}}{55 \div \boxed{5}} = \dfrac{\boxed{5}}{\boxed{11}}$

❻ 6, $\dfrac{18}{30} = \dfrac{18 \div \boxed{6}}{30 \div \boxed{6}} = \dfrac{\boxed{3}}{\boxed{5}}$

❼ $\dfrac{1}{2}$　　❽ $\dfrac{2}{7}$

❾ $\dfrac{7}{12}$　　❿ $\dfrac{1}{3}$

⓫ $\dfrac{2}{5}$　　⓬ $\dfrac{1}{4}$

⓭ $\dfrac{3}{8}$　　⓮ $\dfrac{1}{5}$

⓯ $\dfrac{7}{22}$　　⓰ $\dfrac{1}{2}$

⓱ $\dfrac{3}{7}$　　⓲ $\dfrac{3}{5}$

⓮ 30과 6의 최대공약수: 6
➡ $\dfrac{6}{30} = \dfrac{6 \div 6}{30 \div 6} = \dfrac{1}{5}$

⓯ 44와 14의 최대공약수: 2
➡ $\dfrac{14}{44} = \dfrac{14 \div 2}{44 \div 2} = \dfrac{7}{22}$

⓰ 20과 10의 최대공약수: 10
➡ $\dfrac{10}{20} = \dfrac{10 \div 10}{20 \div 10} = \dfrac{1}{2}$

⓱ 35와 15의 최대공약수: 5
➡ $\dfrac{15}{35} = \dfrac{15 \div 5}{35 \div 5} = \dfrac{3}{7}$

⓲ 40과 24의 최대공약수: 8
➡ $\dfrac{24}{40} = \dfrac{24 \div 8}{40 \div 8} = \dfrac{3}{5}$

## 4 일차 　플러스 계산 연습　88~89쪽

1 $\dfrac{\overset{5}{20}}{\underset{8}{32}} = \dfrac{5}{8}$　　2 $\dfrac{\overset{4}{32}}{\underset{5}{40}} = \dfrac{4}{5}$

3 $\dfrac{\overset{3}{12}}{\underset{5}{20}} = \dfrac{3}{5}$　　4 $\dfrac{\overset{3}{18}}{\underset{7}{42}} = \dfrac{3}{7}$

5 $\dfrac{\overset{7}{63}}{\underset{8}{72}} = \dfrac{7}{8}$　　6 $\dfrac{\overset{12}{48}}{\underset{13}{52}} = \dfrac{12}{13}$

7 $\dfrac{\overset{3}{27}}{\underset{4}{36}} = \dfrac{3}{4}$　　8 $\dfrac{\overset{1}{15}}{\underset{4}{60}} = \dfrac{1}{4}$

9 $\dfrac{1}{2}$　　10 $\dfrac{5}{6}$

11 $\dfrac{2}{7}$　　12 $\dfrac{4}{7}$

13 $\dfrac{7}{11}$　　14 $\dfrac{2}{3}$

15 $\dfrac{6}{7}$　　16 $\dfrac{3}{4}$

17 $\dfrac{7}{10}$　　18 $\dfrac{7}{8}$

19 2　　20 8

21 2　　22 18

13 55와 35의 최대공약수: 5
➡ $\dfrac{35}{55} = \dfrac{35 \div 5}{55 \div 5} = \dfrac{7}{11}$

14 27과 18의 최대공약수: 9
➡ $\dfrac{18}{27} = \dfrac{18 \div 9}{27 \div 9} = \dfrac{2}{3}$

15 28과 24의 최대공약수: 4
➡ $\dfrac{24}{28} = \dfrac{24 \div 4}{28 \div 4} = \dfrac{6}{7}$

16 60과 45의 최대공약수: 15
➡ $\dfrac{45}{60} = \dfrac{45 \div 15}{60 \div 15} = \dfrac{3}{4}$

17 40과 28의 최대공약수: 4
➡ $\dfrac{28}{40} = \dfrac{28 \div 4}{40 \div 4} = \dfrac{7}{10}$

18 64와 56의 최대공약수: 8
➡ $\dfrac{56}{64} = \dfrac{56 \div 8}{64 \div 8} = \dfrac{7}{8}$

## 5일차 기초 계산 연습 90~91쪽

❶ 6, 5  ❷ 8, 3
❸ 18, 20  ❹ 7, 12
❺ 5, 4  ❻ 55, 32
❼ $\dfrac{12}{30}$, $\dfrac{25}{30}$  ❽ $\dfrac{18}{63}$, $\dfrac{28}{63}$
❾ $\dfrac{24}{32}$, $\dfrac{4}{32}$  ❿ $\dfrac{42}{48}$, $\dfrac{8}{48}$
⓫ $\dfrac{20}{55}$, $\dfrac{11}{55}$  ⓬ $\dfrac{7}{21}$, $\dfrac{12}{21}$
⓭ $\dfrac{10}{45}$, $\dfrac{36}{45}$  ⓮ $\dfrac{28}{48}$, $\dfrac{12}{48}$
⓯ $\dfrac{15}{40}$, $\dfrac{16}{40}$  ⓰ $\dfrac{28}{63}$, $\dfrac{54}{63}$

⓭ 두 분모의 곱: $9 \times 5 = 45$

➡ $\dfrac{2}{9} = \dfrac{2 \times 5}{9 \times 5} = \dfrac{10}{45}$, $\dfrac{4}{5} = \dfrac{4 \times 9}{5 \times 9} = \dfrac{36}{45}$

⓮ 두 분모의 곱: $12 \times 4 = 48$

➡ $\dfrac{7}{12} = \dfrac{7 \times 4}{12 \times 4} = \dfrac{28}{48}$, $\dfrac{1}{4} = \dfrac{1 \times 12}{4 \times 12} = \dfrac{12}{48}$

⓯ 두 분모의 곱: $8 \times 5 = 40$

➡ $\dfrac{3}{8} = \dfrac{3 \times 5}{8 \times 5} = \dfrac{15}{40}$, $\dfrac{2}{5} = \dfrac{2 \times 8}{5 \times 8} = \dfrac{16}{40}$

⓰ 두 분모의 곱: $9 \times 7 = 63$

➡ $\dfrac{4}{9} = \dfrac{4 \times 7}{9 \times 7} = \dfrac{28}{63}$, $\dfrac{6}{7} = \dfrac{6 \times 9}{7 \times 9} = \dfrac{54}{63}$

## 5일차 플러스 계산 연습 92~93쪽

**1** 30, 24  **2** 27, 8
**3** 15, 14  **4** 8, 18
**5** $\dfrac{36}{63}$, $\dfrac{28}{63}$  **6** $\dfrac{33}{55}$, $\dfrac{25}{55}$
**7** $\dfrac{9}{72}$, $\dfrac{40}{72}$  **8** $\dfrac{49}{91}$, $\dfrac{26}{91}$
**9** $\dfrac{12}{60}$, $\dfrac{35}{60}$  **10** $\dfrac{27}{72}$, $\dfrac{64}{72}$
**11** $\dfrac{6}{24}$, $\dfrac{4}{24}$  **12** $\dfrac{32}{72}$, $\dfrac{45}{72}$
**13** $\dfrac{32}{40}$, $\dfrac{15}{40}$  **14** $\dfrac{20}{48}$, $\dfrac{36}{48}$
**15** $\dfrac{9}{27}$, $\dfrac{3}{27}$  **16** $\dfrac{24}{42}$, $\dfrac{7}{42}$
**17** $\dfrac{35}{60}$, $\dfrac{48}{60}$  **18** $\dfrac{22}{99}$, $\dfrac{27}{99}$

**11** 두 분모의 곱: $4 \times 6 = 24$

➡ $\dfrac{1}{4} = \dfrac{1 \times 6}{4 \times 6} = \dfrac{6}{24}$, $\dfrac{1}{6} = \dfrac{1 \times 4}{6 \times 4} = \dfrac{4}{24}$

**12** 두 분모의 곱: $9 \times 8 = 72$

➡ $\dfrac{4}{9} = \dfrac{4 \times 8}{9 \times 8} = \dfrac{32}{72}$, $\dfrac{5}{8} = \dfrac{5 \times 9}{8 \times 9} = \dfrac{45}{72}$

**13** 두 분모의 곱: $5 \times 8 = 40$

➡ $\dfrac{4}{5} = \dfrac{4 \times 8}{5 \times 8} = \dfrac{32}{40}$, $\dfrac{3}{8} = \dfrac{3 \times 5}{8 \times 5} = \dfrac{15}{40}$

**14** 두 분모의 곱: $12 \times 4 = 48$

➡ $\dfrac{5}{12} = \dfrac{5 \times 4}{12 \times 4} = \dfrac{20}{48}$, $\dfrac{3}{4} = \dfrac{3 \times 12}{4 \times 12} = \dfrac{36}{48}$

## 6일차 기초 계산 연습 94~95쪽

❶ 9, 2  ❷ 8, 3
❸ 15, 2  ❹ 8, 21
❺ 9, 8  ❻ 5, 16
❼ $\dfrac{4}{8}$, $\dfrac{5}{8}$  ❽ $\dfrac{9}{21}$, $\dfrac{4}{21}$
❾ $\dfrac{3}{12}$, $\dfrac{10}{12}$  ❿ $\dfrac{8}{18}$, $\dfrac{5}{18}$
⓫ $\dfrac{21}{24}$, $\dfrac{22}{24}$  ⓬ $\dfrac{15}{20}$, $\dfrac{18}{20}$
⓭ $\dfrac{10}{15}$, $\dfrac{12}{15}$  ⓮ $\dfrac{28}{72}$, $\dfrac{15}{72}$
⓯ $\dfrac{16}{30}$, $\dfrac{11}{30}$  ⓰ $\dfrac{20}{45}$, $\dfrac{39}{45}$

⓭ 두 분모의 최소공배수: 15

➡ $\dfrac{2}{3} = \dfrac{2 \times 5}{3 \times 5} = \dfrac{10}{15}$, $\dfrac{4}{5} = \dfrac{4 \times 3}{5 \times 3} = \dfrac{12}{15}$

⓮ 두 분모의 최소공배수: 72

➡ $\dfrac{7}{18} = \dfrac{7 \times 4}{18 \times 4} = \dfrac{28}{72}$, $\dfrac{5}{24} = \dfrac{5 \times 3}{24 \times 3} = \dfrac{15}{72}$

⓯ 두 분모의 최소공배수: 30

➡ $\dfrac{8}{15} = \dfrac{8 \times 2}{15 \times 2} = \dfrac{16}{30}$

⓰ 두 분모의 최소공배수: 45

➡ $\dfrac{4}{9} = \dfrac{4 \times 5}{9 \times 5} = \dfrac{20}{45}$, $\dfrac{13}{15} = \dfrac{13 \times 3}{15 \times 3} = \dfrac{39}{45}$

## 6 일차 플러스 계산 연습 96~97쪽

**1** 3, 14 **2** 28, 25
**3** 8, 25 **4** 8, 27
**5** $\dfrac{5}{15}$, $\dfrac{7}{15}$ **6** $\dfrac{16}{36}$, $\dfrac{15}{36}$
**7** $\dfrac{50}{60}$, $\dfrac{27}{60}$ **8** $\dfrac{16}{30}$, $\dfrac{27}{30}$
**9** $\dfrac{6}{22}$, $\dfrac{7}{22}$ **10** $\dfrac{22}{28}$, $\dfrac{21}{28}$
**11** $\dfrac{3}{9}$, $\dfrac{4}{9}$ **12** $\dfrac{35}{60}$, $\dfrac{54}{60}$
**13** $\dfrac{14}{35}$, $\dfrac{20}{35}$ **14** $\dfrac{51}{60}$, $\dfrac{46}{60}$
**15** $\dfrac{22}{24}$, $\dfrac{15}{24}$ **16** $\dfrac{10}{45}$, $\dfrac{12}{45}$
**17** $\dfrac{27}{42}$, $\dfrac{16}{42}$ **18** $\dfrac{27}{48}$, $\dfrac{40}{48}$

**10** 두 분모의 최소공배수: 28
$\Rightarrow \dfrac{11}{14}=\dfrac{11\times2}{14\times2}=\dfrac{22}{28}$, $\dfrac{3}{4}=\dfrac{3\times7}{4\times7}=\dfrac{21}{28}$

**11** 3과 9의 최소공배수: 9
$\Rightarrow \dfrac{1}{3}=\dfrac{1\times3}{3\times3}=\dfrac{3}{9}$

**12** 12와 10의 최소공배수: 60
$\Rightarrow \dfrac{7}{12}=\dfrac{7\times5}{12\times5}=\dfrac{35}{60}$, $\dfrac{9}{10}=\dfrac{9\times6}{10\times6}=\dfrac{54}{60}$

**13** 5와 7의 최소공배수: 35
$\Rightarrow \dfrac{2}{5}=\dfrac{2\times7}{5\times7}=\dfrac{14}{35}$, $\dfrac{4}{7}=\dfrac{4\times5}{7\times5}=\dfrac{20}{35}$

**14** 20과 30의 최소공배수: 60
$\Rightarrow \dfrac{17}{20}=\dfrac{17\times3}{20\times3}=\dfrac{51}{60}$, $\dfrac{23}{30}=\dfrac{23\times2}{30\times2}=\dfrac{46}{60}$

## 7 일차 기초 계산 연습 98~99쪽

**①** 7, 6 ; > **②** 8, 9 ; <
**③** 30, 26 ; > **④** 15, 14 ; >
**⑤** 8, 7 ; > **⑥** 25, 27 ; <
**⑦** < **⑧** > **⑨** >
**⑩** > **⑪** < **⑫** >
**⑬** > **⑭** < **⑮** <
**⑯** > **⑰** < **⑱** >

**13** $\left(\dfrac{5}{6},\dfrac{7}{9}\right)\Rightarrow\left(\dfrac{15}{18},\dfrac{14}{18}\right)\Rightarrow\dfrac{5}{6}>\dfrac{7}{9}$

**14** $\left(\dfrac{15}{36},\dfrac{7}{12}\right)\Rightarrow\left(\dfrac{15}{36},\dfrac{21}{36}\right)\Rightarrow\dfrac{15}{36}<\dfrac{7}{12}$

**15** $\left(\dfrac{8}{21},\dfrac{7}{18}\right)\Rightarrow\left(\dfrac{48}{126},\dfrac{49}{126}\right)\Rightarrow\dfrac{8}{21}<\dfrac{7}{18}$

**16** $\left(\dfrac{4}{9},\dfrac{11}{27}\right)\Rightarrow\left(\dfrac{12}{27},\dfrac{11}{27}\right)\Rightarrow\dfrac{4}{9}>\dfrac{11}{27}$

**17** $\left(\dfrac{17}{30},\dfrac{7}{10}\right)\Rightarrow\left(\dfrac{17}{30},\dfrac{21}{30}\right)\Rightarrow\dfrac{17}{30}<\dfrac{7}{10}$

**18** $\left(\dfrac{8}{13},\dfrac{3}{5}\right)\Rightarrow\left(\dfrac{40}{65},\dfrac{39}{65}\right)\Rightarrow\dfrac{8}{13}>\dfrac{3}{5}$

## 7 일차 플러스 계산 연습 100~101쪽

**1** $\dfrac{25}{30}$, $\dfrac{18}{30}$ ; > **2** $\dfrac{27}{72}$, $\dfrac{32}{72}$ ; <
**3** $\dfrac{60}{70}$, $\dfrac{63}{70}$ ; < **4** $\dfrac{30}{75}$, $\dfrac{35}{75}$ ; <
**5** $\dfrac{5}{12}$에 ○표 **6** $\dfrac{5}{6}$에 ○표
**7** $\dfrac{3}{5}$에 ○표 **8** $\dfrac{5}{7}$에 ○표
**9** $\dfrac{11}{15}$에 ○표 **10** $\dfrac{11}{18}$에 ○표
**11** < **12** >
**13** > **14** <
**15** >, 주스 **16** >, 간장
**17** <, 소금 **18** >, 밀가루

**11** $\left(1\dfrac{3}{7},1\dfrac{5}{9}\right)\Rightarrow\left(1\dfrac{27}{63},1\dfrac{35}{63}\right)\Rightarrow1\dfrac{3}{7}<1\dfrac{5}{9}$

**12** $\left(1\dfrac{5}{9},1\dfrac{7}{15}\right)\Rightarrow\left(1\dfrac{25}{45},1\dfrac{21}{45}\right)\Rightarrow1\dfrac{5}{9}>1\dfrac{7}{15}$

**13** $\left(1\dfrac{10}{21},1\dfrac{3}{7}\right)\Rightarrow\left(1\dfrac{10}{21},1\dfrac{9}{21}\right)\Rightarrow1\dfrac{10}{21}>1\dfrac{3}{7}$

**14** $\left(1\dfrac{7}{15},1\dfrac{10}{21}\right)\Rightarrow\left(1\dfrac{49}{105},1\dfrac{50}{105}\right)$
$\Rightarrow1\dfrac{7}{15}<1\dfrac{10}{21}$

**17** $\left(\dfrac{5}{8},\dfrac{9}{14}\right)\Rightarrow\left(\dfrac{35}{56},\dfrac{36}{56}\right)\Rightarrow\dfrac{5}{8}<\dfrac{9}{14}$

**18** $\left(\dfrac{11}{24},\dfrac{17}{48}\right)\Rightarrow\left(\dfrac{22}{48},\dfrac{17}{48}\right)\Rightarrow\dfrac{11}{24}>\dfrac{17}{48}$

## 8 일차 기초 계산 연습 102~103쪽

① 8, 0.8  ② 25, 0.25
③ 28, 0.28  ④ 375, 0.375
⑤ 35, 0.35  ⑥ 14, 0.14
⑦ 25, $\dfrac{75}{100}$, 0.75  ⑧ 125, $\dfrac{625}{1000}$, 0.625
⑨ 0.18  ⑩ 0.875
⑪ 0.025  ⑫ 0.32
⑬ 0.55  ⑭ 0.6
⑮ 0.056  ⑯ 0.075
⑰ 0.045  ⑱ 0.52
⑲ 0.34  ⑳ 0.15

⑰ $\dfrac{9}{200}=\dfrac{9\times5}{200\times5}=\dfrac{45}{1000}=0.045$

⑱ $\dfrac{13}{25}=\dfrac{13\times4}{25\times4}=\dfrac{52}{100}=0.52$

⑲ $\dfrac{17}{50}=\dfrac{17\times2}{50\times2}=\dfrac{34}{100}=0.34$

⑳ $\dfrac{3}{20}=\dfrac{3\times5}{20\times5}=\dfrac{15}{100}=0.15$

## 8 일차 플러스 계산 연습 104~105쪽

1 $\dfrac{1}{8}=\dfrac{1\times125}{8\times125}=\dfrac{125}{1000}=0.125$

2 $\dfrac{9}{25}=\dfrac{9\times4}{25\times4}=\dfrac{36}{100}=0.36$

3 $\dfrac{9}{20}=\dfrac{9\times5}{20\times5}=\dfrac{45}{100}=0.45$

4 $\dfrac{19}{40}=\dfrac{19\times25}{40\times25}=\dfrac{475}{1000}=0.475$

5 $\dfrac{3}{50}=\dfrac{3\times2}{50\times2}=\dfrac{6}{100}=0.06$

6 0.65  7 0.56
8 0.22  9 0.015
10 0.036  11 0.48
12 0.24  13 0.225
14 0.85  15 0.78
16 0.66  17 0.95
18 0.185  19 0.64

---

12 $\dfrac{6}{25}=\dfrac{6\times4}{25\times4}=\dfrac{24}{100}=0.24$

13 $\dfrac{9}{40}=\dfrac{9\times25}{40\times25}=\dfrac{225}{1000}=0.225$

14 $\dfrac{17}{20}=\dfrac{17\times5}{20\times5}=\dfrac{85}{100}=0.85$

15 $\dfrac{39}{50}=\dfrac{39\times2}{50\times2}=\dfrac{78}{100}=0.78$

16 $\dfrac{33}{50}=\dfrac{33\times2}{50\times2}=\dfrac{66}{100}=0.66$

17 $\dfrac{19}{20}=\dfrac{19\times5}{20\times5}=\dfrac{95}{100}=0.95$

18 $\dfrac{37}{200}=\dfrac{37\times5}{200\times5}=\dfrac{185}{1000}=0.185$

19 $\dfrac{16}{25}=\dfrac{16\times4}{25\times4}=\dfrac{64}{100}=0.64$

## 9 일차 기초 계산 연습 106~107쪽

① 4, 2  ② 9
③ 42, $\dfrac{21}{50}$  ④ 31
⑤ 25, $\dfrac{1}{4}$  ⑥ 5, $\dfrac{1}{2}$
⑦ 74, $\dfrac{37}{50}$  ⑧ 8, $\dfrac{4}{5}$
⑨ $\dfrac{3}{10}$  ⑩ $\dfrac{7}{10}$
⑪ $\dfrac{21}{100}$  ⑫ $\dfrac{13}{100}$
⑬ $\dfrac{11}{25}$  ⑭ $\dfrac{17}{20}$
⑮ $1\dfrac{1}{4}$  ⑯ $1\dfrac{8}{25}$
⑰ $2\dfrac{17}{50}$  ⑱ $3\dfrac{9}{20}$
⑲ $\dfrac{61}{500}$  ⑳ $1\dfrac{51}{200}$

⑰ $2.34=2\dfrac{34}{100}=2\dfrac{17}{50}$

⑱ $3.45=3\dfrac{45}{100}=3\dfrac{9}{20}$

⑲ $0.122=\dfrac{122}{1000}=\dfrac{61}{500}$

⑳ $1.255=1\dfrac{255}{1000}=1\dfrac{51}{200}$

## ⑨ 일차 플러스 계산 연습 — 108~109쪽

**1** $0.24 = \dfrac{24}{100} = \dfrac{6}{25}$

**2** $0.55 = \dfrac{55}{100} = \dfrac{11}{20}$

**3** $0.38 = \dfrac{38}{100} = \dfrac{19}{50}$

**4** $0.844 = \dfrac{844}{1000} = \dfrac{211}{250}$

**5** $0.445 = \dfrac{445}{1000} = \dfrac{89}{200}$

**6** $\dfrac{3}{25}$    **7** $\dfrac{7}{20}$

**8** $1\dfrac{31}{50}$    **9** $2\dfrac{27}{50}$

**10** $1\dfrac{61}{250}$    **11** $2\dfrac{111}{200}$

**12** $3\dfrac{11}{20}$    **13** $1\dfrac{7}{25}$

**14** $\dfrac{1}{5}$    **15** $\dfrac{19}{20}$

**16** $\dfrac{9}{50}$    **17** $1\dfrac{3}{4}$

**18** $\dfrac{9}{25}$    **19** $2\dfrac{13}{25}$

**12** $3.55 = 3\dfrac{55}{100} = 3\dfrac{11}{20}$

**13** $1.28 = 1\dfrac{28}{100} = 1\dfrac{7}{25}$

**14** $0.2 = \dfrac{2}{10} = \dfrac{1}{5}$

**15** $0.95 = \dfrac{95}{100} = \dfrac{19}{20}$

## ⑩ 일차 기초 계산 연습 — 110~111쪽

**❶** $0.2$, $<$    **❷** $7$, $<$

**❸** $>$    **❹** $>$

**❺** $<$    **❻** $>$

**❼** $>$    **❽** $>$

**❾** $>$    **❿** $<$

**⓫** $>$    **⓬** $<$

**⓭** $<$    **⓮** $>$

**⓯** $=$    **⓰** $>$

**⓱** $<$    **⓲** $>$

**⑫** $2\dfrac{3}{8} = 2.375 \to 2\dfrac{3}{8} < 2.457$

**⑬** $2.55 = 2\dfrac{55}{100} = 2\dfrac{11}{20} \to 2.55 < 2\dfrac{13}{20}$

**⑭** $1\dfrac{11}{20} = 1.55 \to 1\dfrac{11}{20} > 1.54$

**⑮** $1.88 = 1\dfrac{88}{100} = 1\dfrac{22}{25} \to 1.88 = 1\dfrac{22}{25}$

**⑯** $3\dfrac{19}{40} = 3.475 \to 3\dfrac{19}{40} > 3.274$

**⑰** $1.35 = 1\dfrac{35}{100} = 1\dfrac{7}{20} \to 1.35 < 1\dfrac{9}{20}$

**⑱** $1\dfrac{26}{50} = 1.52 \to 1\dfrac{26}{50} > 1.43$

## ⑩ 일차 플러스 계산 연습 — 112~113쪽

**1** $\dfrac{7}{20}$    **2** $1\dfrac{8}{25}$

**3** $0.47$    **4** $1.75$

**5** $0.59$에 △표    **6** $1\dfrac{4}{5}$에 △표

**7** $1.7$에 △표    **8** $2.82$에 △표

**9** $2.2$에 △표    **10** $3\dfrac{3}{4}$에 △표

**11** ( ○ ) ( )    **12** ( ) ( ○ )

**13** ( ○ ) ( )    **14** ( ) ( ○ )

**15** $>$, 강아지    **16** $<$, 수박

**17** $<$, 보리    **18** $<$, 소금

**11** $1\dfrac{3}{5} = 1.6 \to 1\dfrac{3}{5} > 1.5$

**12** $1\dfrac{9}{20} = 1.45 \to 1\dfrac{9}{20} < 1.47$

**13** $1.48 = 1\dfrac{48}{100} = 1\dfrac{12}{25} \to 1.48 > 1\dfrac{11}{25}$

**14** $1.8 = 1\dfrac{8}{10} \to 1.8 < 1\dfrac{9}{10}$

**15** $3\dfrac{8}{25} = 3.32 \to 3\dfrac{8}{25} > 3.16$

**16** $2.54 = 2\dfrac{54}{100} = 2\dfrac{27}{50} \to 2.54 < 2\dfrac{29}{50}$

**17** $2.4 = 2\frac{4}{10} = 2\frac{2}{5}$ → $2.4 < 2\frac{3}{5}$

**18** $3.22 = 3\frac{22}{100} = 3\frac{11}{50}$ → $3.22 < 3\frac{23}{50}$

---



❶ 10  　❷ 16
❸ 18  　❹ 4
❺ 3  　❻ 3
❼ $\frac{1}{3}$  　❽ $\frac{5}{6}$
❾ $\frac{1}{8}$  　❿ $\frac{4}{5}$
⓫ $\frac{3}{8}$  　⓬ $\frac{2}{5}$
⓭ 3, 10  　⓮ 18, 14
⓯ 25, 12  　⓰ 35, 9
⓱ >  　⓲ >
⓳ <  　⓴ <
㉑ <  　㉒ >
㉓ <  　㉔ <
㉕ >

❹ $\frac{16}{48} = \frac{16 \div 4}{48 \div 4} = \frac{4}{12}$

❺ $\frac{15}{65} = \frac{15 \div 5}{65 \div 5} = \frac{3}{13}$

❼ $\frac{5}{15} = \frac{5 \div 5}{15 \div 5} = \frac{1}{3}$

❽ $\frac{10}{12} = \frac{10 \div 2}{12 \div 2} = \frac{5}{6}$

⓭ $\left(\frac{1}{6}, \frac{5}{9}\right)$ → $\left(\frac{1 \times 3}{6 \times 3}, \frac{5 \times 2}{9 \times 2}\right)$ → $\left(\frac{3}{18}, \frac{10}{18}\right)$

⓮ $\left(\frac{6}{7}, \frac{2}{3}\right)$ → $\left(\frac{6 \times 3}{7 \times 3}, \frac{2 \times 7}{3 \times 7}\right)$ → $\left(\frac{18}{21}, \frac{14}{21}\right)$

⓱ $\left(\frac{3}{5}, \frac{8}{25}\right)$ → $\left(\frac{15}{25}, \frac{8}{25}\right)$ → $\frac{3}{5} > \frac{8}{25}$

⓲ $\left(\frac{9}{15}, \frac{13}{45}\right)$ → $\left(\frac{27}{45}, \frac{13}{45}\right)$ → $\frac{9}{15} > \frac{13}{45}$

⓳ $\left(\frac{7}{8}, \frac{43}{48}\right)$ → $\left(\frac{42}{48}, \frac{43}{48}\right)$ → $\frac{7}{8} < \frac{43}{48}$

⓴ $1.2 = 1\frac{2}{10} = 1\frac{1}{5}$ → $1.2 < 1\frac{4}{5}$

---



**1** > ; 15, 13, > ; 당근 한 봉지
**2** < ; 0.65, < ; 공책  　**3** 27, 14, > ; 밀가루
**4** 1.7, < ; 포도주스  　**5** 13, < ; 간장

**2** $\frac{13}{20} = \frac{13 \times 5}{20 \times 5} = \frac{65}{100} = 0.65$

→ $\frac{13}{20} < 0.85$이므로 공책이 더 가볍습니다.

**3** $1\frac{9}{16} = 1\frac{9 \times 3}{16 \times 3} = 1\frac{27}{48}$

$1\frac{7}{24} = 1\frac{7 \times 2}{24 \times 2} = 1\frac{14}{48}$

→ $1\frac{9}{16} > 1\frac{7}{24}$이므로 밀가루가 더 무겁습니다.

**4** $1\frac{7}{10} < 1.8$이므로 포도주스가 더 많습니다.

**5** $2.52 = 2\frac{52}{100} = 2\frac{13}{25}$ → $2.52 < 2\frac{18}{25}$이므로 간장
이 더 적습니다.

---



융합1 　$\frac{19}{35}, \frac{16}{25}$ ; 이대웅

창의2 　$\frac{4}{8}$　$\frac{5}{10}$　$\frac{6}{15}$
　　　$\frac{16}{}$　$\frac{25}{}$　$\frac{30}{}$

코딩3 　2 ; 오른에 ○표 ; 2

융합1 　$\left(\frac{19}{35}, \frac{16}{25}\right)$ → $\left(\frac{95}{175}, \frac{112}{175}\right)$ → $\frac{19}{35} < \frac{16}{25}$

창의2 　$\frac{2}{5} = \frac{2 \times 3}{5 \times 3} = \frac{6}{15}$, $\frac{2}{5} = \frac{2 \times 5}{5 \times 5} = \frac{10}{25}$

코딩3 　$2\frac{3}{5} = 2.6$ → $2.4 < 2.5 < 2.6$

---

✳ 개념 ○✕ 퀴즈 정답

$\frac{15}{25} = \frac{15 \div 5}{25 \div 5} = \frac{3}{5}$이므로 ✕ 입니다.

## 4 분수의 덧셈과 뺄셈

### ✳ 개념 ⭕❌ 퀴즈

옳으면 ⭕에, 틀리면 ❌에 ⭕표 하세요.

$$\frac{1}{6} + \frac{3}{8} = \frac{15}{24}$$

⭕　　❌

정답은 28쪽에서 확인하세요.

---

### 1 일차　기초 계산 연습　　122~123쪽

❶ 7, 15　　　❷ 6, 7
❸ 4, 3, 7　　❹ 6, 10, 16
❺ 9, 2, 11　　❻ 4, 1, 5
❼ 24, 21, 45　　❽ 24, 5, 29
❾ 3, 16, 19　　❿ 4, 3, 7
⓫ 20, 9, 29　　⓬ 25, 4, 29
⓭ 14, 15, 29　　⓮ 9, 4, 13

⓯ $\dfrac{7}{8}$　　⓰ $\dfrac{8}{9}$　　⓱ $\dfrac{15}{16}$

⓲ $\dfrac{3}{4}$　　⓳ $\dfrac{13}{48}$　　⓴ $\dfrac{7}{10}$

㉑ $\dfrac{13}{30}$　　㉒ $\dfrac{23}{36}$

---

### 1 일차　플러스 계산 연습　　124~125쪽

1 $\dfrac{23}{24}$　　2 $\dfrac{41}{60}$　　3 $\dfrac{34}{35}$

4 $\dfrac{29}{48}$　　5 $\dfrac{1}{2}$　　6 $\dfrac{7}{15}$

7 $\dfrac{27}{40}$　　8 $\dfrac{23}{66}$　　9 $\dfrac{37}{45}$

10 $\dfrac{7}{8}$　　11 $\dfrac{11}{14}$　　12 $\dfrac{8}{21},\ \dfrac{47}{84}$

13 $\dfrac{5}{18},\ \dfrac{1}{6},\ \dfrac{4}{9}$　　14 $\dfrac{4}{15},\ \dfrac{1}{9},\ \dfrac{17}{45}$

15 $\dfrac{2}{7},\ \dfrac{53}{63}$　　16 $\dfrac{9}{20},\ \dfrac{5}{12},\ \dfrac{13}{15}$

---

1 $\dfrac{1}{8} + \dfrac{5}{6} = \dfrac{3}{24} + \dfrac{20}{24} = \dfrac{23}{24}$

2 $\dfrac{4}{15} + \dfrac{5}{12} = \dfrac{16}{60} + \dfrac{25}{60} = \dfrac{41}{60}$

3 $\dfrac{4}{7} + \dfrac{2}{5} = \dfrac{20}{35} + \dfrac{14}{35} = \dfrac{34}{35}$

4 $\dfrac{7}{24} + \dfrac{5}{16} = \dfrac{14}{48} + \dfrac{15}{48} = \dfrac{29}{48}$

7 $\dfrac{3}{8} + \dfrac{3}{10} = \dfrac{15}{40} + \dfrac{12}{40} = \dfrac{27}{40}$

8 $\dfrac{4}{33} + \dfrac{5}{22} = \dfrac{8}{66} + \dfrac{15}{66} = \dfrac{23}{66}$

9 $\dfrac{2}{9} + \dfrac{3}{5} = \dfrac{10}{45} + \dfrac{27}{45} = \dfrac{37}{45}$

13 $\dfrac{5}{18} + \dfrac{1}{6} = \dfrac{5}{18} + \dfrac{3}{18} = \dfrac{\overset{4}{\cancel{8}}}{\underset{9}{\cancel{18}}} = \dfrac{4}{9}$ (m)

14 $\dfrac{4}{15} + \dfrac{1}{9} = \dfrac{12}{45} + \dfrac{5}{45} = \dfrac{17}{45}$ (m)

15 $\dfrac{5}{9} + \dfrac{2}{7} = \dfrac{35}{63} + \dfrac{18}{63} = \dfrac{53}{63}$ (L)

16 $\dfrac{9}{20} + \dfrac{5}{12} = \dfrac{27}{60} + \dfrac{25}{60} = \dfrac{\overset{13}{\cancel{52}}}{\underset{15}{\cancel{60}}} = \dfrac{13}{15}$ (L)

---

### 2 일차　기초 계산 연습　　126~127쪽

❶ 12, 37, 1, 7　　❷ 14, 35, 1, 11
❸ 16, 15, 31, 1, 13
❹ 32, 39, 71, 1, 11
❺ 15, 14, 29, 1, 5　　❻ 3, 10, 13, 1, 1
❼ 12, 19, 31, 1, 11　　❽ 35, 66, 101, 1, 17
❾ 20, 21, 41, 1, 6

❿ $1\dfrac{5}{14}$　　⓫ $1\dfrac{5}{39}$

⓬ $1\dfrac{47}{63}$　　⓭ $1\dfrac{17}{30}$

⓮ $1\dfrac{1}{2}$　　⓯ $1\dfrac{2}{15}$

⓰ $1\dfrac{3}{8}$　　⓱ $1\dfrac{11}{48}$

⑫ $\dfrac{8}{9}+\dfrac{6}{7}=\dfrac{56}{63}+\dfrac{54}{63}=\dfrac{110}{63}=1\dfrac{47}{63}$

⑬ $\dfrac{9}{10}+\dfrac{2}{3}=\dfrac{27}{30}+\dfrac{20}{30}=\dfrac{47}{30}=1\dfrac{17}{30}$

⑭ $\dfrac{2}{3}+\dfrac{5}{6}=\dfrac{4}{6}+\dfrac{5}{6}=\dfrac{9}{6}=1\dfrac{3}{6}=1\dfrac{1}{2}$

⑮ $\dfrac{4}{5}+\dfrac{1}{3}=\dfrac{12}{15}+\dfrac{5}{15}=\dfrac{17}{15}=1\dfrac{2}{15}$

⑯ $\dfrac{5}{8}+\dfrac{3}{4}=\dfrac{5}{8}+\dfrac{6}{8}=\dfrac{11}{8}=1\dfrac{3}{8}$

⑰ $\dfrac{13}{16}+\dfrac{5}{12}=\dfrac{39}{48}+\dfrac{20}{48}=\dfrac{59}{48}=1\dfrac{11}{48}$

## 2 일차 플러스 계산 연습 — 128~129쪽

**1** $1\dfrac{5}{18}$    **2** $1\dfrac{19}{72}$

**3** $1\dfrac{3}{4}$    **4** $1\dfrac{1}{12}$

**5** $1\dfrac{5}{24}$    **6** $1\dfrac{11}{60}$

**7** $1\dfrac{7}{24}$    **8** $1\dfrac{3}{20}$

**9** $1\dfrac{5}{9}$    **10** $1\dfrac{2}{15}$

**11** $1\dfrac{7}{10}$    **12** $1\dfrac{1}{52}$

**13** $1\dfrac{17}{50}$    **14** $1\dfrac{5}{8}$

**15** $\dfrac{9}{10},\ \dfrac{16}{35},\ 1\dfrac{5}{14}$    **16** $\dfrac{4}{9},\ \dfrac{2}{3},\ 1\dfrac{1}{9}$

**17** $\dfrac{11}{15},\ 1\dfrac{19}{60}$    **18** $\dfrac{8}{11},\ \dfrac{2}{3},\ 1\dfrac{13}{33}$

**12** $\dfrac{10}{13}+\dfrac{1}{4}=\dfrac{40}{52}+\dfrac{13}{52}=\dfrac{53}{52}=1\dfrac{1}{52}$

**14** $\dfrac{3}{4}+\dfrac{7}{8}=\dfrac{6}{8}+\dfrac{7}{8}=\dfrac{13}{8}=1\dfrac{5}{8}$ (L)

**15** $\dfrac{9}{10}+\dfrac{16}{35}=\dfrac{63}{70}+\dfrac{32}{70}=\dfrac{95}{70}=1\dfrac{25}{70}=1\dfrac{5}{14}$ (L)

**17** $\dfrac{7}{12}+\dfrac{11}{15}=\dfrac{35}{60}+\dfrac{44}{60}=\dfrac{79}{60}=1\dfrac{19}{60}$ (kg)

**18** $\dfrac{8}{11}+\dfrac{2}{3}=\dfrac{24}{33}+\dfrac{22}{33}=\dfrac{46}{33}=1\dfrac{13}{33}$ (kg)

## 3 일차 기초 계산 연습 — 130~131쪽

❶ 8, 3, 8, 3, 11, 11

❷ 2, 9, 2, 9, 11, 11

❸ 7, 21, 34, 7

❹ 26, 78, 104, 4, 20

❺ $5\dfrac{7}{10}$    ❻ $3\dfrac{23}{24}$

❼ $6\dfrac{16}{21}$    ❽ $7\dfrac{1}{3}$

❾ $5\dfrac{23}{60}$    ❿ $6\dfrac{7}{18}$

⓫ $3\dfrac{31}{35}$    ⓬ $4\dfrac{19}{22}$

⓭ $2\dfrac{5}{12}$    ⓮ $4\dfrac{17}{45}$

⓯ $5\dfrac{13}{42}$    ⓰ $5\dfrac{8}{9}$

❼ $5\dfrac{3}{7}+1\dfrac{1}{3}=5\dfrac{9}{21}+1\dfrac{7}{21}=6\dfrac{16}{21}$

❽ $5\dfrac{1}{5}+2\dfrac{2}{15}=5\dfrac{3}{15}+2\dfrac{2}{15}=7\dfrac{5}{15}=7\dfrac{1}{3}$

❾ $4\dfrac{3}{10}+1\dfrac{1}{12}=4\dfrac{18}{60}+1\dfrac{5}{60}=5\dfrac{23}{60}$

❿ $2\dfrac{2}{9}+4\dfrac{1}{6}=2\dfrac{4}{18}+4\dfrac{3}{18}=6\dfrac{7}{18}$

⓫ $1\dfrac{2}{7}+2\dfrac{3}{5}=\dfrac{9}{7}+\dfrac{13}{5}=\dfrac{45}{35}+\dfrac{91}{35}=\dfrac{136}{35}$
$\qquad =3\dfrac{31}{35}$

⓬ $2\dfrac{4}{11}+2\dfrac{1}{2}=\dfrac{26}{11}+\dfrac{5}{2}=\dfrac{52}{22}+\dfrac{55}{22}=\dfrac{107}{22}$
$\qquad =4\dfrac{19}{22}$

⓭ $1\dfrac{1}{4}+1\dfrac{1}{6}=\dfrac{5}{4}+\dfrac{7}{6}=\dfrac{15}{12}+\dfrac{14}{12}=\dfrac{29}{12}=2\dfrac{5}{12}$

⓮ $3\dfrac{1}{9}+1\dfrac{4}{15}=\dfrac{28}{9}+\dfrac{19}{15}=\dfrac{140}{45}+\dfrac{57}{45}$
$\qquad =\dfrac{197}{45}=4\dfrac{17}{45}$

⓯ $2\dfrac{1}{7}+3\dfrac{1}{6}=\dfrac{15}{7}+\dfrac{19}{6}=\dfrac{90}{42}+\dfrac{133}{42}$
$\qquad =\dfrac{223}{42}=5\dfrac{13}{42}$

⓰ $2\dfrac{2}{9}+3\dfrac{2}{3}=\dfrac{20}{9}+\dfrac{11}{3}=\dfrac{20}{9}+\dfrac{33}{9}=\dfrac{53}{9}=5\dfrac{8}{9}$

## 3 일차 · 플러스 계산 연습    132~133쪽

**1** $3\frac{2}{3}$     **2** $4\frac{29}{45}$

**3** $12\frac{3}{4}$     **4** $9\frac{9}{10}$

**5** $6\frac{5}{6}$     **6** $2\frac{1}{4}$

**7** $7\frac{11}{15}$     **8** $8\frac{13}{24}$

**9** $3\frac{11}{12}$     **10** $3\frac{11}{20}$

**11** $5\frac{7}{12}$     **12** $7\frac{11}{18}$

**13** $2\frac{5}{12}$, $3\frac{3}{8}$, $5\frac{19}{24}$     **14** $1\frac{1}{3}$, $1\frac{5}{11}$, $2\frac{26}{33}$

**15** $1\frac{2}{5}$, $2\frac{9}{10}$     **16** $1\frac{5}{12}$, $2\frac{3}{8}$, $3\frac{19}{24}$

**8** $1\frac{3}{8}+7\frac{1}{6}=1\frac{9}{24}+7\frac{4}{24}=8\frac{13}{24}$

**13** $2\frac{5}{12}+3\frac{3}{8}=2\frac{10}{24}+3\frac{9}{24}=5\frac{19}{24}$ (km)

**14** $1\frac{1}{3}+1\frac{5}{11}=1\frac{11}{33}+1\frac{15}{33}=2\frac{26}{33}$ (km)

## 4 일차 · 플러스 계산 연습    136~137쪽

**1** $4\frac{1}{6}$     **2** $5\frac{1}{3}$

**3** $6\frac{1}{28}$     **4** $8\frac{1}{6}$

**5** $6\frac{7}{20}$     **6** $5\frac{7}{18}$

**7** $8\frac{3}{14}$     **8** $6\frac{11}{18}$

**9** $1\frac{4}{9}$, $7\frac{5}{18}$     **10** $2\frac{3}{4}$, $4\frac{9}{28}$

**11** $5\frac{5}{6}$, $2\frac{3}{4}$, $8\frac{7}{12}$     **12** $1\frac{4}{9}$, $1\frac{4}{7}$, $3\frac{1}{63}$

**13** $1\frac{5}{8}$, $2\frac{11}{20}$, $4\frac{7}{40}$     **14** $2\frac{7}{8}$, $1\frac{3}{5}$, $4\frac{19}{40}$

**12** $1\frac{4}{9}+1\frac{4}{7}=1\frac{28}{63}+1\frac{36}{63}=2\frac{64}{63}=3\frac{1}{63}$ (kg)

**13** $1\frac{5}{8}+2\frac{11}{20}=1\frac{25}{40}+2\frac{22}{40}=3\frac{47}{40}=4\frac{7}{40}$ (km)

**14** $2\frac{7}{8}+1\frac{3}{5}=2\frac{35}{40}+1\frac{24}{40}=3\frac{59}{40}=4\frac{19}{40}$ (km)

## 4 일차 · 기초 계산 연습    134~135쪽

**❶** 9, 9, 19, 1, 7, $3\frac{7}{12}$

**❷** 10, 10, 22, 1, 7, $6\frac{7}{15}$

**❸** 14, 25, $4\frac{1}{6}$     **❹** 9, 22, 31, $5\frac{1}{6}$

**❺** $6\frac{7}{12}$     **❻** $5\frac{4}{27}$

**❼** $6\frac{27}{56}$     **❽** $8\frac{5}{18}$

**❾** $5\frac{7}{15}$     **❿** $10\frac{11}{30}$

**⓫** $8\frac{7}{60}$     **⓬** $4\frac{8}{45}$

**⓭** $9\frac{2}{39}$     **⓮** $5\frac{3}{10}$

**⓯** $8\frac{11}{14}$     **⓰** $4\frac{5}{56}$

## 평가 · SPEED 연산력 TEST    138~139쪽

**❶** $\frac{22}{35}$     **❷** $\frac{7}{8}$

**❸** $1\frac{7}{30}$     **❹** $1\frac{1}{6}$

**❺** $\frac{29}{36}$     **❻** $\frac{59}{72}$

**❼** $4\frac{20}{63}$     **❽** $3\frac{23}{48}$

**❾** $5\frac{17}{36}$     **❿** $4\frac{17}{30}$

**⓫** $5\frac{8}{15}$     **⓬** $7\frac{17}{30}$

**⓭** $1\frac{3}{16}$     **⓮** $1\frac{2}{15}$

**⓯** $3\frac{71}{80}$     **⓰** $4\frac{43}{60}$

**⓱** $4\frac{37}{56}$     **⓲** $3\frac{13}{36}$

**⓳** $6\frac{11}{30}$     **⓴** $7\frac{11}{42}$

## 5일차 기초 계산 연습 140~141쪽

1. 3, 7
2. 9, 1
3. 5, 4, 1
4. 15, 4, 11
5. 18, 14, 4
6. 21, 2, 19
7. 32, 15, 17
8. 33, 10, 23
9. 10, 9, 1
10. 7, 2, 5
11. 25, 12, 13
12. 18, 7, 11
13. 27, 11, 16
14. 28, 11, 17
15. $\dfrac{3}{20}$
16. $\dfrac{1}{2}$
17. $\dfrac{1}{8}$
18. $\dfrac{9}{32}$
19. $\dfrac{1}{6}$
20. $\dfrac{23}{40}$
21. $\dfrac{23}{66}$
22. $\dfrac{11}{18}$

## 6일차 기초 계산 연습 144~145쪽

1. 5, 2, 5, 2, 3, 2, 3
2. 28, 15, 28, 15, 13, 3, 13
3. 4, 8, 19, 3, 1
4. 7, 21, 25, 2, 1
5. $3\dfrac{7}{30}$
6. $3\dfrac{2}{5}$
7. $3\dfrac{41}{60}$
8. $2\dfrac{17}{44}$
9. $1\dfrac{13}{32}$
10. $3\dfrac{1}{6}$
11. $4\dfrac{3}{14}$
12. $2\dfrac{3}{40}$
13. $2\dfrac{7}{24}$
14. $2\dfrac{3}{8}$
15. $1\dfrac{17}{30}$
16. $4\dfrac{1}{12}$

## 5일차 플러스 계산 연습 142~143쪽

1. $\dfrac{7}{18}$
2. $\dfrac{1}{2}$
3. $\dfrac{4}{25}$
4. $\dfrac{11}{52}$
5. $\dfrac{5}{24}$
6. $\dfrac{13}{24}$
7. $\dfrac{1}{42}$
8. $\dfrac{13}{20}$
9. $\dfrac{1}{42}$
10. $\dfrac{11}{35}$
11. $\dfrac{11}{63}$
12. $\dfrac{3}{8},\ \dfrac{5}{24}$
13. $\dfrac{2}{3},\ \dfrac{3}{7},\ \dfrac{5}{21}$
14. $\dfrac{9}{10},\ \dfrac{3}{4},\ \dfrac{3}{20}$
15. $\dfrac{5}{7},\ \dfrac{15}{77}$
16. $\dfrac{5}{6},\ \dfrac{5}{12},\ \dfrac{5}{12}$

11. $\dfrac{8}{9}-\dfrac{5}{7}=\dfrac{56}{63}-\dfrac{45}{63}=\dfrac{11}{63}$ (L)

12. $\dfrac{7}{12}-\dfrac{3}{8}=\dfrac{14}{24}-\dfrac{9}{24}=\dfrac{5}{24}$ (L)

13. $\dfrac{2}{3}-\dfrac{3}{7}=\dfrac{14}{21}-\dfrac{9}{21}=\dfrac{5}{21}$ (L)

14. $\dfrac{9}{10}-\dfrac{3}{4}=\dfrac{18}{20}-\dfrac{15}{20}=\dfrac{3}{20}$ (L)

## 6일차 플러스 계산 연습 146~147쪽

1. $2\dfrac{13}{36}$
2. $3\dfrac{13}{55}$
3. $5\dfrac{11}{21}$
4. $1\dfrac{29}{60}$
5. $2\dfrac{2}{15}$
6. $2\dfrac{5}{63}$
7. $3\dfrac{2}{5}$
8. $2\dfrac{5}{9}$
9. $2\dfrac{4}{9},\ 1\dfrac{17}{63}$
10. $5\dfrac{5}{8},\ 4\dfrac{13}{40}$
11. $6\dfrac{7}{11},\ 4\dfrac{1}{3},\ 2\dfrac{10}{33}$
12. $4\dfrac{1}{2},\ 1\dfrac{9}{25},\ 3\dfrac{7}{50}$
13. $1\dfrac{3}{8},\ 1\dfrac{17}{72}$
14. $3\dfrac{5}{6},\ 1\dfrac{5}{24},\ 2\dfrac{5}{8}$

5. $4\dfrac{4}{5}-2\dfrac{2}{3}=4\dfrac{12}{15}-2\dfrac{10}{15}=2\dfrac{2}{15}$

9. $3\dfrac{5}{7}-2\dfrac{4}{9}=3\dfrac{45}{63}-2\dfrac{28}{63}=1\dfrac{17}{63}$ (m)

11. $6\dfrac{7}{11}-4\dfrac{1}{3}=\dfrac{73}{11}-\dfrac{13}{3}=\dfrac{219}{33}-\dfrac{143}{33}$
$=\dfrac{76}{33}=2\dfrac{10}{33}$ (m)

## 7 일차 · 기초 계산 연습 148~149쪽

① $21,\ 21,\ 8,\ 13,\ 1\dfrac{13}{18}$

② $21,\ 21,\ 10,\ 11,\ 2\dfrac{11}{15}$

③ $5,\ 10,\ 17,\ 2\dfrac{5}{6}$

④ $11,\ 119,\ 55,\ 64,\ 1\dfrac{29}{35}$

⑤ $2\dfrac{7}{10}$　⑥ $2\dfrac{13}{15}$　⑦ $2\dfrac{2}{3}$

⑧ $1\dfrac{53}{63}$　⑨ $3\dfrac{38}{45}$　⑩ $2\dfrac{3}{4}$

⑪ $1\dfrac{17}{28}$　⑫ $1\dfrac{37}{90}$　⑬ $3\dfrac{13}{24}$

⑭ $3\dfrac{34}{35}$　⑮ $3\dfrac{8}{9}$　⑯ $5\dfrac{13}{18}$

## 7 일차 · 플러스 계산 연습 150~151쪽

**1** $3\dfrac{7}{8}$　　　**2** $3\dfrac{25}{48}$

**3** $3\dfrac{1}{2}$　　　**4** $1\dfrac{58}{99}$

**5** $3\dfrac{4}{5}$　　　**6** $2\dfrac{43}{66}$

**7** $1\dfrac{13}{21}$　　　**8** $1\dfrac{5}{8}$

**9** $1\dfrac{5}{18}$　　　**10** $3\dfrac{14}{15}$

**11** $1\dfrac{19}{40}$　　　**12** $1\dfrac{82}{99}$

**13** $4\dfrac{1}{8},\ 2\dfrac{5}{7},\ 1\dfrac{23}{56}$　　**14** $6\dfrac{1}{8},\ 1\dfrac{5}{6},\ 4\dfrac{7}{24}$

**15** $1\dfrac{29}{32},\ 2\dfrac{31}{32}$　　**16** $6\dfrac{1}{4},\ 3\dfrac{8}{9},\ 2\dfrac{13}{36}$

**2** $6\dfrac{5}{16}-2\dfrac{19}{24}=6\dfrac{15}{48}-2\dfrac{38}{48}=5\dfrac{63}{48}-2\dfrac{38}{48}$
$$=3\dfrac{25}{48}$$

**13** $4\dfrac{1}{8}-2\dfrac{5}{7}=\dfrac{33}{8}-\dfrac{19}{7}=\dfrac{231}{56}-\dfrac{152}{56}$
$$=\dfrac{79}{56}=1\dfrac{23}{56}\ (\text{kg})$$

**14** $6\dfrac{1}{8}-1\dfrac{5}{6}=\dfrac{49}{8}-\dfrac{11}{6}=\dfrac{147}{24}-\dfrac{44}{24}$
$$=\dfrac{103}{24}=4\dfrac{7}{24}\ (\text{kg})$$

## 8 일차 · 기초 계산 연습 152~153쪽

① $2,\ 3,\ 6,\ 9,\ 1\dfrac{1}{8}$

② $16,\ 27,\ 43,\ 43,\ 6,\ 49$

③ $2,\ 8,\ 7,\ 17$　　　④ $3,\ 12,\ 2,\ 17$

⑤ $1\dfrac{13}{30}$　⑥ $1\dfrac{11}{30}$　⑦ $1\dfrac{17}{20}$

⑧ $2\dfrac{1}{4}$　⑨ $3\dfrac{3}{16}$　⑩ $2\dfrac{7}{24}$

⑪ $2\dfrac{13}{18}$　⑫ $3\dfrac{25}{42}$　⑬ $3\dfrac{31}{90}$

⑭ $4\dfrac{20}{21}$　⑮ $7\dfrac{37}{60}$　⑯ $4\dfrac{31}{36}$

## 8 일차 · 플러스 계산 연습 154~155쪽

**1** $2\dfrac{23}{24}$　**2** $3\dfrac{17}{30}$　**3** $1\dfrac{1}{2}$

**4** $2\dfrac{53}{60}$　**5** $1\dfrac{25}{72}$　**6** $2\dfrac{3}{4}$

**7** $5\dfrac{1}{24}$　**8** $4\dfrac{23}{45}$　**9** $2\dfrac{17}{24}$

**10** $1\dfrac{5}{6},\ \dfrac{3}{8},\ 2\dfrac{19}{24}$　　**11** $\dfrac{3}{5},\ \dfrac{5}{6},\ 1\dfrac{23}{30}$

**12** $\dfrac{2}{3},\ \dfrac{3}{4},\ 2\dfrac{1}{4}$

**6** $\dfrac{1}{4}+1\dfrac{5}{6}+\dfrac{2}{3}=\left(\dfrac{3}{12}+1\dfrac{10}{12}\right)+\dfrac{2}{3}=2\dfrac{1}{12}+\dfrac{2}{3}$
$$=2\dfrac{1}{12}+\dfrac{8}{12}=2\dfrac{9}{12}=2\dfrac{3}{4}$$

**9** $2\dfrac{1}{4}+\dfrac{3}{8}+\dfrac{1}{12}=\left(2\dfrac{2}{8}+\dfrac{3}{8}\right)+\dfrac{1}{12}=2\dfrac{5}{8}+\dfrac{1}{12}$
$$=2\dfrac{15}{24}+1\dfrac{2}{24}=3\dfrac{17}{24}\ (\text{kg})$$

**10** $\dfrac{7}{12}+1\dfrac{5}{6}+\dfrac{3}{8}=\dfrac{14}{24}+1\dfrac{20}{24}+\dfrac{9}{24}=1\dfrac{43}{24}$
$$=2\dfrac{19}{24}\ (\text{kg})$$

**11** $\dfrac{1}{3}+\dfrac{3}{5}+\dfrac{5}{6}=\left(\dfrac{5}{15}+\dfrac{9}{15}\right)+\dfrac{5}{6}=\dfrac{14}{15}+\dfrac{5}{6}$
$$=\dfrac{28}{30}+\dfrac{25}{30}=\dfrac{53}{30}=1\dfrac{23}{30}\ (\text{g})$$

## 9 일차 기초 계산 연습  156~157쪽

① 2, 7, 14, 5  　② 4, 3, 6, 3

③ 50, 35, 7, 8, $\dfrac{4}{35}$  　④ 45, 8, 18, 19

⑤ $\dfrac{29}{72}$  　⑥ $\dfrac{2}{45}$  　⑦ $\dfrac{3}{8}$

⑧ $\dfrac{7}{30}$  　⑨ $2\dfrac{1}{5}$  　⑩ $1\dfrac{5}{12}$

⑪ $3\dfrac{43}{44}$  　⑫ $2\dfrac{41}{60}$  　⑬ $1\dfrac{11}{18}$

⑭ $1\dfrac{13}{15}$  　⑮ $4\dfrac{79}{90}$  　⑯ $3\dfrac{1}{10}$

## 9 일차 플러스 계산 연습  158~159쪽

1 $\dfrac{3}{16}$  　2 $3\dfrac{38}{45}$

3 $1\dfrac{49}{80}$  　4 $2\dfrac{13}{36}$

5 $3\dfrac{5}{56}$  　6 $\dfrac{5}{12}$

7 (위부터) $\dfrac{55}{56}$, $3\dfrac{11}{20}$  　8 (위부터) $2\dfrac{13}{48}$, $4\dfrac{3}{8}$

9 $\dfrac{43}{60}$  　10 (왼쪽부터) $1\dfrac{17}{30}$, $\dfrac{37}{60}$

11 $\dfrac{4}{15}$, $\dfrac{2}{9}$, $\dfrac{14}{45}$  　12 $\dfrac{7}{8}$, $\dfrac{1}{2}$, $\dfrac{3}{16}$

7 ・$4\dfrac{2}{5}-\dfrac{3}{4}-\dfrac{1}{10}=4\dfrac{8}{20}-\dfrac{15}{20}-\dfrac{2}{20}$

$=3\dfrac{28}{20}-\dfrac{15}{20}-\dfrac{2}{20}=3\dfrac{11}{20}$

・$1\dfrac{6}{7}-\dfrac{3}{4}-\dfrac{1}{8}=1\dfrac{48}{56}-\dfrac{42}{56}-\dfrac{7}{56}$

$=\dfrac{104}{56}-\dfrac{42}{56}-\dfrac{7}{56}=\dfrac{55}{56}$

8 ・$5\dfrac{1}{3}-\dfrac{7}{12}-\dfrac{3}{8}=5\dfrac{8}{24}-\dfrac{14}{24}-\dfrac{9}{24}$

$=4\dfrac{32}{24}-\dfrac{14}{24}-\dfrac{9}{24}$

$=4\dfrac{9}{24}=4\dfrac{3}{8}$

・$3\dfrac{1}{6}-\dfrac{7}{12}-\dfrac{5}{16}=3\dfrac{8}{48}-\dfrac{28}{48}-\dfrac{15}{48}$

$=2\dfrac{56}{48}-\dfrac{28}{48}-\dfrac{15}{48}=2\dfrac{13}{48}$

9

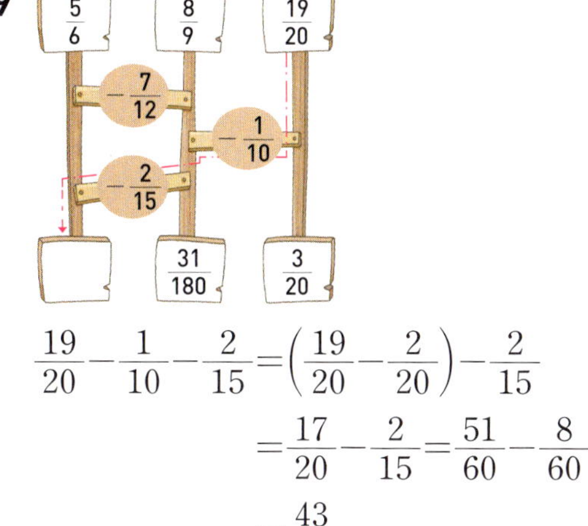

$\dfrac{19}{20}-\dfrac{1}{10}-\dfrac{2}{15}=\left(\dfrac{19}{20}-\dfrac{2}{20}\right)-\dfrac{2}{15}$

$=\dfrac{17}{20}-\dfrac{2}{15}=\dfrac{51}{60}-\dfrac{8}{60}$

$=\dfrac{43}{60}$

10

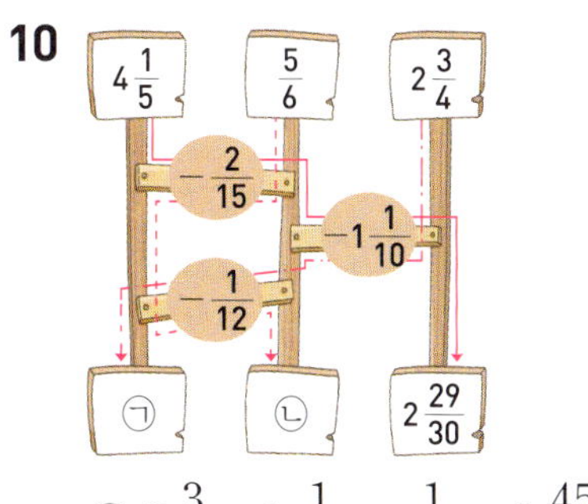

㉠ $2\dfrac{3}{4}-1\dfrac{1}{10}-\dfrac{1}{12}=2\dfrac{45}{60}-1\dfrac{6}{60}-\dfrac{5}{60}$

$=1\dfrac{34}{60}=1\dfrac{17}{30}$

㉡ $\dfrac{5}{6}-\dfrac{2}{15}-\dfrac{1}{12}=\left(\dfrac{25}{30}-\dfrac{4}{30}\right)-\dfrac{1}{12}$

$=\dfrac{21}{30}-\dfrac{1}{12}=\dfrac{42}{60}-\dfrac{5}{60}=\dfrac{37}{60}$

## 10 일차 기초 계산 연습  160~161쪽

① 8, 15, 23, 46, 37, $1\dfrac{1}{36}$

② 8, 7, 15, 15, 14, 3, 1

③ 7, 3, 2, 4, 16, 27, 43, $4\dfrac{7}{36}$

④ $\dfrac{4}{9}$  　⑤ $1\dfrac{2}{5}$  　⑥ $\dfrac{1}{8}$

⑦ $1\dfrac{13}{24}$  　⑧ $3\dfrac{23}{36}$  　⑨ $1\dfrac{23}{24}$

⑩ $5\dfrac{2}{35}$  　⑪ $4\dfrac{11}{24}$  　⑫ $8\dfrac{7}{45}$

⑬ $4\dfrac{7}{30}$  　⑭ $4\dfrac{5}{12}$  　⑮ $3\dfrac{4}{5}$

## ⑩ 일차 플러스 계산 연습 · 162~163쪽

**1** 
$$5\frac{5}{12}-2\frac{1}{9}+\frac{3}{4}=\left(5\frac{15}{36}-2\frac{4}{36}\right)+\frac{3}{4}$$
$$=3\frac{11}{36}+\frac{3}{4}=3\frac{11}{36}+\frac{27}{36}$$
$$=3\frac{38}{36}=4\frac{2}{36}=4\frac{1}{18}$$

**2** 
$$4\frac{5}{6}+\frac{7}{9}-\frac{2}{3}=\left(4\frac{15}{18}+\frac{14}{18}\right)-\frac{2}{3}$$
$$=4\frac{29}{18}-\frac{2}{3}=4\frac{29}{18}-\frac{12}{18}$$
$$=4\frac{17}{18}$$

**3** 
$$3\frac{7}{9}+2\frac{1}{3}-\frac{7}{18}=3\frac{14}{18}+2\frac{6}{18}-\frac{7}{18}$$
$$=5\frac{20}{18}-\frac{7}{18}=5\frac{13}{18}$$

**4** 
$$1\frac{4}{5}-\frac{1}{4}+1\frac{1}{2}=1\frac{16}{20}-\frac{5}{20}+1\frac{10}{20}$$
$$=1\frac{11}{20}+1\frac{10}{20}=2\frac{21}{20}=3\frac{1}{20}$$

**5** $\dfrac{23}{24}$  **6** $3\dfrac{1}{30}$

**7** $5\dfrac{23}{90}$  **8** $2\dfrac{2}{3},\ 4\dfrac{5}{9},\ 7\dfrac{47}{63}$

**9** $1\dfrac{4}{15},\ \dfrac{3}{5},\ 2\dfrac{8}{9}$  **10** $\dfrac{9}{28},\ \dfrac{7}{8},\ 3\dfrac{23}{56}$

**5** 
$$1\frac{1}{6}+1\frac{5}{12}-1\frac{5}{8}=\left(1\frac{2}{12}+1\frac{5}{12}\right)-1\frac{5}{8}$$
$$=2\frac{7}{12}-1\frac{5}{8}=2\frac{14}{24}-1\frac{15}{24}$$
$$=1\frac{38}{24}-1\frac{15}{24}=\frac{23}{24}$$

**6** 
$$4\frac{7}{15}-2\frac{1}{3}+\frac{9}{10}=4\frac{14}{30}-2\frac{10}{30}+\frac{27}{30}$$
$$=2\frac{4}{30}+\frac{27}{30}=2\frac{31}{30}=3\frac{1}{30}$$

**7** 
$$6\frac{8}{9}+2\frac{2}{3}-4\frac{3}{10}=\left(6\frac{8}{9}+2\frac{6}{9}\right)-4\frac{3}{10}$$
$$=9\frac{5}{9}-4\frac{3}{10}$$
$$=9\frac{50}{90}-4\frac{27}{90}=5\frac{23}{90}\ \text{(kg)}$$

## 평가 SPEED 연산력 TEST · 164~165쪽

❶ $\dfrac{13}{63}$  ❷ $\dfrac{17}{24}$  ❸ $\dfrac{1}{24}$

❹ $5\dfrac{14}{15}$  ❺ $1\dfrac{5}{18}$  ❻ $2\dfrac{1}{30}$

❼ $3\dfrac{5}{24}$  ❽ $\dfrac{2}{3}$  ❾ $3\dfrac{20}{21}$

❿ $\dfrac{13}{18}$  ⓫ $2\dfrac{7}{8}$  ⓬ $1\dfrac{11}{18}$

⓭ $\dfrac{17}{28}$  ⓮ $4\dfrac{5}{7}$  ⓯ $\dfrac{2}{9}$

⓰ $2\dfrac{23}{42}$  ⓱ $1\dfrac{47}{90}$  ⓲ $\dfrac{2}{5}$

⓳ $3\dfrac{11}{30}$  ⓴ $4\dfrac{1}{60}$

## 특강 문장제 문제 도전하기 · 166~169쪽

**1** $\dfrac{11}{12}\ ;\ \dfrac{1}{4},\ \dfrac{2}{3},\ \dfrac{11}{12}$

**2** $8\dfrac{23}{36}\ ;\ 7\dfrac{2}{9},\ 1\dfrac{5}{12},\ 8\dfrac{23}{36}$

**3** $8\dfrac{13}{36}\ ;\ 4\dfrac{5}{12},\ 8\dfrac{13}{36}$  **4** $\dfrac{5}{8},\ \dfrac{1}{2},\ 1\dfrac{1}{8}$

**5** $5\dfrac{7}{9},\ 2\dfrac{2}{3},\ 8\dfrac{4}{9}$  **6** $6\dfrac{1}{5},\ 2\dfrac{4}{9},\ 1\dfrac{1}{6},\ 9\dfrac{73}{90}$

**7** $\dfrac{3}{20}\ ;\ \dfrac{9}{10},\ \dfrac{3}{4},\ \dfrac{3}{20}$

**8** $2\dfrac{9}{20}\ ;\ 6\dfrac{1}{5},\ 3\dfrac{3}{4},\ 2\dfrac{9}{20}$

**9** $4\dfrac{1}{7}\ ;\ 3\dfrac{5}{6},\ 4\dfrac{1}{7}$  **10** $\dfrac{6}{7},\ \dfrac{5}{6},\ \dfrac{1}{42}$

**11** $3\dfrac{3}{4},\ 1\dfrac{4}{9},\ 2\dfrac{11}{36}$

**12** $6\dfrac{7}{18},\ \dfrac{2}{9},\ 1\dfrac{2}{27},\ 5\dfrac{5}{54}$

## 특강 창의·융합·코딩·도전하기 · 170~171쪽

 창의**1** $5\dfrac{77}{90}$   코딩**2** $\dfrac{17}{24}$

❋ 개념 ⭕❌ 퀴즈 정답

⭕  ❌

# 천재교육 초등 수학 로드맵



| | 연산 | | 개념 | | 유형 | | 시험 대비 | 특수 목적 | |
|---|---|---|---|---|---|---|---|---|---|
| | 개념+문제풀이 | 문제풀이 | 개념 | 개념+문제풀이 | 개념+문제풀이 | 문제풀이 | 문제풀이 | 창의 사고력 | 문해력 |
| **기초** | | 계산박사 | 똑똑한 하루 수학 | 수학리더 개념 / 개념 해결의 법칙 | | | | 창의력 수학 노크 | |
| **기본** | 연산력 수학 노크 | 수학리더 연산 | 개념클릭 | 수학리더 기본 | | 수학 더 익힘 | | | |
| **실력** | | 빅터연산 | | 우등생 수학 / 수학의 힘 알파 | 수학리더 기본+응용 / 수학의 힘 베타 | 수학리더 유형 / 유형 해결의 법칙 / 수학리더 응용·심화 | 수학 단원평가 | 사고력 수학 노크 | 수학도 독해가 힘이다 / 독해가 힘이다 문장제 수학편 |
| **심화** | | 창의융합 빅터연산 | | | | 최고수준S / 응용 해결의 법칙 | | | |
| **최상위** | | | | | | 최고수준 / 최강 TOT / 수학리더 최상위 | HME 수학 학력평가 | | |

※ 월간지: Go!매쓰, New 해법수학, 해법수학 개념학습, 메릭스 수학, 해법수학 단원평가 마스터

정답은
이안에
있어 !

## 시험 대비교재

- **올백 전과목 단원평가** — 1~6학년/학기별 (1학기는 2~6학년)
- **HME 수학 학력평가** — 1~6학년/상·하반기용
- **HME 국어 학력평가** — 1~6학년

## 논술·한자교재

- **YES 논술** — 1~6학년/총 24권
- **천재 NEW 한자능력검정시험 자격증 한번에 따기** — 8~5급(총 7권)/4급~3급(총 2권)

## 영어교재

- **READ ME**
  - Yellow 1~3 — 2~4학년(총 3권)
  - Red 1~3 — 4~6학년(총 3권)
- **Listening Pop** — Level 1~3
- **Grammar, ZAP!**
  - 입문 — 1, 2단계
  - 기본 — 1~4단계
  - 심화 — 1~4단계
- **Grammar Tab** — 총 2권
- **Let's Go to the English World!**
  - Conversation — 1~5단계, 단계별 3권
  - Phonics — 총 4권

## 예비중 대비교재

- **천재 신입샘 시리즈** — 수학/영어
- **천재 반편성 배치고사 기출 & 모의고사**

# 빈틈없는 수준별 학습으로 빠져나갈 구멍 없이 완전봉쇄!



기본기와 서술형을 한 번에, 확실하게
수학 자신감은 덤으로!

## 수학리더 시리즈 (초1~6 / 학기용)

[연산]
(*예비초~초6/총14단계)

[개념]

[기본]

[유형]

[기본＋응용]

[응용·심화]

[최상위]
(*초3~6)